JN417308

근대의 첫 경험

– 개화기 일상 문화를 중심으로 –

이화 한국학총서 2

근대의 첫 경험

－개화기 일상 문화를 중심으로－

홍선표 외 지음

이화여자대학교출판부

근대의 첫 경험

– 개화기 일상 문화를 중심으로 –

펴낸날 1판 1쇄 2006년 8월 31일
2쇄 2007년 1월 19일
지은이 홍선표 외
펴낸이 최민숙 | **펴낸곳** 이화여자대학교출판부
주소 서울특별시 서대문구 대현동 11-1(우 120-750)
등록 1954년 7월 6일 제9-61호
전화 02) 3277-2965, 2966(편집부)
02) 3277-3164, 362-6076(영업부)
팩스 02) 312-4312
전자우편 press@ewha.ac.kr
인터넷서점 www.ewhapress.com
디자인 정혜진 | **찍은곳** 삼광프린팅

© 홍선표 외, 2006

ISBN 978-89-7300-695-3 94330
ISBN 978-89-7300-694-6(세트)

값 12,000원

* 잘못된 책은 바꾸어 드립니다.

발 간 사

한국학에 대한 국내외의 관심이 높아지고 있는 이 시점에서 본교 한국학 연구의 새로운 출발을 알리는 '이화 한국학총서'를 세상에 내놓게 되었다. 한국학 연구는 본교의 설립 이념을 구현하고 한국 사회에서 대학의 역할을 수행하기 위한 필수적 과제로 인식되어 왔다. 세계화의 물결에 합리적으로 대응하기 위해서는 무엇보다 먼저 자국 문화에 대한 이해가 선행되어야 한다고 믿는다. 이를 위해서 본교는 창립 이래 한국학 연구에 지대한 관심을 가지고 이를 지원하고 육성해 왔다. 외국 문화의 도입에 열중하던 1950년대에 한국학 연구를 전담할 기관으로 설립된 '한국문화연구원'은 한국의 인문 · 사회 · 자연 · 예능 전반에 걸쳐 학술적 연구를 진행하고 그 성과를 국내외에 발표하면서 한국학 발전에 기여해 왔다.

한국의 전통 문화에 대한 관심에서 출발한 한국학은 그 동안 그 대상 영역을 확장하면서 고대로부터 현대에 이르기까지 한국에 관한 다양한 분야를 탐색하는 종합적 연구로 발전하게 되었다. 이러한 과제를 효율적으로 수행하기 위해서는 한국학에 대한 새로운 인식과 효율적 연구 방법이 요구되었다. 본교는 지난 2003년에 '한국학특성화기반조성사업단'을 발족하여 본교 한국학 연구의 성과를 점검하고 합리적 연구 방안을 모색하는 작업을 진행해 왔다. 본 사업단에서는 연구의 기반을 다지는 기초 작업과 함께 현대 사회에 맞는 연구 주제를 설정하여 연구 활동을 벌여 왔으며, 이번에 발간되는 '이화 한국학총서'는 그 성과 가운데 일부이다.

연구의 주제를 '한국의 일상 문화'로 정한 것은 과거 지향적이고 관념적인 기존 한국학 연구의 관습에서 벗어나 현실에 뿌리를 두고 미래를 내다보는 '살아 있는 학문'으로서 한국학을 모색하기 위한 것이었다. '일상성'은 거대 담론에 밀려 소외되었던 연구 영역이었으나 1990년을 전후로 '사소하지만 중요한 것들'에 대한 관심이 증대되면서 한국의 문화적 특성을 가장 극명하게 보여 줄 수 있는 영역이기도 하다. 이러한 '일상'의 탐구는 편의상 전통 문화, 근대 문화, 비교 문화 등으로 구분하여 통합적 공동 연구로 진행되었다.

이 작업에는 본교 한국학 관련 연구자들이 각자의 전공 영역을 넘어 학제적으로 참여했다. 여기에 내놓는 성과들은 한국학 연구의 새로운 방

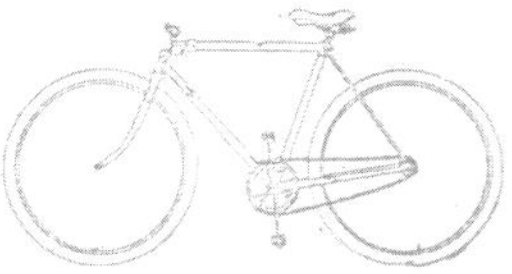

향을 모색하는 과정에서 이루어진 것이기 때문에 시론적 성격이 강하고 보완되어야 할 점도 없지 않다. 그러나 이 작업을 통해서 본교 한국학 연구의 역량과 가능성을 점검하고, 한국학 연구가 나아가야 할 바람직한 방향을 가늠해 볼 수 있었던 것은 큰 성과라 할 수 있다. 앞으로 이어질 후속 작업을 통해서 연구의 주제를 좀더 구체화하고 논의를 심화하여 바람직한 성과를 창출해 나갈 수 있기를 기대한다. 어려운 여건 속에서도 연구에 참여해 주신 연구자 여러분의 노고에 감사드리며, 이 총서가 한국학의 발전에 든든한 디딤돌이 되기를 바란다.

2006년 6월

이화여자대학교

한국학특성화기반조성사업단 단장

정 하 영

총론

일상 문화는 근대적 학문으로 구축된 기존의 한국학을 갱신하고 확장하기 위한 '삶으로서의 한국학'을 재구축하는 일환으로 주목된 것이다. 일상 문화는 제도와 이념이 우리들 매일매일의 삶 속에서 경험되는 표상이고 방식이며, 구체적인 현실이자 동태로서 중요한 의미를 갖는다. 우리가 어떻게 살아왔으며, 어떻게 살고 있는지를 포괄하고 있는 한국 문화의 입체적 파악을 위해서도 그 '실감'으로서의 일상 문화에 대한 연구는 긴요하다고 본다. 개화기는, 지금은 일상화되어 버린 '근대'가 형성되기 시작한 기원의 공간이다. '서세동점(西勢東漸)'의 세계사적 대세에 따라 '문명 개화'를 시대적 과제로 추진하기 시작한 개화기는 '근대'를 처음 체험하고 태동시킨 시기이다. 이 시기의 일상 문화는 우리들이 모더니티(modernity)의 감각을 함양하면서 근대인의 삶으로 재편되는 과정을 생생하게 보여 주는 세태이며 구체적인 생활 양식으로서 의의를 지닌다.

이 연구는 이와같이 '근대'의 첫 경험이 이루어지던 개화기의 일상 문화를 그 원류로서 탐색한 것이다. 모더니티가 일상적 실감의 차원에서 어떻게 육성되고 우리의 것이 되었는지를 살펴보는 것은, 지금 우리들의

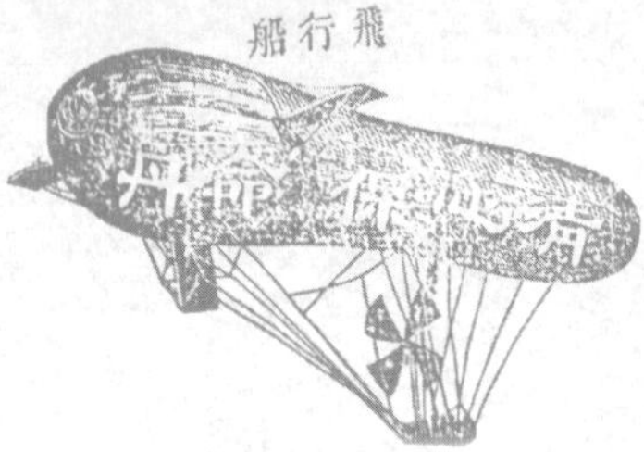

삶과 모습을 발생시킨 열망 또는 욕망의 메커니즘을 근원에서 다시 조명하기 위한 것이기도 하다. 이를 위해 우리 공동 연구팀은 개화기와 관련된 예술, 매체, 교육, 소설, 외국인을 소재로 하여 근대의 첫 경험들이 일상화되어 가는 과정을 연구자들 전문 영역에서의 다양한 시각에서 재조명해 보았다.

근대 이전의 전통적인 삶의 영역에서 우리의 경험과 인식의 세계에 근본적인 변화를 가져온 것으로 먼저 모더니티의 물질적 장치이면서 서구 부강의 상징으로 유포된 신문물을 꼽을 수 있을 것이다. 「근대적 일상과 풍속의 징조—한국 개화기 인쇄 미술과 신문물 이미지」는 신문물을 신문 · 잡지 등의 매체를 통해 대량 복제하여 널리 유포시킨 인쇄 미술이 새로운 체험의 코드로 우리들 사회와 일상에 파고든 과정 및 시각 문화적 의의를 살펴보았다. 또 이를 매개로 어떠한 신문물 이미지들이 유통되고 그것들이 어떻게 표상되었는지를 기계 문물과 '하이 칼라(high collar)' 패션을 중심으로 조명해 보고 있다.

개화기에는 근대 국민 국가로의 전환에 따른 국가 자강과 국민 계몽을 위한 신지식 보급과 민족 의식 고취의 수단으로 외국 서적 번역의 중요성이 크게 대두되어, '근대'를 촉진하고 내면화하는 통로로서 중요한 구실을 했다. 「개화기 번역서 연구」는 이 시기 번역의 주체와 발행 서적의 종류 및 내용을 분석한 것으로, 서구 지식과 문화의 유입 양상과 더불어 우리의 세계관에서 일상적 의식 세계에 이르기까지 새로운 변화의 촉매적 원소에 대한 이해를 넓혀 준다.

근대 계몽기는 전통 교육과는 다른 체제와 내용을 갖춘 '신식 교육'의 필요성이 대두된 시기이다. 일제의 식민지 교육이 본격화되기 이전, 정부와 민간인에 의해 세워진 '학교'는 이러한 신교육을 시행하기 위한 새로운 배움터였다. 바로 이 곳에서 문명 개화의 지식과 기능을 수용하고 근대적인 생활 양식을 경험하는 주체로서의 '학생'이 육성되기 시작했다. 「개화기 '배움터'의 변화와 '자아 찾기'로의 일상성」은 신식 학교의 설립 과정과 학교에서의 생활상 및 교육 문화에 대한 분석을 통해 이 시기 배움터 일상 문화의 특징과 그것이 한국인의 교육관에 미친 현대적 의미를 밝히고자 했다.

기차를 비롯한 기계류 이동 수단의 출현과 더불어 용이해진 여행은 근대 소비 사회의 여가 문화로서뿐 아니라, 외부 세계를 체험하고 견문을 넓히는 '교육 관광'으로서의 의의를 지닌다. 「'외부'의 동경과 '근대인 되기'—개화기 소설에 나타난 여행의 의미」는 독자들에게 매일 근대적 삶을 흥미롭게 유포하고 교육시키는 도구로도 기능했던 이 시기 신문 연재 소설에 나타난 여행의 서사화 양상을 살펴본다. 그리고 그것이 주제화되고 있는 양상을 통해 우리에게 '근대'가 어떻게 받아들여지고 있었는지를 구체적으로 재구성해 보고자 한다.

개항 이후 한국에 와서 거주한 서양인들은 서구의 문물과 생활 양식을 직접 전파하는 창구로서 중요한 구실을 했다. 「개화기 고용 서양인들의 실태와 일상 생활」은 이 시기 한국에 거주하던 서양인 중에서도 장기적

으로 가장 큰 집단을 형성하면서 근대화와 근대성 형성에 영향을 미친 정부에 고용된 서구 인력들의 업무 내용과 그들의 일상 생활 및 의식 세계를 규명한 것이다.

근대문화 연구 1팀의 이러한 연구물들이 추구하고 있는 바는 한국의 개화기 일상 문화에 대한 단일하거나 유일한 그림을 그려 내기 위한 것이 아니다. 오히려 한반도의 개화기 자체가 안고 있었던 복합적인 문제들에 대해 기존의 거대 담론적 시각으로는 볼 수 없던 측면들을 미시적 연구 방법으로 주목한 데에 의의가 있다. 개화기 조선인들이 실제로 체험한 '근대'의 다양한 모습들을 다각적으로 조명하고, 그것들이 어떻게 현재 한국인의 일상성으로 구체화되어 왔으며, 그 의미가 무엇인지를 밝혀 내고자 한 것이다.

2006년 6월

연구진을 대표하여 홍선표 씀

차 례

근대적 일상과 풍속의 징조

-한국 개화기 인쇄 미술과 신문물 이미지-

홍선표

I. 머리말

개화기는 서구에서 기획되고 근대 일본에 의해 번역된 모더니티(modernity)가 우리의 일상 생활에서 새로운 풍속으로 육체화되기 시작한 기원의 공간이다.[1] 이 시기를 통해 지금과 같은 삶의 스타일이 수립되는 징조를 보이기 시작한 것이다. 이처럼 우리들 현재 모습의 외관적 형태를 조직하면서 일상화와 내면화를 촉진했던 것이 모더니티의 물질적 기반이면서 서구 부강의 상징으로 유포된 신문물이 아닌가 싶다.

램프와 시계, 기차와 같은 신기술 공산품을 비롯해 유리창이 있는 양식 건물과 전신주와 전차, 자전거 및 자동차, 철교 등이 보이는 도시 경

---

1 개화기의 명칭과 시기 설정에 대해서는 일반사나 사회사, 문학사 등의 분야에서 다양한 논의가 있으나, 여기서는 '시무적 개화(時務的 開化)' 정책에 의해 '문명 개화(文明開化)'를 시대적 과제로 추진하기 시작하고, 부강한 문명국 수립을 위한 국민 국가 체제로의 전환과 결부되어 근대적인 표상 시스템이 생성되던 1890년대와 1900년대를 지칭하며, 그 양상이 지속되던 1910년대도 일부 포함해 다룬다. 개화기 미술에 대해서는 홍선표, 「개화기 미술」 1~5, 『월간미술』 제14권 5호 · 7호 · 8호 · 9호 · 12호(중앙일보사, 2002년 5월 · 7월 · 8월 · 9월 · 12월) 참조.

관, 그리고 단발과 양복, 모자와 구두 등 '하이 칼라(high collar)' 차림의 신문물은 개화기 담론을 지배했던 문명론의 '육적 문명(肉的 文明)'으로 인식되고 추구되었다. 즉 신문물은 서구 부강의 근원으로 인식된 과학 기술의 소산이며 인조적(人造的) 공력을 통해 도달한 최상의 '광명(光明)'한 상태인 인류의 진보물로서, 부유하고 힘있는 나라를 실현하기 위한 선망과 모방의 대상이 되었던 것이다. 따라서 이러한 신문물은 근대 국민 국가와 시민 사회 형성의 물질적 장치로 소개되고 도입되어 개화기의 새로운 풍경을 이루면서 일상 생활의 장(場)을 재편하는 구체적 요소로 작용한 의의를 지닌다고 하겠다.

개화기를 통해 유입되기 시작한 이와 같은 신문물에 대한 사회적 인식의 확산에는 신문과 잡지, 교과서와 같은 이 시기의 모더니티를 유포하는 중추적 공공 영역을 이루며 전경(前景)으로 등장한 근대적 인쇄물이 선도적 역할을 했었다. 그리고 이들 인쇄물에 수록된 사진과 삽화 및 표지화, 도안 광고를 비롯해 사진 엽서와 광고 전단, 상표, 포스터 등의 기계화된 인쇄술에 의해 대량 복제된 인쇄 미술은 이러한 지식과 정보를 시각적으로 공급하여 징험(徵驗)시키고 일상화, 담론화하는 근대 계몽의 수단으로서 중요한 구실을 했던 것으로 보인다. '신시체 미술(新時體美術)' 또는 '응용 미술(應用美術)'로 인식되고 '조각 도회(彫刻圖繪)'로도 지칭되던 이러한 인쇄 미술의 등장은 시각의 근대적 편성과 재현 및 복제에 따른 표현 영역의 확장과 시각 이미지의 대중화를 초래하기도 했다.[2] 특히 모더니티의 물질적 산물이며 서구 부강의 상징으로 "인재(印載)되어 광포(廣佈)"된 신문물의 시각적 이미지들은 문명 개화의 신시대 도래를 한층 더 실감케 하고 좀더 구체적으로 주입시키면서, 새로

2 홍선표, 「사실적 재현 기술과 시각 이미지의 확장」, 『월간미술』 제14권 9호 (2002년 9월), 158~160쪽 참조.

운 근대적 일상과 풍속을 균질화 또는 평균화시키고 확산 · 재편시키는 촉매로서 각별한 의의를 지닌 것으로 생각된다. 실물이 아직 없거나 드문 신문물의 경우, 언어에 비해 감각에 직접 인지되는 인쇄 미술의 시각 이미지에 의해 좀더 구체적이고도 명확하게 정보와 지식이 제공됨으로써 이에 대한 인식과 체현에 중요한 구실을 했던 것으로 보인다.

이 글에서는 신문물의 의미와 기억의 저장소였던 개화기 인쇄 미술이 새로운 리얼리티를 조직하면서 새로운 감각과 인식의 코드로 우리들 사회와 일상에 파고든 시각 문화적 의의와 더불어, 이를 매개로 어떠한 신문물 이미지들이 유통되고 어떻게 재현되었는지 기계류 공산품과 '하이칼라' 패션품을 중심으로 살펴보고자 한다.

Ⅱ. 개화기의 인쇄 미술과 시각 문화

시각 이미지 생산에서 일어난 근대적 변화 가운데 가장 혁명적인 것은 사진을 포함한 복제 기술과 인쇄술의 발달이 아닌가 싶다. 특히 기계화된 인쇄기에 의한 복제의 고속화와 대량화는 계몽의 확산과 문명 개발의 '원소(元素)' 또는 '제일 가는 관건(關鍵)'이며 '부강의 이기(利器)'로 인식되었을 정도로,[3] 근대화의 촉진 및 확장과 부강책의 실행에 절대적으로 기여했다. 인쇄는 문자를 비롯해 그림이나 사진 등을 종이와 기타 물체의 표면에 일정한 기계적 · 화학적 방법으로 옮겨 찍어서 여러 벌의 복제물을 만드는 것을 말한다. 인쇄 미술은 이러한 인쇄 매체에 복제된 시

3 「서적인쇄개명지제일공업(書籍印佈開明之第一工業)」, 『황성신문』, 1905년 4월 4일자; 「논부강문명지오대이기(論富强文明之五大利器)」, 『만세보』, 1906년 6월 12일, 15일자 참조. 『대한매일신보』, 1908년 12월 19일자에서는 인쇄술의 발명을 3대 문명의 이기의 하나로 꼽았다.

각 이미지를 뜻하며, 인쇄된 그림이란 의미로 쓰이는 '쇄회(刷繪)'에 인쇄된 사진과 도안을 포함시켜 지칭한 것이다.[4] 이와같이 판(板)에 의해 인출(印出)된 도상인 인쇄 미술은 '도화(刀畵)'로도 불리었던 창작 판화와 다른 '기계쇄(機械刷)'적인 복제 판화의 성격을 지닌 것으로,[5] 실용 미술과 시각 미디어로 기능하면서 '미술'의 영역에서 분류화되었다.

모더니티의 발원지인 개화기를 통해 근대 일본에서 만들어진 '미술'이란 새로운 개념의 용어와 영역이 도입되었고, 인쇄 미술은 근대적인 '시각적 지(知)'의 수립을 주도했던 박람회의 분류 제도에 따라 목판과 석판, 동판 및 활자와 사진 등의 복제 기술 일반과 함께 서화 · 조소도 포함된 '미술'로 범주화되었다.[6] '미술'은 메이지(明治) 시기의 일본 정부에서 만든 관제 조어로, 1873년 열리는 빈(Wien) 만국박람회에 출품 준비중 1872년 주최측이 보낸 관련 문서에 기재된 예술 공업 또는 미술 공예의 뜻을 지닌 독일어 '쿤스트게베르베(Kunstgewerve)'를 번역하는 과정에서 탄생되었으며, 처음에는 주로 실용적이고 기술적인 '식산 흥업(殖産興業)'적 개념으로 사용되었던 것이다.[7]

이러한 인쇄 미술은 기계화된 인쇄 매체에 의해 대량 생산되어 같은 내용의 도상을 균일하게 널리 보급함으로써 이미지를 통한 지식과 정보

---

4 靑木茂, 「'刷り繪'から'版畵'へ」, 町田市立國際美術館 編, 『近代日本版畵の諸相』(中央公論美術出版, 1988), 3~31쪽; 홍선표, 「한국 개화기의 삽화 연구」, 『미술사논단』 제15호 (시공사, 2002년 12월), 258쪽 참조.

5 小池智子, 「版畵という語」; 河野實, 「板の繪から繪畵への萌芽-刀畵 〈漁夫〉をぬぐって」, 町田市立國際美術館 編, 앞의 책, 249~290쪽 참조.

6 1873년의 빈 만국박람회를 비롯해 1876년의 필라델피아 만국박람회와 1877년의 동경 제1회 내국권업박람회의 등의 출품 분류에서 인쇄 미술품과 복제 기술품 일반이 '미술'의 범주로 공식화되어 인지되기 시작했다. 橫山俊夫 編, 『視覺の19世紀-人間 · 技術 · 文明』(思文閣, 1992), 172~175쪽 참조.

7 '쿤스트게베르베'의 번역 과정에서 일본 대장성의 담당관이 '미술'이란 번역 조어에 음악과 시를 포함하는 예술의 개념으로 부연 설명하는 주석을 달았기 때문에 초기에는 한때 양자가 같은 뜻으로 쓰이는 경우도 있었다. 근대 일본에서 '미술'의 개념과 영역의 탄생은 한국과 중국을 포함한 동아시아 '미술'의 등장과 직결된 것으로, 이 문제에 대해서는 北澤憲昭, 『眼の神殿』(美術出版社, 1989), 139~145쪽에서 처음 논의되었다.

를 전달하는 시각 미디어 또는 대중 미술 문화로서 기능하게 된다. 인쇄 미술은 개화기 이전 사회와는 비교할 수 없을 정도로 많은 양의 이미지를 생산 · 유통시켰으며, 이들 시각적 이미지는 문자에 비해 사물을 구체적으로 볼 수 있고 용이하게 인지할 수 있도록 해 준다. 설명을 단축적으로 실증하고 현상을 실감나게 재현하는 시각 이미지는 글보다 전달력과 전염성이 강하기 때문에 새로운 세계와 사물을 인지하고 경험을 확장하는 통로로서 뛰어난 기능성을 지녔던 것이다.[8] 특히 미지의 세계나 형태를 지닌 사물의 경우 시각 이미지의 효과는 더욱 컸을 것으로 생각된다.

이와같이 인쇄 미술이 생산하는 이미지의 기능적 효과 때문에 새로 등장한 신문과 잡지, 교과서와 엽서 등의 공중 또는 대중 인쇄 매체들은 시각적 요소를 적극 활용했다. 사진술이 발달하기 전에는 삽화가 주로 이용되었으며, 영국의 『일러스트레이티드 런던 뉴스』와 같은 보도 삽화 중심의 화보 신문인 『동경회입신문(東京繪入新聞)』이 1875년 창간되었고, 중국에서는 『신보(申報)』의 부속지로 1884년 5월 8일부터 『점석재화보(點石齋畵報)』가 간행되기도 했다.[9] 『점석재화보』는 창간호 서문에 독자들의 징험을 위해 새로운 소문이나 사적(事跡), 새로 나온 기물 등을 모두 회도(繪圖)로 설명하고자 한다고 밝힌 바 있다.[10] 잡지는 1877년 3월 발간된 시사 풍자 잡지인 『어동경회단단진문(於東京繪團團珍聞)』에서 처음으로 서양 삽화풍으로 그린 표지화와 광화(狂畵)란 정치 사회 풍자화를 아연 철판(亞鉛凸板)으로 인쇄 제작했다.[11] 신문 잡지류에 사진이 게재되기 시작한 것은 1890년경이었으며, 1891년 8월에 발행

---

8 레지스 드브레, 『이미지의 삶과 죽음』, 정진국 옮김(시각과언어, 1994), 108~111쪽 참조.

9 山口順子, 「明治前期の新聞雜誌における視覺的要素について」, 町田市立國際美術館 編, 앞의 책, 220~226쪽; 萬靑力, 『非衰的百年－19世紀中國繪畵史』(雄獅圖書, 2005), 238~245쪽 참조.

10 萬靑力, 앞의 책, 240쪽 참조.

11 山口順子, 앞의 책, 227~232쪽 참조.

된 『소국민(小國民)』에 사진 동판의 삽화가 처음으로 실렸다.[12]

교과서에서의 삽화 사용은 이들 신문 잡지류보다 조금 이른 1872년부터 시작되었다. 구미의 스펠링 북을 모델로 한 메이지기(明治期)의 소학교 독본은 사물의 그림과 함께 단어를 기재했으며, 문장의 내용을 삽화로 묘사해 넣기도 했다.[13] 교과서에 이미지가 등장했다는 사실은 시각 중심의 감각적 경험들을 기초로 많은 사물을 제시하여 가르치는 근대적 실물 교수법이 보편화된 것이다.[14] '교육화(教育畵)'로도 지칭되었던 교과서 삽화는 본문의 이해도와 가독성(可讀性)을 높이면서 문장으로 설명할 수 없는 부분을 보완해 줄 뿐 아니라, 학습자의 흥미를 높이고 예술적 정조를 함양시켜 준다는 점에서 그 가치와 사명이 메이지 초기부터 부각되었으며, 교과서 편찬이나 교사의 학습 지도에서 본문 연구 못지않게 삽화도 병행 연구할 것을 강조했던 것이다.[15]

엽서의 시각화는 1880년대의 유럽에서 본격화되었고, 1890년대에는 사진술과 인쇄술의 발달로 사진 엽서가 대량 생산되고 소비되기 시작했으며, 1900년대를 전후하여 전성기를 누렸다.[16] 특히 1900년대 초의 사진 엽서에는 수많은 여배우와 미인들이 등장하면서 최신 패션을 홍보하는 역할을 하기도 했다. 이와같이 시각 이미지 전달 매체로서 각광받았던 사진 엽서는 일본에서는 주로 '회엽서(繪葉書)'로 지칭되었으며, 1900년 사제 엽서 제작이 허가되면서 이에 대한 '열광의 시대'를 맞았

---

12 紅野謙介, 「寫眞のなかの'戰爭'–明治30年代『太陽』の口繪をめぐって」, 『近代知の成立』(岩波書店, 2002), 240~241쪽 참조.

13 李孝德, 『表象空間の近代–明治 '日本'のメテイア編制』(新曜社, 1966), 173~176쪽 참조.

14 橋本泰幸, 『日本の美術教育』(明治圖書, 1994), 18쪽 참조.

15 江馬務, 『小學國語讀本 '尋常小學國史挿畵の風俗史的解說』(江馬務著作集 12)(中央公論社, 1977), 363쪽; 芳野作市, 『國語讀本挿畵の精神及其解說』(明治圖書株式會社, 1926), 4쪽의 友納友治郎 序文 참조.

16 권혁희, 「사진엽서의 기원과 생산 배경」, 『사진엽서로 떠나는 근대 기행』(부산근대역사관, 2003), 14~16쪽 참조.

고, 사진 엽서 판매상의 격증과 함께 우편 사용과 수집 취미의 대중화를 초래했다.[17] 정부에서도 국가적 행사나 전쟁 등의 이미지를 퍼뜨리는 수단으로 사진 엽서를 대대적으로 이용했으며,[18] 이들 관제 기념 엽서들은 내셔널리즘의 확산과 내면화에 기여하기도 했다.

한국 개화기의 인쇄 문화는 1883년 박문국(博文局)의 설치와 초빙된 일본인 기술자에 의해 전개되기 시작했으며, 인쇄 미술의 경우도 근대 일본에서와 마찬가지로 교과서 삽화가 선도했다. 이 시기의 교과서 삽화는 1895년의 갑오개혁에 따른 신교육의 추진으로 근대적인 교육이 시행되면서 '교육의 원소'로서 인쇄된 교과서의 학습 효과를 높이기 위해 1896년 2월 학부에서 일본인 고견구(高見龜)와 마천송차랑(麻川松次郞)을 보좌원으로 고빙해 편찬한 『신정 심상소학(新訂尋常小學)』을 효시로 전개되기 시작했다. 이들 교과서 삽화는 이 시기의 어떠한 시각 매체보다 널리 유포되었으며, 개화와 계몽의 이미지로 근대성을 체화시키며 한국 미술의 근대적 경험과 전환에 기여한 의의를 지닌다.[19]

사진술과 망판〔網目〕 인쇄술의 미발달로 인해 신문에 인쇄 사진이 본격적으로 게재되기 이전에 성행했던 화보 신문의 경우 우리 나라에서는 간행된 적이 없다. 그러나 화보의 필요성에 대해서는 주미 공사였던 이범진(李範晉)이 1899년 11월 24일자 『황성신문』에 다음과 같이 기고한 글을 통해 개진한 바 있다.

> 귀 신문과 독립언보(독립신문)는 쌍벽인데 도형이나 지도가 없음이 흠이

17 佐藤健二, 『風景の生産, 風景の解放−メディのアルケオロジ』(講談社, 1994), 30~43쪽 참조.

18 다카시 후지타니, 『화려한 군주−근대 일본의 권력과 국가의례』, 한석정 옮김(이산, 2003), 182쪽 참조.

19 홍선표, 「한국 개화기의 삽화 연구」, 앞의 책, 257~292쪽 참조.

다. 무릇 외국의 강토나 기계, 인물 등을 약화(略畵)하는 것은 비록 우매한 지아비나 부인일지라도 한 번 보고서 그 방향과 형상을 알 수 있기 때문이다. …… 신문을 보는 사람으로 하여금 우선 그림을 보고 명칭을 익힌 다음 기사를 대하면 판별하여 깨닫고 더욱 그 뜻을 확실히 알게 된다. 이 곳에서 매주 일요일 나오는 뉴욕신문은 순전히 이 화형(畵形)이고 다음으로 기사를 이루는데, 그 가격이 금 7푼(分)이나 되지만 다투어 팔리는 것을 쉽게 본다. 우리 나라의 인화(印畵)와 각화법(刻畵法)은 아직 배우지 못해 갑자기 그렇게 되기 어렵지만, 일본인을 고용하면 반드시 쉽게 이루어질 수 있을 것이다.[20]

구미에서 성행하는 화보 신문의 유용성을 강조하면서, 이를 이용하기 위해 일본인을 고빙해 인쇄 그림과 도안 인쇄 제판법을 배울 것을 주장한 내용이다.

개화기를 통해 사진을 최초로 게재한 신문은 1897년 4월 1일 미국 장로교 선교사였던 언더우드(Horace H. Underwood)에 의해 창간된 주간지인 『그리스도신문』이었다.[21] 창간호 별쇄판에 고종의 사진을 석판으로 인쇄해 '특별 판각(特別板刻)'이란 명칭으로 배포했으며, 독자들의 호응이 높자 목판 또는 석판으로 사진을 본 지면에 직접 인쇄했다. 목판이나 석판에 의한 사진 인쇄는 사진을 직접 인쇄할 수 없었던 시기에 서구에서 신문과 잡지 등에 널리 사용되던 방법으로, 『그리스도신문』에서

20 李範晉, 「奇書」, 『황성신문』, 1899년 11월 24일. "貴新聞與獨立諺報便雙璧 而但欠無圖形及地圖也 凡於外國疆界及器械及人物等 略畵之因 雖愚夫愚婦 一見可知 其方與形矣 …… 若使看報之人 先見畵本錄名 次見文字 怳然省識尤爲着味矣 此處每日曜日出紐約新聞 純是畵形 次爲記事 而其價雖至金七分 猶且爭買見之不其驗乎 我國印畵刻畵法 尙未學成似難猝 備然雇用日本人 必容易也."

21 최인진, 『한국사진사』(눈빛, 2000), 284쪽 참조. 신문에 삽화를 처음 게재한 것은 1883년 10월 31일 우리 나라 최초로 창간된 『한성순보』로, 창간호에 목판 화법으로 '지구전도'를 제작해 실었다.

도 이 수법을 사용해 외국인 유명 인사들의 초상 사진과 건물 및 과학 지식과 관련된 장면을 주로 실었다.[22]

이후 1897년 8월 31일자 『독립신문』에 자전거 광고 삽화가 게재되고, 1909년 8월 18일자 『대한민보』에 사진을 이용한 광고가 첫선을 보이기도 했으나, 재정상의 영세성 등으로 말미암아 인쇄 미술에 의한 신문의 시각화는 1900년대 전반까지는 영성(零星)했다. 그러다가 1906년부터 시각적 이미지가 증가되기 시작해 1912년 『매일신보』가 망판 인쇄 시설을 갖추면서부터는 그 사용이 활발하게 전개되었던 것으로 보인다. 그리고 윤전기의 도입과 증설에 따른 인쇄의 공업화로 인쇄 미술의 대량화가 본격적으로 이루어지게 되었다. 잡지에서는 1908년 11월에 창간된 한국 최초의 월간 잡지 『소년(少年)』과 1914년 10월 처음 간행된 본격적인 월간 종합지 『청춘(靑春)』에 삽화와 사진, 광고 도안 등의 인쇄 미술이 부분적으로 실리기 시작했다. 특히 『청춘』은 창간호부터 사진 인쇄된 '세계대도회화보(世界大都會畵報)'를 시리즈로 연재하기도 했다.

개화기 인쇄 미술의 전개에 사진 엽서도 중요한 구실을 했다. 엽서의 경우, 농상공부의 상공국에서 우표 및 엽서와 상표를 제조하기 위해 1896년 인쇄소를 설치하고, 1898년 9월 하순 독일제 석판 기계를 도입했으며, 이듬해 9월 초 일본인 '조각 기사(彫刻技師)' 우진성(宇津盛) 등 3인을 고빙하여 11월 4일 무렵부터 발행하기 시작했다.[23] 이들 제판 조각사들은 화폐와 우표 등을 제조하던 일본 대장성 지폐료(紙幣寮) 조각국의 석판부 소속 기사이거나, 상표와 증권류 등을 발행하던 민간 석판인쇄사 '조각 회사(彫刻會社)'의 기술자였던 것으로 생각되며,[24] 대한제국의 상공국 소속으로 기술 견습생들을 가르치기도 했다.

22 최인진, 앞의 책, 284~286쪽 참조.

23 『황성신문』, 1898년 9월 27일자와 1899년 9월 4일자와 8일자 및 11월 4일자 잡보 참조.

1900년 4월 4일 무렵 13종의 우표와 엽서를 제조했는데, 프랑스인 우체 고문으로 사진 엽서 발행을 건의한 바 있던 길맹세(吉孟世, E. Clemencet)가 이들 석판 인쇄의 정세하지 못함을 지적하고 프랑스에 직접 의뢰해 만들 것을 주장했었다.[25] 이러한 건의에 따라 대한제국의 우표와 엽서가 프랑스에서 인쇄된 적이 있으며, 프랑스어 교사로 우리 나라에 와 있던 알레벡크(Charles Aleveque)가 촬영한 궁궐과 풍속 등의 사진을 원본으로 40여종의 사진 엽서가 이를 계기로 제조되었다.[26]

국내에서 관제 사진 엽서의 공식적인 발행은 1906년 초대 통감 취임 기념 엽서였지만, 프랑스에서 제조된 것이 1900년 무렵부터 유통되기 시작했던 것으로 보인다, 1901년에는 12월 초부터 일본인이 경영하는 서울의 옥천당(玉川堂)에서 소천일진(小川一眞)이 제조한 풍속 · 경치의 사제(私製) 사진 엽서를 판매하는 광고를 『황성신문』에 모두 8회에 걸쳐 게재한 바 있다.[27] 그리고 1902년 말경에 이르러 엽서 이용의 확산과 더불어 사진 엽서의 사용도 늘어났을 것이며, 1907년의 순종 즉위와 1908년의 경성박람회를 기념하는 사진 엽서 발매 무렵부터 성행되었던 것이 아닌가 싶다.

이와 같은 개화기의 인쇄 미술은 1890년대 후반 무렵 교과서 삽화를

---

24 메이지기(明治期)의 석판 조각 기술자에 대해서는, 増野惠子, 「日本に於ける石版術受容の諸問題」, 町田市立國際版畵美術館 編, 앞의 책, 165~197쪽 참조.

25 『황성신문』, 1900년 4월 4일자 잡보 참조. 한국명이 길맹세(吉孟世)였던 클레망스는 프랑스의 우편 관계 전문가로, 1898년 9월 곧 있게 될 국제 우편물 취급 등을 위해 정부에서 초빙했으며, 그해 12월에 서울에 도착했었다. 이윤상, 「대한제국기 국가와 국왕의 위상 제고 사업」, 『진단학보』 제95호(진단학회, 2003), 102쪽 참조. 우편 초기에 한때 '郵鈔'로도 지칭되었던 1900년 이전의 우표는 1884년 음력 10월 우정총국의 개국에 맞추어 일본에서 '문위 우표(文位郵票)'를 제조해 왔으나, 갑신정변으로 사용하지 못했다. 1895년 우편 사무의 재개와 더불어 '국기 우표(國旗郵票)' 3종을 미국에서 800만 장 인쇄해 5년간 사용했으며, 1909년 1월에 발행된 우표는 전통화가 지창한(池昌翰)이 이화(李花)를 확대해 도안한 것이다. 이규태, 『개화백경(開化百景)』 3(신태양사, 1973), 43~47쪽 참조.

26 최인진, 앞의 책, 160쪽 참조.

27 『황성신문』, 1901년 12월 6일~23일자 참조.

선두로 전개되기 시작하여, 1906년 4월 30일부터 탁지부 공업과에서 "인쇄 및 조각 도회(印刷及彫刻圖繪)에 관한 사항"을 주관하면서 본격화되었던 것으로 보인다.[28] 그리고 1906년 초 상표와 광고류, 회엽서 등도 인쇄하며 문을 연 일한도서인쇄회사(日韓圖書印刷會社)와 1907년 6월 석판과와 사진과를 지닌 인쇄공업조합회사(印刷工業組合會社)의 설립으로 개화기 인쇄 미술은 더욱 확장되었고,[29] 1908년 7월 인쇄 미술을 전문으로 하는 문아당(文雅堂)의 개업 이후로는 실용화 · 일상화되기 시작한 것으로 생각된다. 문아당에서는 석판과 사진판, 사진 동판, 전기 동판 등의 인쇄와 목판과 동판 등의 조각을 통해, '상표'와 '지도', '서책 삽화', '각색 채화(各色彩畵)', '고서화 모사', '사진 엽서' 등을 "정미(精美)하게 인쇄하니 모두 와서 상의를 바란다"는 광고를 내며 영업을 했었다.[30] 이에 자극을 받았던지 보인사(普印社)는 같은 해 11월과 12월에 '인쇄 대확장 광고'를 『대한매일신보』에 게재하고, 판석부(版石部)에서 '지도' · '상표' · '삽화' · '각색 채화' · '고서화' · '회엽서(繪葉書)' 등을, 활판부(活版部)에서 '인찰지(印札紙)', 즉 광고 카드 또는 광고 전단지 등을, 사진부에서 '사진 엽서'와 '경색(景色) 사진' 등의 인쇄 미술을 취급하기 시작했다.[31] 1909년 초에는 흥문사(興文社)에서 석판과 동판 인쇄로 이러한 분야를 제조한다는 광고를 몇 차례 신기도 했다.[32]

이와같이 개화기를 통해 뛰어난 복제 기능을 갖춘 기계화된 인쇄 매체

---

28 『황성신문』, 1906년 5월 2일자 관보 중 「탁지부 분과규정」 참조. 탁지부 공업과에서는 이 밖에도 "쇄육 및 인유(刷肉及印油) 제조에 관한 사항"과 "전기정판 및 사진술(電氣整版及寫眞術)에 관한 사항"을 주관한다고 했다. 여기서 '쇄육(刷肉)'은 활자를, '인유(印油)'는 인쇄 잉크를 지칭한 것으로 보인다.

29 『대한매일신보』, 1906년 1월 19일자 일한도서인쇄회사 개업 광고와 『황성신문』, 1907년 6월 14일자 잡보 참조.

30 『황성신문』, 1908년 7월 28일자 문아당 광고 참조.

31 『대한매일신보』, 1908년 11월 21일과 12월 1일자 보인사 광고 참조.

32 『대한매일신보』, 1909년 1월 7일과 9일자 및 1910년 3월 18일자 흥문사 광고 참조.

에 인재(印載)된 시각 이미지인 인쇄 미술의 탄생과 확산은 이것을 텍스트로 삼아 소비하는 다수의 인민으로서의 근대적 주체인 대중의 생성과 함께 눈으로 보는 것에 대한 신뢰의 심화와 체험의 질적 변화를 초래하게 된다. 현실과 실재가 똑같은 모습으로 복제되어 시간과 공간의 제약을 벗어나 대량 인쇄, 유포되면서 이미지는 확실한 사실과 지식으로 유통되고, 체험된 이미지에 의해 현실과 실재를 상상하고 인식하게 되었다.[33] 특히 개화기의 인쇄 미술은 사진을 비롯한 신기술이 가져온 시각 및 이미지 세계를 확장 · 개편시키면서 계몽의 효과를 극대화하는 매개체로 작용했었다. 그리고 복제에 의해 균질화된 '근대'를 일상적으로 경험하고 인식하고 사고를 형성하는 데 가장 많은 영향을 미친 시각 문화로서 중요한 의의를 지닌다고 하겠다. 근대적 삶의 근본적 특징의 하나인 삶의 일정한 유형을 반복, 육성하면서 평균적 일상성을 구축하는 데에 시각 미디어이며 대중 미술인 인쇄 미술이 깊이 관여했던 것으로 생각된다.

기계화된 인쇄 매체에 의해 대량 생산된 인쇄 미술은 개인의 형성 과정에서 기존의 역사적 · 관습적 메커니즘과 달리 시각적이고 규제적인 새로운 훈육 기술로 기능하면서 감각을 합리화하며 지각을 관리하는 시각 소비자를 탄생시켰다. 그리고 이들은 이러한 시각 소비를 통해 외부 세계와 관계를 맺게 되고, 또한 그것을 곧바로 포착 또는 인지할 수 있는 능력이 배양되면서 이들 매체 이미지에 통제되거나 복제되는 등, 대중 소비자로서 코드화되고 규범화되었다. 인쇄 미술은 등가물(等價物)의

---

33 横山俊夫 編, 앞의 책, 3~10쪽 참조. 문자에 비해 수련 없이 해독과 소통이 가능하여 좀더 보편성을 지닌 지식과 정보의 의미의 운반자인 시각 이미지는 모든 표현, 사유, 인식 형태를 포괄하는 기능을 통해 우리의 구체적 삶에 직접 관계하면서 우리가 현실이라고 부르는 것을 규정하기도 한다. 또한 추상적 지식에 육체성을 부여해서 습득한 지식이 그대로 현실에 적응되어 세상을 새롭게 보고, 세상을 재발견하는 데 큰 효력을 발휘하게 된다. 유평근 · 진형준, 『이미지』(살림, 2002), 243~251쪽 참조.

생산과 세상을 재현해 보여 주는 전문화되고 대중화된 시각 문화로 작용하면서, 근대성과 일상성을 경험하고 재생산하는 새로운 장에서 사회 문화적으로 가장 많은 영향력을 발휘했던 것으로 생각된다.

개화기의 인쇄 미술은 시각상의 전달 매체를 갖는 사회 문화 형태인 이 시기 시각 문화의 주류를 이루면서 공중화된 통로나 영역을 통해 일상적 체험에서 불가결의 부분을 점했을 뿐 아니라, 리얼리즘의 확장과 근대 서양 미술을 도입하는 데에도 선구적 역할을 했다. 1896년 학부 발행의 『신정 심상소학』에 수록된 〈교실〉과 〈탐심 있는 개〉 삽화의 경우 사물의 그림자를 구체적으로 묘사했는가 하면, '그림(畵)'을 설명하는 부분에선 일점 투시법에 의해 묘사된 책상과 걸상에 그림자를 그려 넣은 삽화를 싣고, 그림이란 "아무것이나 눈에 보이는 대로 다 그리는 것"이라고 기술했다. 이는 그림을 시각에 의해 형상을 파악하여 묘사하는 근대적 사생화의 개념으로 규정한 것으로, 문인화 중심의 서화풍, 중세적 창작 경향과는 시대를 구별해야 하는 획기적 의의를 지니는 것이며, 눈에 비친 시각적 영상을 원근법과 음영법에 기초한 과학적 서양 화법으로 나타낸 사례로도 주목된다.[34]

이와같이 서양화법으로 묘사된 삽화와 함께 인재된 사진 영상의 경우, 시각 공간을 기하학적으로 합리화시킨 원근법과 카메라 시점에 의해 구조화된 근대적 시각 체제를 형성시켰다. 특히 시각을 원근법의 시점과 일치시키고 리얼리즘적 서술에 의해 코드화함으로써 개인을 보는 주체 또는 원근법적인 시각 주체로 구성했다.[35] 이처럼 개화기의 인쇄 미술은 보는 방식의 변동을 초래하면서, 근대적 시각 체제를 학습하고 공유하는

---

34 홍선표, 「서화 시대의 연속과 단절」, 앞의 책, 145쪽과 「한국 개화기의 삽화 연구」, 앞의 책, 286~288쪽 참조.

35 주은우, 『현대성의 시각 체제에 대한 연구』 (서울대대학원 사회학과 박사학위 논문, 1998) 참조.

매체로도 기능했을 뿐 아니라, 새로운 시각 경험들을 원근법적으로 코드화하는 데 작용하기도 했던 것이다.

Ⅲ. 신문물 이미지

개화기의 인쇄 미술 중에서도 신문물 이미지는 '근대'를 시각적으로 경험시키면서 이를 촉진하고 확장하는 매체로 기능했다. 이들 이미지는 특히 다른 사료로는 재구성이 어려웠을 새로운 근대 물질 문화에 대한 이해와 함께 개화기 신풍경의 구체적인 물증으로도 중요하게 생각된다. '개화 백경(開化百景)'을 이루었던 신문물 중에서도 어떠한 것이 주로 인쇄 미술로 시각화되고 유포되어 근대적 일상과 풍속의 물질적 · 외관적 장치와 징조로서 재현되고 작동하기 시작했는지, 유형별로 나누어 살펴보고자 한다.[36]

1. 기계 문물 이미지

'육적 문명(肉的 文明)'인 신문물 중에서도 '서기(西器)'에 의해 '인조(人造)'된 공산품으로 새로 등장한 기계류 기물은 인류를 미개 상태에

---

36 개화기의 인쇄 미술은 『독립신문』(1897년 4월 7일~1899년 12월 4일)과 『뎨국신문』(1898년 9월 5일~1910년 8월 2일), 『황성신문』(1898년 9월 5일~1910년 8월 28일), 『대한매일신보』(1904년 7월 18일~1910년 8월 29일), 『만세보』(1906년 6월 17일~1907년 8월 3일), 『대한민보』(1909년 6월 2일~1910년 8월 3일), 『매일신보』(1910년 8월 30일~1910년대)와 『소년』(1908년 11월~1911년 5월), 『청춘』(1914년 10월~1918년 9월) 등의 신문 · 잡지류와 『신정 심상소학』(1896), 『심상소학독본』(1903), 『초등소학』(1906), 『국어독본』(1907), 『최신초등소학』(1908), 『수신서』(1909), 『초등수신』(1909), 『신찬초등소학』(1909) 등의 소학교용 교과서 및 각종 사진 엽서에 인재(印載)된 삽화와 사진, 광고 도안으로, 그 중 근대성과 서구적 외양을 지닌 신문물 시각 이미지를 모아 분석했다.

서 문명 상태로 발전시킨 '은사물(恩賜物)'로 인식되었다.[37] 이러한 기물 가운데 인쇄 매체에 제일 먼저 재현되어 유포되기 시작한 것은 1896년 2월 학부에서 편찬 발행한 『신정 심상소학』의 삽화로 그려진 기계 시계가 아닌가 싶다(도 1 참조). 기계 시계는 이후 개화기의 각종 교과서 삽화에 빠지지 않고 수록되었는데, 1896년 1월 1일을 기해 음력에서 양력으로 바꾸고 하루를 12간지에 기초해 12시각으로 구분했던 종래의 방식에서 24시간제라는 세계의 표준 시각 체제로 변경한 동질적 양으로 등분화된 근대적 시간 형식인 시 · 분 · 초를 설명하고 이해시키기 위해 도시(圖示)되었던 것이다.[38] 시계는 문명 개화의 수단이자 상징물의 하나였으며, 이러한 기계적 시간관, 또는 정시법(定時法)은 기존의 자연적 리듬에 따른 시간 관념과 다른 인위적인 것으로, 근대인의 일상적 삶을 조직하고 통제하는 제도로서 이 시기에 출현하여 교과서 등을 통해 개념과 이미지를 습득하고 시간표에 따라 활동하면서 체화하게 된다.[39]

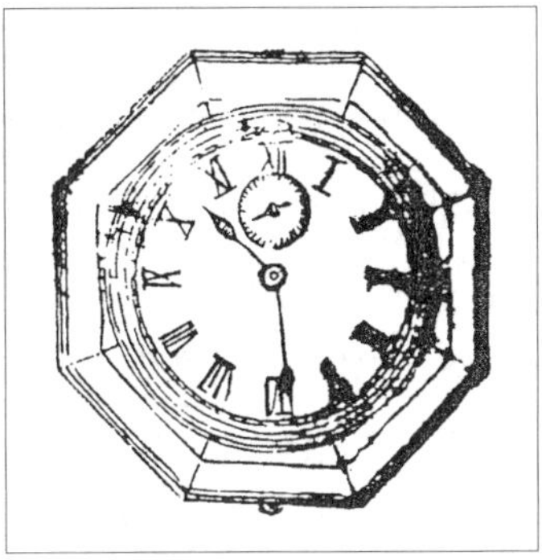

[도 1] 팔각형 벽시계
『신정 심상소학』 권 1, 1896년

교과서의 삽화로는 당시 '팔모종(鐘)'으로도 지칭되던 시각을 로마 숫자로 나타낸 팔각형 벽시계와 괘종 시계가 주로 그려졌다. 1896년 간행

---

37 장성만, 「개항기의 한국 사회와 근대성의 형성」, 『모더니티란 무엇인가』(민음사, 1994), 277~288쪽 참조.

38 홍선표, 「한국 개화기의 삽화 연구」, 앞의 책, 268쪽 참조.

39 鈴木淳, 『新技術の社會誌』(中央公論新社, 1999), 115~117쪽; 李孝德, 앞의 책, 24~32쪽 참조. 갑오개혁 직후인 1895년 최초로 학부(學部)에서 편찬 간행한 신교육용 국어 교과서 『국민소학독본』에서부터 "만반사(萬般事)에 시간을 견수(堅守)"해야 함을 강조했다. 『국민소학독본』 제25과 「시간 격수(時間格守)」, 『한국 개화기 교과서총서』(아세아문화사, 1977), 75쪽 참조. 양적 동질성을 지닌 선형적 시간성을 비롯한 근대적인 시계적 시간을 습득하는 데에는 이 시기의 신문도 중요한 구실을 했다. 박태호, 「『독립신문』과 시간-기계」, 『사회와 역사』 통권 64집(2003년 11월), 166~199쪽 참조.

된 『신정 심상소학』 권1 제6과 '시(時)'에 수록된 시계 삽화는 문자반을 부각시키기 위해 팔각형 시계를 묘사했는데(도 1), 초 단위 측정을 위해 군사용으로 수입된 이후 메이지기(明治期)에 대종을 이룬 초침반을 별도의 작은 원형에 설치한 유형이다. 1906년 간행의 『초등소학』에도 팔각형 벽시계가 그려졌는데, 시침과 분침의 길이가 거의 같고 디자인이 나침반과 유사한 모양으로 메이지기의 무사들이 애용했던 회중 시계와 비슷해 보인다.[40]

교과서의 시계 삽화가 새로운 시간 개념을 설명하고 시계 보는 법을 알려 주며 시간 준수를 계몽하기 위한 시각 이미지로 팔각형 벽시계와 괘종 시계를 주로 묘사한 데 비해,[41] 신문에 상품 광고로 다루어진 것은 대부분 회중 시계였다. 신문에서의 시계 이미지는 1902년 8월 9일자 『황성신문』에 실린 일본인 목도평(木島平) 시계포의 광고 삽화로, 수리와 판매를 함께 취급했던 자전거 삽화와 같이 처음 등장했다. 이 광고에는 뚜껑이 반쯤 열린 상태의 둥글게 생긴 스톱 워치형 회중 시계가 이미지로 사용되었으며, 같은 광고가 6일 후인 8월 15일자 『뎨국신문』에도 실렸다(도 2). 상의 주머니에 넣고 다니는 휴대용 회중 시계는 유럽에서는 19세기 중엽부터 신사들의 필수 액세서리였으며, 팔목 시계가 대중화

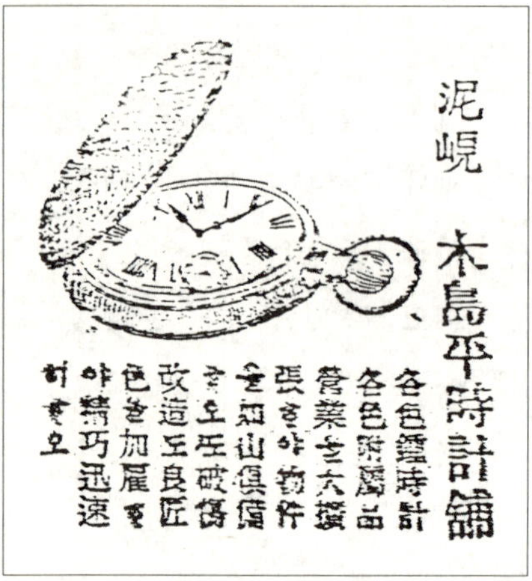

[도 2] 스톱 워치형 회중 시계 광고
『뎨국신문』, 1902년 8월 15일

40 鈴木淳, 앞의 책, 91쪽의 도판 참조.

41 드물게 '좌종(坐鐘)' 또는 '치(置)시계'로 지칭되던 탁상 시계가 묘사되기도 했다.

되기 시작하는 제1차 세계대전 무렵까지 유행했던 것으로, 1914년 2월 15일자 『매일신보』 광고에는 실크 해트와 모닝 코트를 입은 신사 삽화와 함께 묘사되기도 했다.

스톱 워치형 회중 시계 이미지는 1910년대를 통해 신문의 광고 삽화로 계속 유통되었다. 1910년 11월 29일자 『매일신보』에 실린 시계상 현석주(玄錫柱)의 업무 확장 광고의 회중 시계 문자반(文字盤)의 경우, 로마 숫자가 아닌 1900년대의 메이지 말기에 나오기 시작한 좀더 대중화된 최신의 아라비아 숫자로 디자인된 양태를 보여 준다. 1912년경부터 '세계에 유명한' 미국과 스위스 제품이라는 광고 문안이 붙기 시작했으며, 자전거도 판매하던 초기와는 달리 1913년 이래 안경과 반지를 비롯한 귀금속류를 함께 취급하면서 이들 삽화와 같이 묘사되는 등, 근대적 시간관을 정확하게 실행하게 해 주는 계몽의 이미지보다 부유함을 나타내는 액세서리로서 더 유포되기 시작했다.[42] 그리고 1916년 12월 23일자 『매일신보』에 '완권 시계(腕卷時計)', '완시계(腕時計)' 또는 '팔뚝 시계'로 지칭되던 손목 시계 삽화가 '최신 유행'이란 광고 문안과 더불어 처음 등장했다[43](도 3).

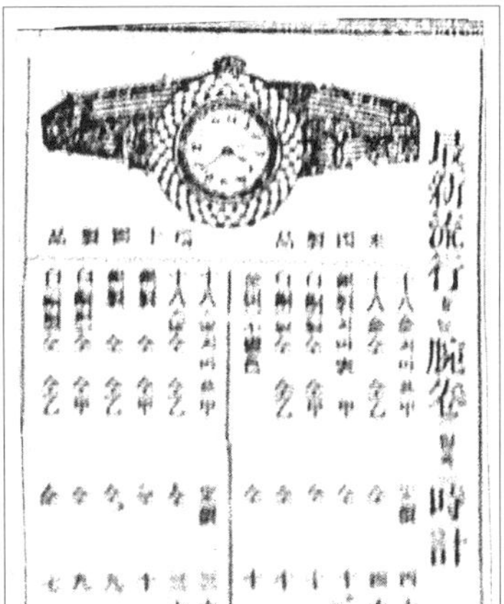

[도 3] 손목 시계 광고
『매일신보』, 1916년 12월 23일

42 『매일신보』, 1912년 7월 14일자와 1913년 1월 3일자 우조당(友助堂)과 1915년 12월 18일자 보신당(普信堂) 광고 등 참조. 1905년 10월 15일자 『대한매일신보』 등에 시계를 하나의 '완호지물(玩好之物)'로 알지 말고 시간의 귀중함을 알리고 "나를 각성케 하는 사우(師友)로 대우해야" 한다는 기사가 실리기도 했지만, 시계는 귀중한 액세서리로 대중화되어 갔다.

43 이 손목 시계 삽화는 손목 착용이 가능하도록 회중 시계에 가죽을 달아 쓰던 메이지 말기의 것과

[도 4] 기차역의 괘종 시계
『심상 소학독본』 권 7, 1903년

'화마(火馬)', '화륜차(火輪車)', '화차(火車)' 그리고 '쇠송아지'로 불리기도 했던 연기를 뿜으며 달리는 증기 기관차는 그 자체가 기계 문명의 상징물이었다. 기차만큼 매혹적이면서 위압적으로 근대 또는 서구 문명을 증거하는 것도 없을 것이었다. 기차는 산 넘고 물 건너 자연의 장애를 동일한 속력으로 꿰뚫으며, 자동차와 함께 통일적인 시간 기준 위에서 각 지역을 빠르게 주파하면서 전통적인 사회 문화적 시간과 공간 개념을 근본적으로 변화시키는 근대적인 교통망=유통망을 성립시켰던 것이다.[44] 특히 교과서 삽화에는 기차가 정해진 철도 시간표에 의해 운행되었기 때문에 "시간이 되면 곧 떠나고 일분도 기다리지 않는다"는 규칙을 시각적으로 전달하기 위해서였는지, 기차를 타러 역부(驛夫)에게 표를 주고 승

달리 비교적 소형화된 크기에 문자반 주변의 테두리가 굵게 디자인되어 있고 별도의 작은 원형 초침반이 없어진 모양 등이 대정(大正) 4년(1915) 6월에 발간된 『服部時計店目錄』의 스위스제 '腕時計' 삽화들과 유사하다. 林丈二, 『明治がらくた博覽會』(晶文社, 2000), 15쪽 삽도 참조.

44 李孝德, 앞의 책, 178~183쪽 참조.

장장으로 나오는 개찰구 기둥에 팔각형 괘종 시계를 강조해 그려 넣었다(도 4). 그리고 열차 시간에 맞추지 못해 떠나는 기차를 향해 인력거를 타고 급하게 달려오는 광경을 삽화로 수록하기도 했다.

많은 사람을 태우고 부산에서 온, 연기를 길게 뿜으며 달리는 둥근 터빈 형의 기차를 친구와 같이 보고 있는 그림과, 차창 너머로 농촌과 시가지 풍경이 번갈아 바뀌는 것을 구경하고 있는 승객들의 모습을 담은 삽화에서는 초지역적 이동으로 경관이나 지역의 고유성을 타자화된 특색으로 비교 · 대조하게 되는 '근대적 시선'이 생성되는 현장을 보는 것 같다. 한복 입은 승객이 궐련초를 피우거나 신문을 읽고 있는 객차 안의 정경 또한 '근대'가 일상적 삶의 장(場)을 통해 발원되는 기원의 공간을 실감나게 한다.[45]

기차의 등장은 시 · 공간에 대한 감각을 완전히 바꿔 놓은 미증유의 사건이었는데, 도시와 도시를 이어 주는 이 새로운 기계 문명은 "19세기에 그 어떤 것도 기차만큼 생생하고 극적인 근대성의 징표인 듯 보인 것도 없었다"고 했을 정도로 엄청난 변화를 몰고 왔다. 기차는 도시의 성장을 전에 없던 속도로 가속화시켰으며, 인구와 인간 관계, 생활 양식을 근본적으로 바꿔 놓은 것이다.[46]

신문에서의 기차 이미지는 1898년 5월 26일자 『그리스도신문』에 처음 보인다. 1899년 제물포와 노량진 간 한국 최초의 철도가 개통되기 전에 이미지로 먼저 등장한 기차는 미국의 부강함을 소개하는 「세계 첫째 한 나라」라는 연속 기사 2회분에 삽화로 수록되었다. 이 기차 삽화는 기관차 부분만 도안풍으로 묘사되었는데(도 5), 앞부분 하단에 울타리(柵) 같은 격자상이 있는 것으로 보아 교과서 삽화의 영국형 기차와 달리 미

45 홍선표, 「한국 개화기의 삽화 연구」, 앞의 책, 278~279쪽 참조.
46 볼프강 쉬벨부쉬, 『철도여행의 역사』, 박진희 옮김(궁리, 1999).

[도 5] 기차 삽화
『그리스도신문』, 1898년 5월 26일

국형 기차를 그린 것으로 생각된다. 미국에서는 야생 동물이 서식하는 광대한 미개의 대지를 달리기 때문에 기차 앞부분에 카우 캐처(cow catcher)라는 울타리가 붙어 있는 것이 특징이다.[47] 그리고 1901년 7월 11일자 『그리스도신문』에는 뉴욕 센트럴 철도의 복잡한 철로와 기차가 왕래하는 사진이 수록되기도 했다.

1905년 1월 경부철도 전 구간이 개통됨에 따라 1907년 11월의 『소년』 창간호에 철도가 보이는 남대문 정거장과 1911년 6월 11일자 『매일신보』에 남대문 정거장의 급행 열차 모습이 보도 사진으로 실리기도 했다. 이 급행 열차 사진은 당시 운행되던 실물 기차의 이미지를 담은 기록적 의의를 지닌 것으로, 1890년대에 일본에서 운행되던 것보다 직립된 화통의 길이가 좀더 짧아진 최신의 유형을 보여 준다.[48] 1910년대의 경인 간에는 화통 끝이 깔대기처럼 퍼진 광구식의 독일제 보르시크 회사의 프레리형 기관차가 운행되기도 했다.[49]

---

47 山梨繪美子, 「清親とアメリカ石版畫」, 『美術研究』 338(1987), 46쪽 참조.
48 1890년대 일본 기차 유형은 小勝禮子, 「開化の風景, イキリス. アメリカと日本」, 『近代日本版畫の諸相』(中央公論美術出版, 1988), 71쪽의 도 11 참조.
49 김진송, 『현대성의 형성-서울에 딴스홀을 허하라』(현실문화연구, 1999), 72쪽의 삽도 참조.

[도 6] 팔보단 광고
『매일신보』, 1912년 3월 25일

그런데 1912년 3월 25일자 『매일신보』의 '팔보단(八寶丹)' 소화제 약 광고에 묘사된 기차 삽화는 화통이 큰 모양으로 그려져 있다(도 6). 이와같이 화통의 상단이 넓게 벌어진 나팔 형태는 19세기 후반의 미국형 기차의 특징적 양태로, 메이지기에 금회(錦繪)로 그려진 양태와 유사하다. 그리고 이처럼 기차 의장에 의한 광고 도안은 1876년 1월 23일자 『동경일일신문(東京日日新聞)』에 실린 양풍의 '보단(寶丹)' 광고 삽화를 반영한 것으로 보인다.[50]

근대적 교통 수단으로 가장 먼저 인쇄 매체에 실린 것은 자전거이다. 1884년 미군 장교가 가지고 와서 처음 서울에서 타고 사람들을 놀라게 한 '자행거(自行車)'로 불렸던 자전거 이미지는 『독립신문』의 영자지인 *The Independent*의 1897년 8월 31일자 E. Meyor and Co 광고 삽화로 처음 등장했다. 제물포에 있던 이 회사는 함부르크에 본사를 둔 독일 무역상사 세창양행(世昌洋行)으로 미국 레밍턴 사 제품의 자전거를 이

50 山口順子, 앞의 글, 217쪽, 도 1 참조.

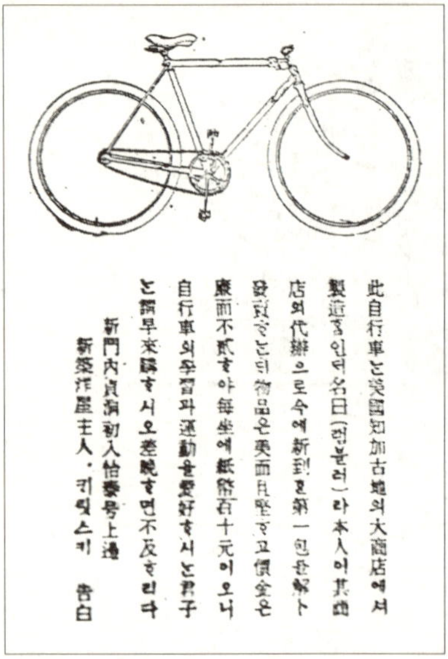

[도 7] 자전거 광고 삽화
『독립신문』, 1899년 7월 12일

미지로 실었다. 한글 신문에는 1899년 7월 12일자 『독립신문』의 '개리양행(開利洋行)' 광고에 삽화로 처음 다루어졌다(도 7). 이 개리양행은 1900년 7월 4일자 『황성신문』에 미국 제품인 '렘블러' 자전거 광고를 낸 정동 입구 '신축 양옥 주인'인 캐릿스키가 운영한 것으로 보인다. 캐릿스키는 이후 미국 공관 참서관 모건의 요청으로 그의 집에서 자전거와 각종 가구 잡화를 판매하는 광고를 실었다.[51]

[도 8] 최초의 자동차

1897년의 영자지에는 바퀴살이 묘사된 형태의 자전거 삽화가, 1899년에서 1901년 사이의 광고에서는 바퀴살이 생략된 채 나왔는데, 이는 1902년 8월 9일자 『황성신문』과 8월 15일자 『뎨국신문』에 실린 일본인 목도평(木島平)시계포 광고에서는 각종 자전거를 판매한다는 문안과 함께 사람이 타고 있는 이미지에 다시 바퀴살을 그려 넣은 좀더 정밀한 양태로 바뀌었다. 1905년 제정된 가로 관리 규칙에 "야간에 등화(燈火)

51 『황성신문』, 1901년 3월 26일~4월 6일자 참조.
52 손정목, 『한국 개항기 도시사회경제사 연구』(일지사, 1982), 108쪽 참조.

없이 자전거의 통행을 금한다"는 조항이 생겼을 정도로 그 보급이 늘어나면서,[52] 이미지도 좀더 현실화된 것이 아닌가 싶다.

자전거에 비해 자동차는 1914년 3월 10일자 『매일신보』에 연재된 조일제의 소설 「단장록(斷腸錄)」의 삽화에 처음 인쇄 이미지로 등장했다(도 8). 그리고 1915년 9월 28일자 『매일신보』에 총독의 경성우체국 시찰 기사의 보도 사진에서도 자동차의 인쇄 이미지가 실렸으며, 1917년 9월 21일자에는 자동차 대부(貸付) 개업 광고와 함께 1910년형 헌트 카블리올레와 비슷한 유형의 삽화가 수록되었다. 이러한 자동차 관련 개업 광고의 대두는 1912년 무렵부터 자동차 임대업이 시작된 이후 점차 사용이 늘어나기 시작하던 풍조를 반영한 것으로 보인다. 1919년에는 자동차를 풍자한 만화가 등장한 것으로 보아, 이의 사용이 더욱 빈번해지고 있음을 알 수 있다.[53]

[도 9] 군함 삽화
『초등소학』 권 6, 1906년

53 『매일신보』, 1919년 8월 2일과 18일자 김동성의 만화 참조.

[도 10] 증기선도
『그리스도신문』, 1901년 8월 8일

기계 교통 수단의 인쇄 미술로 가장 많이 다루어진 것은 군함과 기선과 같은 거선(巨船) 이미지이다. 1906년 대한교육회 편찬의 『초등소학』을 비롯한 교과서에 군함이 등장하는데(도 9), 이들 군함에 태극기를 게양하여 부국강병한 근대 국가로의 발전 의지를 반영하기도 했다.[54] 신문에서의 군함은 1910년 일제 강점 이후 『매일신보』에 보도 사진으로 등장했으며, 일본의 막강한 해군력을 과시하고 선전하는 이미지로 주로 사용되었다.[55]

'화륜선(火輪船)' 등으로 지칭되던 기선은 1901년 8월 8일자 『그리스도신문』에 뉴욕과 보스턴을 왕래하는 호화로운 〈증기선도〉로 실리거나(도 10), 1910년대의 사진 엽서에 관부 연락선인 '고려환(高麗丸)'의

54 홍선표, 「한국 개화기의 삽화 연구」, 앞의 책, 269쪽 참조.
55 『매일신보』, 1912년 1월 15일과 1914년 8월 17일자 참조.

위용을 실어 유포되기도 했지만, 주로 신문의 광고 삽화에서 박래품(舶來品)의 이미지를 나타내는 데 사용되었다. 조선 말기에 '이양선(異樣船)'으로 인식되던 기선이 이국 취미와 서양의 신문물을 운반하는 교역의 상징으로 인식되었음을 알 수 있다.

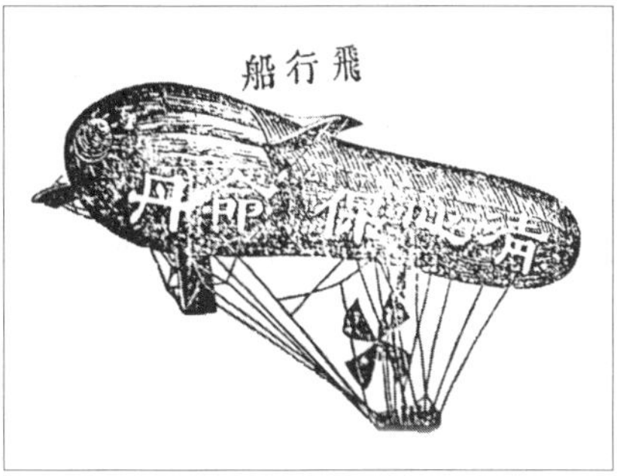

[도 11] 비행선
『매일신보』, 1911년 4월 30일

이 밖에 비행선과 비행기는 『소년』 1910년 1월호의 「공중 비행 기기의 연혁 도회(圖繪)」에 1783년형 열기구와 1852년의 키파르식 비행선에서 1900년의 라이트 비행기에 이르기까지의 변화된 모양이 17개의 삽화로 수록되었다. 그리고 광고 삽화와 보도 사진으로도 등장하기 시작했는데, 1911년 4월 30일자 『매일신보』의 청심보명단(淸心保命丹) 광고에 비행선의 이미지가 사용되었으며(도 11), 1917년 11월 19일자와 1919년 4월 21일자 『매일신보』에는 비행기 이미지를 이용한 전치환(專治丸)과 대력환(大力丸) 광고가 각각 실렸다. 이와 같은 광고 수법은 메이지 초기의 양풍 광고에서 유래된 것으로, 신문명의 위력과 효력의 이미지를 약효로서 이용한 것으로 생각된다.

'말하는 기계'로도 광고했고, 유성기로도 불린 축음기는 1877년 에디슨이 발명한 납지에 음의 진동을 새긴 포노그래프(phonograph)의 번역어로, 1887년경 평원반 모양의 레코드가 제작되면서 널리 상품화된 것이다.[56] 1899년 3월 3일자 『황성신문』에 유성기 음반 판매 광고가 실렸으나, 삽화와 함께 수록된 것은 1907년 3월 19일자 『만세보』가 처음이다. "가

56 탕본호일, 『일본 근대의 풍경』, 연구공간 수유+너머, 동아시아 근대 세미나팀 옮김(그린비, 2004), 218~219쪽 참조.

정 오락에 쓰이고 일가 단란하는 즐거움(樂)에도 중매되어 가장 필요한 것임을 대한국(大韓國) 상하 일반이 인허하신다"는 광고문과 더불어 '브래스 벨(brass bell)', 즉 '녹쇠 종'으로 지칭되는 긴 깔대기 모양의 확성 나팔이 부착된 'BA호' 축음기 이미지가 3월 23일자 신문까지 여러 차례 실렸다. 그리고 4월 14일과 16일자에는 '유성기'와 에디슨이 상업화된 축음기에 명명했던 '말하는 기계'란 이름으로 'AB호' 이미지가 삽화로 수록되었는데, 복잡하게 생긴 원통형 실린더 축음기 통의 모양이 1897년 일본 광고에 보이는 형과 유사하여 'BA호'에 비해 구형임을 알 수 있다. 축음기가 상당히 고가였기 때문에 더 많은 판매를 위해 좀더 저렴한 구식 모델을 선전했던 것이 아닌가 싶다. 1910년 2월 3일자 『대한민보』와 1910년 6월 7일, 9월 20일자 및 1912년 12월 13일자 『매일신보』에는 나팔 디자인이 꽃 모양으로 바뀐 빅터 축음기 광고가 "세계의 음악을 기호하는 인사의 가정에 비치"해야 한다는 문안과 함께 수록되었다. 이후 축음기의 보급을 넓히기 위해 악기점이 등장했고 월부 판매를 실시하기도 했다.

2. '하이 칼라' 이미지

'하이 칼라'는 메이지 시대인 1898년경에 만들어진 신유행어로 서양에서 유행하는 '고금(高襟)' 즉 '깃을 높이 세운'이란 말에서 나온 것이다. 처음에는 지나치게 서양 흉내를 내는 사람을 비난하는 의미에서 사용되었지만, 메이지 말인 1905년경부터 최신식의 근대풍 멋쟁이를 표현하는 용어로 널리 쓰이기 시작했다.[57] 우리 나라에서는 1920년대 후반 무렵부터 유행하기 시작한 '모던'보다 초기에 사용되었으며, 패션 또는

57 탕본호일, 앞의 책, 228~229쪽과 E. 사이덴스티커, 『도쿄 이야기』, 허호 옮김(이산, 1997), 120쪽 참조.

차림새와 좀더 결부되어 보급되었다.[58]

'하이 칼라'를 도입한 것은 여자보다 남자 쪽이 빨랐던 것으로 보인다. 단발의 시행이나 양복의 채택은 군대나 관료와 같은 공적 사회에서 선행되었기 때문으로 생각된다. 교복의 경우도 남학생의 양복 수용이 더 빨랐다.[59] 여성들은 양장보다 전통 의상의 개량에 더 역점을 두었던 듯하며 동복이나 춘추복보다 여름용 복장이 더 빨리 양복화되었다.

1895년 양복의 허용에 이어 단발령이 시행되고, 1900년 문관의 복장도 구미식으로 바뀌면서 점차 들어오기 시작한 것이, 이전에는 없었던 새로운 하이 칼라 패션 문물인 양복과 모자, 구두, 안경, 서양식 단장(短杖)인 양장(洋杖), 시계, 여송연 등이었다. 이러한 복장과 액세서리는 1907년 1월 10일자 『대한매일신보』의 '피개화(皮開化)' 기사에서도 알 수 있듯이 문명 개화의 요소로 점차 선망과 풍자의 대상이 되었다. 신소설에도 이러한 하이 칼라 멋쟁이의 차림새에 대한 묘사가 대두되었다.[60] 신문의 인쇄 미술로는 1901년 2월 14일자 『그리스도신문』에 유럽에서도 유행하던 싱글브레스트 재킷에 좁은 보타이를 착용한 일본인 예수교 교우 니키하라의 상반신 모습이 목구판(木口版), 즉 서양 목판화로 복제되어 수록된 것이 최초의 예가 아닌가 싶다. 1905년 1월 28일자 『황성신문』의 엔도양복점(遠藤洋服店) 광고에 실크 해트를 쓰고 모닝 코트를

58 1913년 9월 18일자 『매일신보』의 「촬영 일순간」 기사에 서울의 교번소 옆으로 걸어가는 세 명 여성의 모습을 소개하면서, "흰 적삼 옥색 치마인데 그 중 테 두른 우산에 손수건 쥔 부인이 나이도 젊고 하이 칼라입디다"고 쓴 것으로 보아 '하이 칼라'의 용례를 짐작할 수 있다.

59 이유경 · 김진구, 「우리 나라 양복 수용 과정의 복식 변천에 대한 연구」, 『복식(服飾)』 26(1995년 11월), 135쪽 참조.

60 "울는 꾸스로 양복을 말숙하게 지어 입고 다까보시에 불란서 제조 살죽경을 쓰고 흰 떡가래 만한 여송연을 반도 채 타지 못한 것을 희덥게 휙 내버리고 종녀 단장을 오강 사공 노질하듯 휘휘 내돌리며 나타난다"(『빈상설』). "파나마 모자를 푹 숙여 쓰고 금테 안경은 코허리에 걸고 양복 앞섶 떡 갈라 부친 속으로 축 느러진 시계줄은 월광에 태여 반작반작하며 바른 손에는 반쯤 탄 여송연을 손가락에 거머쥐고 왼손으로 단장을 들어 향하는 길을 지점하고 회동"(『추월색』).

입은, 19세기 중엽 경 유럽에서 형성된 정식 예복 차림의 인물이 삽화로 등장했지만, 1907년 1월 1일자 『만세보』에 실린 아사다양복점(淺田洋服店)의 광고에 묘사된 볼러 모자를 쓰고 서양식 지팡이와 궐련초 담배를 든 줄무늬 수트 모델의 모습이 여러 번 수록되면서 하이 칼라 신사 이미지의 한 전형을 형성했을 것으로 보인다(도 12).

[도 12] 양복점 광고
『만세보』, 1907년 1월 1일

교과서 삽화에서의 '하이 칼라'는 주로 교사나 의사와 같은 개화기의 전문직 지식인들의 이미지로 묘사되었다(도 13). 교사의 경우 대부분 단발에 카이

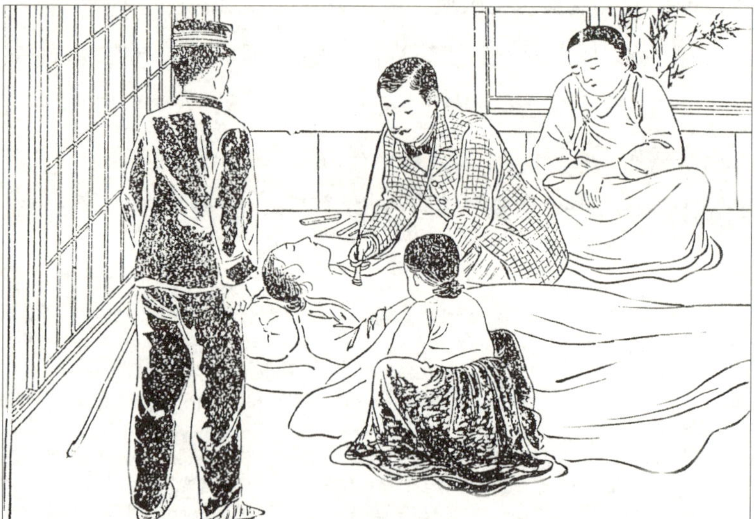

[도 13] 교사의 하이 칼라 복장
위생 양화, 『수신서』 권 4, 1909년

젤 수염을 기르고 줄무늬 바지에 연미복, 또는 디렉터스 수트 스타일의 양복을 착용한 모습으로 표현되었다. 메이지기의 관리나 교사들의 공식 복장이었던 소예복(小禮服)을 연상시키는 차림의 이러한 교사상은 개화와 계몽의 '도선(導線)'이며 지도자로서의 이미지로 표상되었을 것으로 생각된다. 이에 비해 학생들의 머리 모양은 '총발(總髮)' 즉 땋은 댕기머리에서 단발, 또는 깎은 머리로 점차 변화되는 양상을 보였다. 복장에서는 옷고름이나 단추를 단 두루마기와 마고자 등의 개량 한복과 교모에 교복을 입고 각반을 친 학생복, 그리고 이들을 혼용한 차림이 서로 섞여 있는 모습으로 다루어졌다. 이와 같은 학생상은 미개화와 저개발의 이미지와 규율화된 집단의 이미지로 표상된 것이 아닌가 싶다.[61] 서로 싸우다가 교사에게 훈계를 듣는 장면을 양복 차림의 교사상과 한복을 입은 학생과의 대조적인 모습을 통해 나타낸 것도 이러한 표상 체계로 읽을 수 있을 것이다(도 14).

[도 14] 양복 차림의 교사와 한복을 입은 학생 꾸중 삽화, 『수신서』 권 1, 1909년

신문 · 잡지류에서의 하이 칼라 신사는 이도영이 1909년에 연재한 『대한민보』의 시사 만화에서 개화

61 한복 두루마기는 대부분 흰색으로, 교복은 검은색으로 나타낸 것도 1905년 경무사에서의 흰옷 금지 조치 이후 흰옷은 미개의 징표이며, 검은 옷은 신문명에 잘 어울리는 것이라는 인식이 반영된 것이 아닌지 모르겠다. 개화기의 흰옷 금지 조치 등에 대해서는 권보드래, 『한국 근대소설의 기원』(소명출판, 2000), '부록' 277~279쪽 참조.

[도 15] 화장품 광고
『매일신보』, 1910년 8월 16일

[도 16] 〈국의 향〉 삽화
『매일신보』, 1913년 10월 2일

인사의 이미지로 묘사되기도 했지만, 대부분의 하이 칼라 신사 이미지는 담배나 시계, 모자, 구두, 약품, 포도주, 자전거, 측량기, 등사판 광고에 등장하여 상품의 박래성(舶來性)을 제고하는 신문명, 또는 자본주의적 외모로 유통되었다.

양장의 하이 칼라 여성상은 1909년 2월 21일자 『대한매일신보』의 옥호서림(玉虎書林) 책 광고에 1900년대에 유럽에서 유행한 깁슨 걸(Gibson girl)[62] 스타일로 처음 등장했다. 1910년 8월 16일자 『매일신보』에서부터는 비누나 미분, 치약, 부인병 등의 의약품, 염색약, 맥주, 포도주 등의 광고에 양장 차림의 신여성이나 미모의 서양 여성을 모델로 하여 '하이 칼라'의 미인상으로 재현되었다(도 15). 그리고 19세기 중엽 이후 파리를 중심으로 화장품 광고에 여배우들이 등장하면서 유행을 선도했듯이, 이들 광고에 등장하는 모델의 하이 칼라 이미지는 패션의 첨단 모드로 사회를 자극하게 된다. 1913년 10월 2일자 『매일신보』의 연재 소설인 조일제의 〈국(菊)의 향(香)〉 삽화로 묘사된 "서양 머리에 구두 신고, 비단 우산을 쓴 통치마 차림의 여학생"은 기생들도 따랐던 '학생장(學生裝)'으로 이 시기 하이 칼라 여성상의 한 전형을 보여 준다(도 16). 삽화로 그려진 박쥐형 우산은 일본 바쿠후(幕府) 말기에 박래품으로 유럽에서 들어와 메이지 초부터 개화 필수품으로 유행한 '양산(洋傘)'으로, 1901년 이래 여성들에게 인기 있던 비단 천을 띠처럼 덧붙이고 속이 깊은 '미인 양산'과 비슷하다.[63] 우리 나라에선 쓰개치마 대신 외출용으로 등장하여 신여성의 하이 칼라 이미지 용품으로 사용되었으며, 광고 삽화로는 1901년 6월 25일자 『황성신문』에 처음 실렸다.

남성 하이 칼라의 소품 중 가장 많이 인쇄 매체를 통해 광고된 것은 모자였다. 모자는 19세기 구미에서 외출시 필수품으로 습속화되었던 것으로, 일본에서는 1871년 단발령과 함께 새롭게 수용되어 1880년대부터 남성들의 외출시 착모가 크게 성행되었다. 모자는 서구의 풍속이 유입되어 단기간에 생활 습속화된 대표적인 사례로 부분 양장(洋裝)으로서의 효과 때문에 널리 보급되기도 했다.[64] 우리 나라에서도 "모자는 문명의 관(冠)"이란 광고 카피가 나왔을 정도로 개화의 상징으로 유행되었는데, 단발이 야기시킨 현상이면서 의관을 정제했던 전통적 복식관이 변안된 풍조로도 이해된다.

모자 광고는 1901년 10월 14일자와 1903년 1월 12일자 『황성신문』의 '양복 소용 물건(洋服所用物件)'을 파는 귀옥상전(龜屋商廛) 광고에 중절모 삽화로 처음 등장했다. 1905년 1월 6일자의 '양복 부속품'을 파는 대흑옥상점(大黑屋商店)의 광고에선 중산모를 '유행 신형'으로, 중절모를 '고상우미(高尙優美)'로, 캡 형태의 조타모(鳥打帽)를 '운동

62 미국 삽화가 깁슨(C. D. Gibson)이 그린 1890년대의 전형적인 개미허리 미인.

63 탕본호일, 앞의 책, 304~305쪽 참조.

64 櫃野八束, 『近代日本のデザイン文化史』(フィルムアート社, 1992), 155~157쪽 참조.

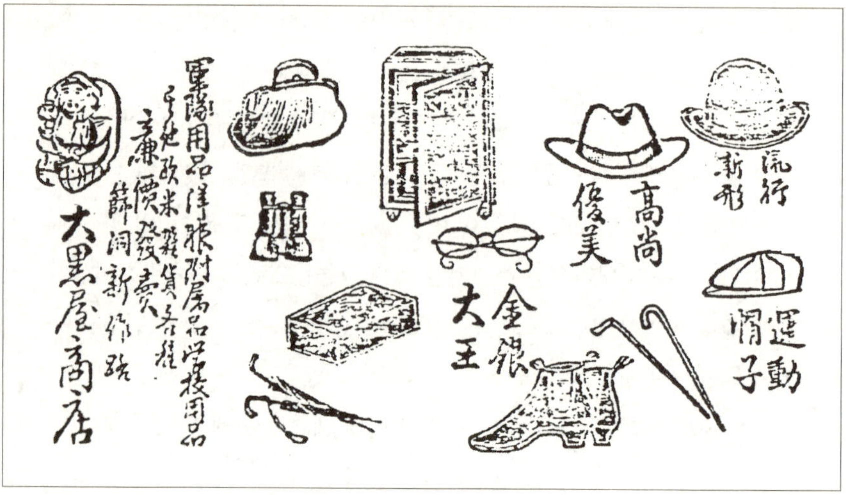

[도 17] 각종 양복 부속 용품 광고
『황성신문』, 1905년 1월 6일

모자'로 설명했으며, 안경과 단장, 우산과 같은 하이 칼라 신사용품을 함께 수록해 놓았다(도 17). 그리고 1909년 8월 11일자 『대한매일신보』의 옥호서림 부속 모자상점 광고에는 실크 해트인 예모(禮帽)를 비롯해 '미리견모(美利堅帽)' 등의 부인 모자 삽화도 등장하기 시작했다.[65]

개화기에는 중절모가 제일 유행했던 듯, 광고 삽화로 가장 많이 등장했다. 1896년 학부 편찬의 『신정 심상소학』 '학교'의 삽화에 묘사된 교사의 두루마기에 바지를 입고 중절모를 쓰고 있는 모습으로 보아 개화 초기부터 착용되기 시작했음을 알 수 있다(도 18).

[도 18] 중절모를 쓴 교사
『신정 심상소학』 권 1, 1896년

모자에 비해 구두는 다소 늦은 1905년 1월 6일자 『황성신문』의 '양복 부속 용품' 광고에 모자와 안경, 지팡이 등과 함께 처음으로 그려졌다. 구두 단독 삽화는 1907년 1월 23일자 『만세보』에 게재된 프랑스와 일본 및 미국산 가죽으로 '우미견고'하게 만든다는 '화제방(靴製房)' 광고에 처음 보인다. 이 무렵부터 교과서 삽화에는 구두를 짚신과 함께 수록해, 신구(新舊) 대비를 통한 신문물의 우수성과 편리함과 멋스러움을 부각시키기도 했다.[66] 신문에서의 구두 광고는 1910년대부터 '화제방'에서 '양화점(洋靴店)'이란 이름으로 나오기 시작했으며, 모자 광고보다 많이 등장하여 하이 칼라 소품 이미지의 변화된 양상을 보여 준다.

Ⅳ. 맺음말

기계 문물과 '하이 칼라' 패션을 비롯한 개화기의 신문물은 서구 부강의 근원이며 인조적 공력을 통해 도달한 최상의 '광명(光明)'한 상태인 인류의 진보물로서, 선망과 모방의 대상이 되었다. 따라서 이러한 신문물은 근대 국민 국가와 시민 사회 형성의 물질적 장치로 소개되고 도입되어 일상 생활의 장(場)을 재편하는 구체적 요소로서 작용하게 되는 의의를 지닌다.

개화기를 통해 유입되기 시작한 이와 같은 신문물에 대한 사회적 인식의 확산에는 신문과 잡지, 교과서와 같은 이 시기의 근대적 인쇄물이 선도적 역할을 했다. 그리고 이들 인쇄물에 수록된 사진과 삽화 및 표지화,

65 옥호서림 부속 모자점의 삽화로 모두 7종의 모자가 묘사되었는데 비해, 1901년 도쿄 풍속지에 수록된 모자는 모두 28종이다. 탕본호일, 앞의 책, 293쪽 삽도 참조.

66 홍선표, 「한국 개화기의 삽화 연구」, 앞의 책, 268~269쪽 참조.

도안 광고를 비롯해 사진 엽서와 광고 전단, 상표, 포스터 등의 기계화된 인쇄술에 의해 대량 복제된 인쇄 미술은 이러한 지식과 정보를 시각적으로 공급하여 징험시키고 일상화 · 담론화하는 근대 계몽의 수단으로서 중요한 구실을 했던 것으로 생각된다. 응용 미술로 인식되고 '조각 도회(彫刻圖繪)'로도 지칭되던 이러한 인쇄 미술의 등장은 시각의 근대적 편성과 재현 및 복제에 따른 표현 영역의 확장과 시각 이미지의 대중화를 초래하게 된다. 특히 1906년 통감부 시기 이후부터, 모더니티의 물질적 산물이며 서구 부강의 상징으로 인쇄 매체에 '인재(印載)되어 광포(廣佈)'된 신문물의 시각적 이미지들은 문명 개화의 신시대 도래를 한층 더 실감케 하고 좀더 구체적으로 주입시키면서, 새로운 근대적 일상과 풍속을 균질화 또는 평균화시키고 확산 · 재편시키는 촉매로서 작용하게 되는 의의를 지닌다고 하겠다.

〈참고 문헌〉

『국어독본』.

『대한매일신보』.

『대한민보』.

『뎨국신문』.

『독립신문』.

『만세보』.

『매일신보』.

『소년』.

『수신서』.

『신정 심상소학』.

『신찬 초등소학』.

『심상소학독본』.

『청춘』.

『초등소학』.

『초등수신』.

『최신초등수학』.

『한국 개화기 교과서 총서』, 아세아문화사, 1977.

『황성신문』.

권보드래, 『한국 근대소설의 기원』, 소명출판, 2000.

권혁희, 「사진엽서의 기원과 생산 배경」, 『사진엽서로 떠나는 근대 기행』, 부산 근대역사관, 2003.

김진송, 『현대성의 형성—서울에 딴스홀을 허하라』, 현실문화연구, 1999.

다카시 후지타니, 『화려한 군주—근대 일본의 권력과 국가의례』, 한석정 옮김, 이산, 2003.

레지스 드브레, 『이미지의 삶과 죽음』, 정진국 옮김, 시각과언어, 1994.

박태호, 「『독립신문』과 시간-기계」, 『사회와 역사』 통권 64집, 한국사회사학회, 2003년 11월.

볼프강 쉬벨부쉬, 『철도 여행의 역사』, 박진희 옮김, 궁리, 1999.

손정목, 『한국 개항기 도시사회경제사 연구』, 일지사, 1982.

유평근 · 진형준, 『이미지』, 살림, 2002.

이규태, 『개화백경』 3, 신태양사, 1973.

이유경 · 김진구, 「우리나라 양복 수용 과정의 복식 변천에 대한 연구」, 『복식』 26, 1995년 11월.

이윤상, 「대한제국기 국가와 국왕의 위상 제고 사업」, 『진단학보』 제95호, 진단학회, 2003년 6월.
장성만, 「개항기의 한국 사회와 근대성의 형성」, 『모더니티란 무엇인가』, 민음사, 1994.
주은우, 『현대성의 시각 체제에 대한 연구』, 서울대 사회학과 박사논문, 1998.
최인진, 『한국사진사』, 눈빛, 2000.
탕본호일, 『일본 근대의 풍경』, 연구공간 수유+너머, 동아시아근대세미나팀 옮김, 그린비, 2004.
홍선표, 「개화기 미술」 1~5, 『월간미술』 제14권 5호 · 7호 · 8호 · 9호 · 12호, 중앙일보사, 2002년 5월 · 7월 · 8월 · 9월 · 12월.
홍선표, 「사실적 재현 기술과 시각 이미지의 확장」, 『월간미술』 제14권 9호, 중앙일보사, 2002년 9월.
홍선표, 「서화 시대의 연속과 단절」, 『월간미술』 제14권 5호, 중앙일보사, 2002년 5월.
홍선표, 「한국 개화기의 삽화 연구」, 『미술사논단』 제15호, 시공사, 2002년 12월.
E. 사이덴스틱커, 『도쿄 이야기』, 허호 옮김, 이산, 1997.

芳野作市, 『國語讀本挿畵の精神及其解說』, 明治圖書株式會社, 1926.
李孝德, 『表象空間の近代-明治 '日本' のメテイア編制』, 新曜社, 1966.
江馬務, 『小學國語讀本 '尋常小學國史挿畵の風俗史的解說』(江馬務著作集 12), 中央公論社, 1977.
北澤憲昭, 『眼の神殿』, 美術出版社, 1989.
榧野八束, 『近代日本のデザイン文化史』, フイルムアト社, 1992.
横山俊夫 編, 『視覺の19世紀－人間 · 技術 · 文明』, 思文閣, 1992.
橋本泰幸, 『日本の美術教育』, 明治圖書, 1994.

佐藤健二,『風景の生産, 風景の解放－メデイのアルケオオロジ』, 講談社, 1994.

鈴木淳,『新技術の社會誌』, 中央公論新社, 1999.

林丈二,『明治博覽會』, 晶文社, 2000.

萬青力,『非衰的百年－19世紀中國繪畵史』, 雄獅圖書, 2005.

山梨繪美子,「清親とアメリカ石版畵」,『美術研究』338, 1987.

青木茂,「‘刷り繪’から‘版畵’へ」, 町田市立國際美術館 編,『近代日本版畵の諸相』, 中央公論美術出版, 1988.

小池智子,「版畵という語」, 町田市立國際美術館 編,『近代日本版畵の諸相』, 中央公論美術出版, 1988.

河野實,「板の繪から繪畵への萌芽-刀畵〈漁夫〉おめぐつて」, 町田市立國際美術館 編,『近代日本版畵の諸相』, 中央公論美術出版, 1988.

山口順子,「明治前期の新聞雜誌における視覺的要素について」, 町田市立國際美術館 編,『近代日本版畵の諸相』, 中央公論美術出版, 1988.

增野惠子,「日本に於ける石版術受容の諸問題」, 町田市立國際美術館 編,『近代日本版畵の諸相』, 中央公論美術出版, 1988.

小勝禮子,「開化の風景′イギリス′アメリカと日本」,『近代日本版畵の諸相』, 中央公論美術出版, 1988.

紅野謙介,「寫眞のなかの‘戰爭’－明治30年代『太陽』の口繪おめぐつて」,『近代知の成立』, 岩波書店, 2002.

개화기 번역서 연구

김봉희

Ⅰ. 머리말

1886년『한성주보』에는 독일 영사 버들러(H. Budler)가 자비로 상하이(上海)에서 번역된 서양 서적 200여권을 구입하여 박문국에 보내왔다는 기사가 실려 있다. 이 책들은 천문, 지리, 의약, 산수, 만국사기, 각방화약(各邦和約)에서 조수(鳥獸), 금석(金石), 전광(電光), 기기(器機), 수륙(水陸), 항해, 측후, 화학, 동물 및 열국의 세계 증감과 5주(洲)의 시국 추이에 이른다고 소개하고 있다. 그리고 이 책들은 "실로 우리 나라로서는 처음 가지는 서적이고, 따라서 지금의 이용후생 방책이기도 한 것이다"라면서 "진실로 경제에 뜻이 있는 사람이면 1차 본국에 와서 한 번 열람해 보면 실용에 도움이 없지 않을 것이다"라고 광고했다.[1] 이는 근대화를 위해 외국의 앞선 문물 제도를 받아들이는 것이 중요함을 인식한 발언으로 서양의 선진 기술 수용에 대한 하나의 방안으로서 외국에서

1 「한성주보」 1886년 2월 15일자, 관훈클럽 영신연구기금, 「한성순보」 영인본, 제3권(관훈클럽 영신연구기금, 1983), 726쪽.

번역된 '서양 서적의 열람'을 들고 있는 것이다.

실지로 강화도조약 체결 이후 우리 사회는 새로운 서구 문물의 적극적 수용과 침략적 외세 확장에 대한 애국적 방어라는 두 가지 목표를 실현하기 위해, 국민을 계몽시키는 과정에서 새로운 지식과 정신을 담은 신서적의 발행에 대한 요구가 사회 모든 영역에서 생겨나고 있었다. 하지만 근대적인 과학, 법, 제도, 사상을 저술할 저작자층이 빈약했던 관계로 국내 지식인들에 의한 자체 저술보다는 외국의 서적을 수입하여 번역하는 경우가 많이 발생했다. 즉, 당시의 번역물은 선진 문물을 경험하기 위한 하나의 수단이 되었고, 새로운 세계를 접하고 들여다보는 '창구'로서의 역할을 했던 것이다.

이 연구는 이러한 개화기의 번역서에 대한 발전 상황을 알아보기 위한 것이다.

이를 위해 먼저 개화기 번역서가 발전할 수 있었던 당시의 사회 · 문화적 환경을 분석했다. 이어서 번역서 편찬 주체를 살펴보고, 번역서에 대한 내용을 주제 분야별로 분석해 그 시기 각 분야의 번역 서적들이 어떠한 내용과 구조를 가지고 있었는지 알아보았다.

개화기 전 기간 동안에 발행 · 유통된 번역서의 규모와 내용을 파악하기 위해 『황성신문』과 『대한매일신보』의 서적 광고와 기사, 그리고 기타 여러 문헌으로부터 그 내용을 정리하여 이들의 서지 사항과 주제 범위를 살폈다. 이 같은 번역서에 대한 내용 분석은 당시 일반적으로 지향했던 근대화의 방향과 특징을 파악하는 데 도움을 줄 것이다.

아래는 서적 문화와 관련해 당시 신문의 역할을 잘 보여 주는 사례이다. 1899년 3월 이근영이 번역, 『황성신문』에서 발간한 미국인 임락지(林樂知)의 『중동전기』의 신문 광고 내용이다. 당시 『중동전기』는 1894년과 1895년 양년에 일어난 청일전쟁의 본말과 우리 나라와의 관계, 그리고 1898년 청국에서 일어난 무술 정변에 관한 내용을 담고 있다. 따라서 이 책은 당시 청일전쟁으로 인해 외세의 각축장이 된 우리 나라와 이와 관련된 일본, 청국 등 동양 3국의 이해 관계를 밝힌 것으로 많은 독자들로부터 관심을 끌 수 있는 내용이었다.

> 重譯 中東戰紀
>
> 甲午乙未 兩年間에 日淸交戰 本末과 俄國에 關ᄒᆞᆫ 事를 上海셔 發刊ᄒᆞᆫ 中東戰紀 初編續編과 昨年 淸國政變 記事를 國漢文으로 交譯ᄒᆞ야 有志君子의 貢覽ᄒᆞᆷ을 便易케ᄒᆞ얏ᄉᆞ오니 願覽ᄒᆞ시ᄂᆞᆫ 僉君子ᄂᆞᆫ 中署鹽谷 第十八統 一戶(鐘路 大東書舖 웃웃집)貝物廛 劉禹鉉家에 往ᄒᆞ야 購去ᄒᆞ시되 價文은 每秩 二冊에 五十錢이오.[2]

위의 광고는『중동전기』가 우리 나라 사람이 보기 쉽게 국한문으로 번역되었다는 사실을 강조함과 동시에 구입처와 책값을 알리고 있다.

이러한 예를 통해 알 수 있듯이 당시 신문은 새로운 지식에 대한 독자들의 정보 요구에 부응하여 서적을 유통시키고 소비할 수 있게 노력했다. 또한 이를 통해 새로운 형태의 커뮤니케이션을 독자와 구축하면서, 독서 시장을 활성화시킨 촉진제의 역할을 했음을 보여 준다.[3]

특히『황성신문』과『대한매일신보』는 개화기의 대표적인 애국 · 계몽적 일간지들로서 외국의 신문화, 신지식을 소개하는 동시에 당시 우리나라가 처해 있던 현실을 애국적 견지에서 보도함으로써, 국민들에게 자주 의식과 민권 의식을 고취하는 계몽지로서의 역할을 수행했다. 또한 1899년에서 1910년까지를 포괄하고 있다는 점에서 당시 발간 · 유통되

---

2 『황성신문』, 1899년 5월 11일, 광고.

3 오종호,『개화기 소설의 대중화 과정 연구』(대구효성가톨릭대 대학원 박사학위 논문, 1999), 21쪽.

었던 서적들의 실태를 알 수 있는 가장 중요한 자료로 꼽을 수 있다.

이러한 방식을 통해 밝혀진 번역서의 종수는 총 82종이며 – 물론 실제로는 더 많은 종류의 번역서가 발행 · 유통되었을 것이다. – 번역서와 함께 수입서의 목록에 대한 연구도 함께 진행했다. 당시 국내에 유통된 수입서로 일본 서적은 95종, 중국 서적으로는 396종이 있었다. 수입서 목록에 대한 연구를 함께 진행한 이유는 번역서의 다수가 이들 수입서를 바탕으로 이루어졌기 때문이다.

당시 발간 · 유통되었던 번역서는 크게 교과서류, 실용서, 종교서, 기타 일반서 등으로 구별할 수 있다. 그리고 신교육의 실시가 국가의 명운과 직결된 것이었던 만큼 교과서로 발행된 번역서의 비중이 컸다.

이 글에서는 국내에서 발행되었던 번역서를 당시 각급 학교에서 교육되던 교과목 종류를 기준으로 주제 구분 방식을 택해 서적의 양과 내용을 참조하여 17개의 주제와 기타 분야로 나누어 살펴보았음을 밝혀 둔다.

Ⅱ. 개화기 사회 문화적 배경

1. 개화기의 특징

개화란 사회 모든 분야의 제도 · 문물 · 사상이 전근대적 상태에서 근대적 환경으로 변화함으로써 개인적 · 국가적 부강과 근대화를 이룩하는 것을 의미한다. 따라서 개화에는 기존의 봉건적 사회 질서의 탈피와 선진 문물의 수용이란 의미가 동시에 내포되어 있다.

개화 초기인 1880년대는 강화도조약 체결 후 조선 정부가 일본과 중국 등에 소개된 서양 문물 · 제도 등의 시찰을 통해 이들 문물의 수용 가능성을 타진하고, 국가를 중심으로 서구의 발전된 과학 기술 문화를 적극 수용하고 부국강병을 이루려는 분위기가 팽배했던 시기이다.

특히 개화 선각자들은 이러한 과정 속에서 전체 국민의 개화에 대한 자각이 매우 중요하다는 사실을 인식했다. 그리하여 이 시기 개화 운동의 방향은 제도 문물의 도입 · 적용과 함께 대중의 민지(民智) 개발을 목표로 진행되었으며, 이는 사민(士民) 평등에 입각한 학교 · 사회 교육의 확대와 실현을 통해 추진되었다. 물론 근대적 학교 교육이 그 중심이 되었으나 도서관, 신문사와 같은 사회 교육 기관 역시 학교 교육과 함께 그 중요성이 강조되었다. 이들 교육 기관과 각종 문화 기구는 궁극적으로 대중에 대한 새로운 사상과 지식의 전달을 목표로 했기 때문에 각종 신서적, 신문, 잡지의 발간을 위한 다양한 제도와 시설이 이 시기를 전후하여 갖추어지게 되었다. 그리하여 우리 나라 최초의 근대적 인쇄국인 박문국이 1883년 설치되었다.

1890년대는 일본을 비롯한 서구 열강들의 우리 나라에 대한 이권 침탈이 극심했던 시기로, 이들로부터 독립과 민권 수호가 개화 사상의 목표로 추가되었다. 이러한 움직임은 을사보호조약 체결을 계기로 애국 계몽 운동으로 발전하게 되었다. 이는 외국의 선진 기술과 지식을 받아들여 사회 · 문화 각 분야에 걸쳐 활발한 계몽 운동을 전개함으로써 국권 회복을 이루려 한 것이었다. 이 시기 각종 활동은 외세 침략에 대해 자주권을 확보하기 위한 것이었으며, 개화기 서적 문화 발달에도 직접적인 동인으로 작용하여 이 분야의 발전에 많은 영향을 미치게 되었다.

이처럼 대중의 민지 개발과 애국 계몽이 절실했던 사회 분위기 속에서 신서적의 보급은 개화의 제일 관건이 되었고 근대적 인쇄 기술을 보유한 인쇄 기관(박문국)의 등장은 다양한 종류의 서적을 이전에 비해 저렴한 비용으로 대량 생산할 수 있는 기반을 마련해 주었다. 그리하여 서적을 통해 지식의 대중화를 이루어 개화기 애국 계몽 운동을 적극적으로 추진할 수 있는 원동력이 되었다. 또한 국민 교육과 계몽의 중요성이 강조되면서 다양한 주제의 서적이 요구되었고, 서구 문물의 유입과 함께 많은 외국 서적들이 수입되었다. 수입된 서적으로 개화 선각자들은 국민 개화 차원에서 번역 활동을 활발히 펼쳤다.

당시의 신서적과 번역서를 요청하는 사회적 분위기는 다음의 신문 사설에서도 발견할 수 있다.

> 무릇 사ᄅᆞᆷ이 ᄇᆡ호지 안이 ᄒᆞ고 범ᄉᆞ에 잘ᄒᆞᄂᆞᆫ 리치ᄂᆞᆫ 업ᄂᆞᆫ지라 이젼 셩인이 혹 하놀이 ᄂᆡ시샤 ᄇᆡ호지 안이 ᄒᆞ고도 셩인이 되얏다 ᄒᆞᄂᆞᆫ 것은 밋지 못 ᄒᆞᆯ 말이라…… 그러ᄒᆞᆫ고로 나라가 잇스면 몬져 학교를 셜립ᄒᆞ야 인지를 교육 ᄒᆞᄂᆞᆫ 것이 뎨일 급선무라…… 져나라의 부강ᄒᆞᆫ 것도 다름업시 젼혀 인민의 학문 가온ᄃᆡ로 좃차 나아온 것인지라 그러ᄒᆞ고 본즉 학문은 불가불시일이 급ᄒᆞ게 가르쳐야 ᄒᆞᆯ 것인ᄃᆡ 학문도 다 여러 길이 잇스니 이젼에 우리 나라에셔 슝상ᄒᆞ든 사셔 삼경과 시부표칙 론의심은 지금 형편에 덜맛가져 허문이 만코 경졔상에ᄂᆞᆫ 실효가 젹으니 이ᄯᆡ에ᄂᆞᆫ 잠시 놉흔집우희 묵거 두엇다가 태평무ᄉᆞ할 ᄯᅢ에나 강론ᄒᆞᆯ 학문이로 지금 세계 신학문은 실샹을 ᄇᆞᆲ아 가지 안이 ᄒᆞᄂᆞᆫ 것이 업ᄂᆞᆫ지라 텬문학 디지학 산슐 칙산학 격물학 화학 즁학 졔죠학 경치학 법률학 부국학 병학 교셥학과 밋 기타로 동물과 식물과 금셕거림과 풍뉴와 농샹 광공 등학이 무비 나라를 부강ᄒᆞᆯ 실디 학문이라 엇지 이러ᄒᆞᆫ 실학을 보고 안이 ᄇᆡ호고 한갓 구습에 오히려 져져셔 아교로 붓친 것을 ᄯᅥ혀옴기지 못 ᄒᆞ리오…….[4]

4 『매일신문』, 1898년 11월 5일, 론셜.

이 논설의 논지는 나라의 부강함을 위해서는 교육이 제일 중요한 관건이라 보고 『사서삼경』과 같은 '허문(虛文)'은 작금의 상황에 맞지 않으므로 천문학, 지지학, 산술, 정치학, 법률학 등의 신학문과 농상공광(農商工鑛) 등 나라 부강과 관련된 실학을 배울 것을 권장하고 있다. 이 밖에도 당시 『독립신문』을 비롯한 각 언론들은 각급 학교의 교육 내용에 대해서 교과 과정의 과목을 '실상 학문(實相學文)'으로 개혁해야 한다고 보고 그 구체적인 개혁안을 주장했다. 그리고 그 주장의 공통적인 특징으로는 자연과학 과목과 경세제국과 관련된 정치 · 경제 · 법률 등의 신사회과학, 산업 개발과 관련된 과목, 국사와 세계사 교육, 그리고 외국어 교육을 강조하는 것이었다. 특히 독립협회와 『독립신문』은 학교 교육에서 개혁해야 할 점으로 모든 교육은 국문으로, 그리고 체육을 교과목으로 넣을 것을 주장했다. 이러한 교과의 개혁은 당시 동양 경서와 중국 사서 중심의 교육 내용에 비하면 실로 획기적인 것이었다.[5]

『황성신문』의 경우는 여기서 한 걸음 더 나아가 시국에 긴요한 서책의 목록을 밝히고 이를 널리 광고함으로써 '사민개지(士民皆知)'의 이상을 실현하고자 했다.

> 我國의 書冊이 汗牛充棟ᄒᆞ야 聖經賢傳 以外에도 天下의 遺文古史가 畢集치 아닌 者ㅣ無ᄒᆞ되 唯獨 時文이 不足ᄒᆞ야 官人과 百姓이 世界의 形便과 交際의 本旨를 明達치 못ᄒᆞᄂᆞᆫ 故로 外人을 對홈ᄋᆡ 井底蛙를 免치 못ᄒᆞ야 ᄒᆞᆼ상 有志者의 深歎ᄒᆞᄂᆞᆫ ᄇᆡ 되더니 甲午 以後에 學部에셔 前人의 未發ᄒᆞᆫ 바를 發ᄒᆞ야 如干 時局의 緊要한 者를 摘ᄒᆞ니 近日 公法會通과 萬國地誌와 萬國歷史와 朝鮮地誌와 朝鮮歷史와 泰西新史와 中日略史와 我

5 신용하, 『독립협회와 만민공동회-사회사상편』(한국일보사, 1975), 184~186쪽.

國略史와 種痘新書와 尋常小學과 國民小學讀本과 輿載撮要와 地球略論과 近易算術과 簡易四則과 朝鮮地圖와 世界地圖와 小地球圖 等冊이 是라 此ㅣ비록 大方家에는 見笑ᄒᆞ나 또ᄒᆞᆫ 足히 褊邦의 聞見을 略開할지라…… 맛당히 人人閱覽ᄒᆞ야 依約准行이라야 이에 可히 開明國이라 稱할 것인즉 該部에셔 맛당히 各新聞에 廣告ᄒᆞ야 全國人民에게 通知케 홈이 先覺의 主旨어놀…….[6]

위 논설에서는 『만국지지』, 『만국역사』, 『조선지지』, 『조선역사』, 『심상소학』, 『근이산술』과 『간이사칙』 등을 소개해 1896년 학부 편집국 발행의 교과용 도서로서 전래 교재였던 유학 경전 중심의 구 교과용 도서와는 달리 역사, 지리, 수학, 물리, 박물, 화학 등 실용적이고 과학적인 학문의 서적을 열람해야 개명국(開明國)이라 칭할 수 있다고 주장하고 있다. 이처럼 신문명이 유입되던 개화기에 시중에서 유통되고 있는 서적의 종류 역시 성경을 제외하고는 거의가 신학문과 관련된 책들이었음을 당시 대동서시의 서적 판매 광고에서도 찾아볼 수 있다.

죵로 대동셔시란 칙ᄉᆞᄂᆞᆫ 예수교 성경과 공법 화학 텬문 디리 산학 의학 등 셔와 학부칙과 ᄉᆞ변 보고셔를 파오니 쳠 군ᄌᆞᄂᆞᆫ 사 보쇼셔.[7]

그리고 1896년 6월 2일자 『독립신문』은 '논설'을 통해 이러한 신서적의 번역 출판 사업에 적극적 참여를 호소했다.

남의 나라에서는 책 만드는 사람이 나라 안에 몇 천 명씩이요 책 회사들

---

6 『황성신문』, 1899년 1월 14일, 논설.

7 『독립신문』, 1896년 7월 18일, 잡보.

> 이 여러 백 개라 책이 그리 많이 있어도 달마다 새 책을 몇백 권씩 만들어 이 회사 사람들이 부자들이 되고 또 나라에 큰 사업도 되는지라 조선도 이런 회사 하나 생겨 각종 서양 책을 국문으로 번역하여 출판하게 되면…… 중략 …… 일 년 안에 큰 利가 남을 것을 믿고, 이 회사 하는 사람들은 조선에 큰 사업하는 사람들로 생각하노라. 이런 일을 정부에 미루고 아니 하는 것은 어리석은 일이니 경향 간에 나라와 백성도 사랑하고 큰 장사도 하려는 사람들은 이 일 시작하기를 바라노라.

이러한 사설들의 논지와 사회의 분위기는 국권과 민권 수호를 부르짖는 개화기의 시대적 요구에 의한 것으로 당시 한글판 『독립신문』에 광고를 가장 많이 게재한 업종으로 서적 광고가 2위[8]를 차지하고 있었음을 통해서도 파악할 수 있다. 이를 통해 개화 선각자들은 "몽매한 동포로 하여금 천하 세대를 살펴 발분 홍기하여 국가를 위해 열심 합력하여 국가로 하여금 태산반석"[9]에 이르게 하기 위해서는 지식이 있어야 한다고 생각했으며, 지식을 배우기 위해서는 교육을 받아야 한다고 여겼음을 알 수 있다. 따라서 근대화 과정에서 신문화를 받아들이기 위해서는 새로운 지식을 담고 있는 신서적이 필요했으며, 신서적에 대한 국내 자생력이 부족했던 관계로 외국 서적의 번역에 많이 의존할 수밖에 없었던 것이다.

2. 번역서 편찬 주체

개화기 번역서 편찬의 주체를 정부와 민간으로 대별할 때 정부 부서 중 가장 밀접한 관계를 지닌 부서는 교과서 편찬을 담당했던 학부였다.

---

8 정진석, 『한국언론사』(나남, 1992), 289쪽.

9 『뎨국신문』, 1901년 6월 8일, 론셜.

학부의 편집국에서는 신교육을 실시하면서 새로운 교육 내용을 전달할 체계화된 교과서의 편찬을 위해 중국이나 일본의 서적을 번역했다. 그러나 일본은 을사보호조약의 체결을 전후하여 학부에 일본인 학부 참정관을 파견하고 소학교 교과서의 일어일문화(日語日文化)를 획책하는 등 민족 정신의 식민화를 기도했다. 이 때 학부는 이와 같은 일본의 교과 서적에 대한 각종 통제에 대해 강력히 대처하지 못하는 등 책임 있는 정부 기구로서의 역할을 다하지 못했다.

학부 외에 몇몇 정부 부서들도 해당 업무와 관련된 서적들을 번역, 발행했다. 농상공부는 농업과 관련된 서적을, 법부는 법규집들을, 국내 치안을 담당했던 내부는 한일 합방에 대비해 국내의 일선 경찰 행정을 정비하기 위해 관련 서적을 발행했다. 그러나 이러한 정부 기관의 번역서들은 한일 합방을 앞두고 우리 나라 사회 전반에 대한 착취와 통제권의 강화를 도모했던 면밀한 준비 과정에서 만들어진 것이라 볼 수 있다.

그래서 선각자들을 중심으로 국민 정신을 도모할 수 있고, 새로운 지식을 담고 있는 외국의 신서적의 편찬이 전개되었다. 당시로서는 외국에 유학하거나 신학문을 배운 교육 계층이 매우 적었기 때문에 새로운 내용의 신서적을 저술할 만한 저작층은 극히 빈약했다. 따라서 서적의 발간은 저술서보다는 각국의 역사, 지리, 전기 등에 대한 외국 서적의 번역이 대부분을 차지했다. 즉 개화기에는 서적 발간에서 일부 계층의 약간의 저술과 중 · 일서 번역이 이루어졌고 일부 신문사들의 번역서들이 많이 출간되었으며, 개화기 이후에 들어서야 신학문을 배우고 돌아온 선각자들이 늘어나게 되어 저술 · 편찬이 이루어지게 된다.

한편 당시 번역 사업을 펼쳤던 대표적인 민족 단체로 광학사와 국민교육회를 들 수 있다. 광학사는 설립 초기부터 국민 교육의 확대를 위해 인쇄기를 구비하고 외국에서 신서적을 구입해 이를 인쇄 · 배포할 것을 목표로 삼고 있다.[10] 또한 『황성신문』 제2168호에서도 '고광학사 및 일반 사회동포(告廣學社 及一般社會同胞)' 라는 논설을 통해 "교과서와 각종 유용한 서적을 저술 · 편역 · 발간하여 광포함으로써 국민을 계몽시키겠다"는 설립 취지를 밝혔다. 이 단체는 활판 기계를 갖추고 서적을 인쇄해 내며 재정의 독립은 물론, 완전한 설비가 이루어질 수 있도록 하여 전 국민의 학술을 넓히는 데 일조했다.

국민교육회는 한일의정서 협약과 '외국인 고용 초빙에 관한 협정'이 체결되면서 일본의 교육 행정에 대한 관여가 가시화되자 발족된 단체로[11] 일본의 교육 식민화 기도를 저지하고자 설립되었다. 1904년 8월 이준, 이원긍, 박정동, 유성준, 전덕기, 유치형 등에 의해 창립되었고,[12] 1906년에는 안창호, 현채, 유승겸, 유근 등이 추가로 참여했으며, 게일(J.S. Gale)과 헐버트(H.B. Hulbert) 등 많은 기독교계 외국인들도 참여했다. 이 단체의 목표 실현을 위한 지침 제2항에는 "문명적 학문을 응용할 서적을 편찬 혹은 번역하여 간포한다."라고 명시되어 있다. 즉 국민교육회는 국민 계몽을 위한 방안으로서 서적의 편찬과 번역에 주력하며 활발한 교육 활동을 펼친 단체였다.

민간 단체의 활동과 함께 보성학교, 휘문의숙과 같은 각종 사립학교의 소속 교육자들도 교과서를 집필, 번역함으로써 번역서를 발행했다. 특히 보성학교는 발행 기관인 보성관에 번역원을 두어 일본 대학의 강의록을 번역 · 출판함으로써 중등학교 교과서뿐만 아니라 전문학교 교재까지 발간했다.[13]

---

10 「廣社 發起」, 『황성신문』, 1906년 4월 7일, 잡보.
11 『대한매일신보』, 1904년 9월 9일, 잡보.
12 『대한매일신보』, 1904년 8월 27일, 잡보.
13 보성 80년사편찬위원회 편, 『보성 80년사』(동성학원, 1986), 66쪽.

이들 민간 단체와 학교에 소속된 개화 선각자들은 국민의 지식 계몽에 필요한 외국 서적이라면 한 주제에 국한시키지 않는 다양한 분야의 책들을 번역함으로써 그들의 폭넓은 지식을 발휘했다. 그러나 이러한 현상은 당시 신서적을 편찬할 능력을 지닌 저술가와 번역가 계층이 매우 빈약했음을 보여 주는 반증이기도 하다. 하지만 다방면에 걸친 이들의 헌신적인 번역, 편찬 활동은 빈약하나마 개화기 국민 계몽에 가장 큰 힘이 되었다.

Ⅲ. 발행 서적 분석

1. 발행 서적

발행 서적의 분석은 신문에 나타나는 서적 광고를 중심으로 하여, 신문 기사, 그리고 기타 여러 문헌으로부터 그 내용을 정리하여 서지 사항과 주제 범위를 살폈다. 이 때 신문에 나타나는 광고는 두 가지 형태인데, 하나는 여러 발매소들이 공동으로 판매하고 있는 서적 한두 종에 대해 내용을 간략히 소개하는 경우이고, 다른 하나는 단일 서포(書舖)[14]가 자관(自館)의 판매 도서 목록을 권수와 정가 정도만을 명시해 광고하는 경우이다. 그러므로 서적에 따라서는 여러 서포들의 공동 광고에 일정 기간 동안만 광고되는 경우도 있었고, 혹은 여러 해를 전후하여 동일 서적을 서로 다른 서포들이 여러 차례 광고하는 경우도 있었다. 따라서 동일 서명으로 여러 번의 광고에 등재된 서적이라도 저자, 서지 사항을 밝히지 않은 경우, 서명만으로는 이들이 동종의 서적인지 혹은 서명만 같

14 현재의 서점과 같은 기능을 하던 곳으로 서적뿐만 아니라 기타 물품을 함께 취급했다.

은 다른 종의 것인지 판별하기 어려운 점이 있다. 이러한 이유로 서지 사항이 밝혀지지 않은 동일 서명의 서적은 모두 단일 종으로 보아, 발매 광고 시기가 먼저인 것을 기준으로 그 발행 시기와 발행소를 조사했다.

그리고 신문에 나타나는 서적들에 대해 실사 가능 여부를 파악한 뒤 직접 조사가 가능했던 서적에 대해서는 목차와 주요 내용을 밝혀 서술했으며, 자료 유실 등의 이유로 실사가 불가능한 서적에 대해서는 대략의 내용과 간략한 서지 사항만 밝혀 두었다.

(1) 수신

■ 『初等倫理學教科書』. 吳尙 著, 安鍾和 譯, 元泳義 校閱, 國漢文, 廣學書舖 發行, 隆熙 1년(1907), 自敍 2面, 目次 4面, 本文 54面.

어린아이와 초등학교 학생을 대상으로 편찬된 윤리 수신서이다. 안종화가 중국 오상(吳尙)의 저술을 번역한 것인데, 오상은 『초등윤리교과서(初等倫理教科書)』를 저술한 바 있다. 자서(自敍)에서 그는 아이들의 정신과 지혜가 성장할 수 있도록 지도하는 것은 천부적인 자연의 성질을 깨우치도록 하는 것이며, 이것이 바로 윤리학이 존재하는 이유라 했다. 더욱이 세계는 모든 학문 분야에 관해 연구하고 있으며, 이 같은 폭넓은 학문의 보급은 결국 국가의 흥망과 강약을 가늠하는 척도가 된다는 점에서 윤리학 교육의 당위성은 이전의 전통적인 소학 교육에 이어 지속된다고 보았다.

전체 내용은 '수기(修己)', '양도덕(養道德)', '진지능(盡知能)', '가족', '사우(師友)', '타인', '선군(善群)', '지방', '국가'의 총 7장으로 구성되어 있으며, 각 장은 항목에 따라 몇 개의 절로 이루어져 있다. 여타 수신서들과 마찬가지로 개인의 신체와 정신의 수련, 개인이 가족과 사회에서 하나의 객체로서 갖추어야 할 도덕과 예절, 그리고 국민적 의무 등에 대해 아이들이 이해하기 쉽도록 설명하고 있다.

■ 『(普通教育)國民儀範(全)』. 陣熙星 譯, 尹泰榮 校閱, 義進社 發行, 隆熙 2년(1908), 日韓印刷株式會社 印刷, 序言 1面, 目次 6面, 本文 124面.

일반적인 수신서라기보다는 수신과를 보충하기 위한 동서양 각국의 통행 의례서를 겸하고 있다. 수신의 도를 갈고 닦는다 하더라도 문명국의 의례를 모른다면 질박함을 면치 못한다고 보고 총 24장 70절에 걸쳐 문명 각국에서의 수신의 도와 예절, 의식 등을 기술하고 있다. 제1장부터 제4장까지는 '총론(總論)', '예의(禮儀)의 필요(必要)', '禮儀는 古禮古實에만 依홈이 不可ᄒᆞ니라', '禮儀에 關ᄒᆞ야 一般注意'로 예의에 관한 총론에 해당한다. 제5장부터 제9장까지는 일반적인 수신의 도를 설명하고 있는데 신체, 복장, 언어, 자세, 경례(敬禮)로 구성되어 있다. 제10장에서 마지막 장까지는 생활상의 각종 의례를 기술한 것이다. 방문과 접객, 향응, 물건을 내고 받는 법, 물품의 대차, 서간, 소개, 의식 공중(儀式公衆)에 대한 예법, 장의(葬儀) 등과 관련 내용을 각 장의 절에서 설명하고 있다.

(2) 문학

개화기 문학사에 가장 큰 변화의 하나는 이전에는 없던 새로운 문학 양식의 출현이다. 즉, 이인직의 『혈(血)의 누(淚)』로부터 비롯된 국한문체 신소설류의 등장이 그것이라 할 수 있다. 신소설이라 하면 1906년부터 1917년 사이의 문학을 지칭하는 것이 통례인데, 이 중 개화기 동안 발행된 신소설류는 그 후 간행된 신소설들과는 달리 애국 계몽적 내용을 담고 있다는 특징이 있다. 또한 서구적 근대 사상과 문화를 소개함으로써 사회 혁신적인 내용을 담은 것들도 많아 개화기 동안 국민 의식 계몽에 크게 공헌했다. 이러한 신소설의 등장은 외국 소설의 유입과도 연관이 있다. 즉 서양의 유명 작가들의 책들이 번역 · 소개되면서 주제와 소재를 외국 소설에서 많이 차용하게 되었고 또한 문체에도 영향을 받으며 발전했던 것이다.

문학 분야 번역서의 저본은 주로 중국이나 일본에서 번역된 번안 소설들로 우리 나라에서는 이들 소설들을 중역하여 발행한 것이 대부분을 차지했다.

■ 『夢見諸葛亮』. 劉元杓 著, 李鍾泰 題籤, 洪鍾隱 校閱, 國漢文, 金相万 發行, 普文社 印刷, 1908年, 1冊.

청나라 밀아자(蜜啞子) 유원표(劉元杓)가 지은 정치 소설로 20세기 당시 청나라와 일본을 중심으로 한 국제 정세를 소개한 내용이다. 당시 우리 나라가 이들 국가와 밀접한 관계를 가짐에 따라 번역되어 읽혀졌던 것으로 보인다.

■ 『飮氷室自由書』

상하이(上海) 광지서국(廣智書局)에서 발행된 양계초(梁啓超)의 문집이다. 당시 양계초의 저작은 우리 나라 지식인들의 필독서가 되었는데, 그것은 애국적 견지에서 근대적 서구 사상과 문화에 대한 입장을 밝힌 그의 견해가 당시 우리 나라 지식인들의 개화에 대한 입장과 일맥 상통했기 때문인 것으로 보인다. 그리하여 그가 저술한 『의태리건국삼걸전(意太利建國三傑傳)』, 『근세제일여걸 나란부인전(近世第一女傑 羅蘭婦人傳)』, 『청일무술정변사(淸日戊戌政變史)』, 『중국혼(中國魂)』, 『월남망국사(越南亡國史)』, 『갈소사전(噶蘇士傳)』 등은 우리 나라 선각자들에 의해 대부분 번역되어 소개되었다. 이 책은 번역된 양계초의 각종 저작물을 모은 문집이다.

■ 『(絶世奇談)羅賓孫漂流記(全)』. 대니얼 디포 著, 金讚 譯, 1908年, 義進社 發行.

대니얼 디포(Daniel Defoe)가 저술한 『로빈슨 표류기』를 번역한 것이다.

■ 『伊太利少年』

현재 『엄마 찾아 삼만리』로 알려진 소설이다. 아이들의 모험심과 효성심, 진취적 기상을 심는 교육 소설로 번역되었다.

■ 『瑞士建國志』. 朴殷植 譯, 張相轍 校閱, 1907年, 대한매일신보사 發行.

정치 소설로, 독일의 희곡 작가 프리드리히 폰 쉴러(Fridrich von Schiller)의 원작 『빌헬름 텔』을 중국의 정철관(鄭哲貫)이 소설체로 번역한 것을 박은식이 중역한 것이다.

■ 『經國美談』. 失野龍溪 著, 玄公廉 譯, 1909年, 古今書海館 발행.

일본 실야룡계(失野龍溪)의 정치 소설로 현공염이 번역 · 발행한 것이다.

■ 『鐵世界』. 迦爾威尼 著, 李海潮 譯述, 1908年, 匯東書館 發行.

과학 소설로 아이들의 상상력과 지식 개발을 위해 번역 · 발행되었다.

(3) 전기

개화기 각종 전기서(傳記書)의 발행은 문학적 관점에서보다는 국민의 애국심과 자주 독립 사상을 조성하는 데 일조하기 위해 저술되었다. 즉, 전기서를 통해 민족의 주체 의식을 확립하고 국가의 자주 독립을 이루고자 했던 것이다. 『황성신문(皇城新聞)』 제2633호는 '속이태리삼걸전유감(續伊太利三傑傳有感)'이라는 논설에서

> …… 嗚呼라 現今吾輩가 忘寢廢餐ᄒᆞ고 汲汲講究ᄒᆞᆯ者-學問이 아닌가. 雖然이나 學問中 最必要ᄂᆞᆫ 歷史라 歷史를 讀ᄒᆞ여야 各國 興亡의 原理를 曉解ᄒᆞᆯ지며 歷史中 最必要ᄂᆞᆫ 又是 愛國者의 事蹟을 熟覽하여야 其移山轉海의 熱誠으로 我의 感情을 激生ᄒᆞᆯ지며 其勇往直前의 氣槪로 我의 弱點을 補充ᄒᆞᆯ지니 此我同胞아 愛國者의 精神을 模範하며 愛國者의 事業을 寤寐ᄒᆞᆯ지어다.

라 하여 망국의 원인을 제시하는 역사와 함께 애국자의 행적과 정신을 읽음으로써 각자의 반성을 통해 애국심을 고양시킬 수 있다고 했다. 당시 발행된 전기서 중 외국의 전기서를 우리말로 번안한 것은 나폴레옹, 잔다르크, 프리드리히 대왕, 워싱턴 등을 다룬 것들이 있었다. 대상이 된 이들 인물들은 모두 외세의 침략을 막아내고 국가의 권위를 세운 인물이거나 식민 상황의 국가를 독립으로 이끈 정치 위인이 대부분이다. 그리하여 외세의 침입에 대항하는 국가적 영웅이 당시 번안 전기서의 주요 대상이 되었다. 국가와 민족이 외세의 침략 아래 위태로운 지경에 처하게 되자 역사상 어려운 때 국가를 구한 영웅들을 떠올리며 당시 상황을 극복하고 아울러 구국의 의지를 고취시키고자 했던 것이다. 그리하여 애국 계몽적 역사학자, 민족학자였던 신채호 · 박은식 · 장지연 등은 직접

전기서를 지음과 동시에 이러한 외국의 전기서를 번안하여 국민들의 애국심을 고취시켰던 것이다.

■ 『普魯士國 厚禮斗益王七年戰史』. 兪吉濬 譯述, 國漢文, 金相萬 發行, 日韓印刷株式會社 印刷, 1908年, 序 6面, 目錄 4面, 本文 86面.

이는 프러시아의 프리드리히 대왕이 오스트리아, 프랑스, 러시아, 독일연방공화국 등과 1756년부터 1762년의 7년간에 걸쳐 패권 전쟁을 치르면서 남긴 업적을 기록한 전기서이다. 전쟁의 원인과 7년 전쟁의 경과, 그리고 전쟁의 결과를 살피면서 이 과정에서 활약한 프리드리히 대왕의 업적을 보여 주고 있다. 작고 약한 나라인 프러시아가 적은 군대를 가지고도 지혜로운 지도자의 영도 아래 온 국가와 국민이 협력함으로써 강한 국가를 건설하는 과정은 당시 우리 나라가 처한 상황에 상당한 자극을 주었던 것으로 보인다. 총 8편 31장으로 구성되어 있는데 '보국전사(普國前史)', '7년전(七年戰)의 제1년', '7년전의 제2년', '7년전의 제3년', '7년전의 제4년', '7년전의 제5년', '7년전의 제6년 및 제7년', '강화병선후책(講和幷善後策)' 등이 그 내용이다.

■ 『比斯麥傳(全)』. 黃潤德 譯述, 國漢文, 普成館 發行, 普成社 印刷, 1907年, 本文 71面.

독일의 철혈 재상 비스마르크의 일대기로 1907년 보성관 번역원 황윤덕이 번역하여 보성관에서 발행, 인쇄한 것이다. '제1 약력(略歷)'에서는 그의 성장 과정과 환경, 그리고 정치 입문 과정에 대해 기술하고 있다. '제2 철혈정략(鐵血政略)'에서는 그의 독특한 대외 정치 전략인 철혈 정치의 실행 과정과, 그 결과 완성된 독일 제국의 건설 등에 대해 언급하고 있다. 또한 '제3 국가사회주의(國家社會主義)'에서는 비스마르크가 독일 제국의 완성 이후, 혼란된 국내 정치를 국가 사회주의 방식에 의해 안정시키는 과정을 보여 주고 있다. 마지막 '제4 비공론(比公論)'에서는 많은 일화를 통해 비스마르크의 여러 개인적인 면모를 부각시키고 있다.

■ 『羅蘭婦人傳』. 대한매일신보사 譯編, 純漢文, 대한매일신보사 發行, 1907年, 本文 41面.

프랑스 혁명시 혁명을 주도했던 마리농 비럽반의 일대기이다. 그녀의 생장과 혁명에 관계하게 된 경위, 혁명에서의 역할과 활약상에 대해 기술하고 있다. 본문 마지막에 '부인은 법국에셔 불과시 호낫 시졍의 녀인이로되 오히려 큰 ᄉᆞ업을 쳔츄에 세웟스니 ᄒᆞ믈며 이ᄯᅢ 이 나라의 션비와 녀인들이랴' 하여 우리 나라 여성들의 각성을 촉구했다. 대한매일신보사에서 발행한 것으로 되어 있는데, 아마도 청나라 양계초의 『근세제일여걸 나란부인전(近世第一女傑 羅蘭婦人傳)』을 번역한 것으로 보인다.

■ 『愛國精神』. 愛彌兒拉 原著, 李埰雨 譯述, 張志淵 校閱, 國漢文, 中央書館 發行, 朱翰榮(發行者), 皇城新聞社 印刷, 李聖春 製冊, 1908年, 廣告 4面, 目錄 1面, 本文 86面.

프랑스 애미아랍(愛彌兒拉)이 저술한 것을 이채우가 번역하여 주한영이 1908년 중앙서관에서 발행한 것이다. 이 책은 1870년 프러시아와 프랑스와의 전쟁에서 수훈을 세운 막리사(莫利斯)가 이후 베트남, 중국, 일본 등지에서 프랑스의 발판을 구축하는 과정 등을 그리고 있다. 국가 위기를 구하는 영웅적인 모습과 국가의 영역을 확대해 가는 그의 역할 등을 기술함으로써 국민들에게 애국심을 고취시키고 있다.

■ 『伊太利建國三傑傳』. 申采浩 譯述, 張志淵 校閱, 國漢文, 廣學書舗 發行, 金相萬(發行者), 京城日報社印刷部 印刷, 1907年, 序 2面, 目次 4面, 本文 94面.

1871년 이탈리아 대통일의 주역인 마치니(瑪志尼), 가리발디(加里波的), 가부이(加富爾) 세 영웅의 활약에 관한 내용이다. 이들 영웅 등장 이전의 이탈리아 상황과 정세를 기술하고, 이들의 정치적 활동과 업적 등에 대해 기술하고 있다. 서론과 총 26절의 본문, 그리고 결론으로 구성되어 있는데, 서론에서는 "若此書의 因緣과 此書의 紹介로 大韓中興三傑傳 或三十傑 三百傑傳을 更作ᄒᆞ면 此ᄂᆞᆫ 無涯生 無涯의 血願也로다. 伊太利建國三傑傳을 術ᄒᆞ노라" 라고 하여 이 책이 우리 나라에서의 영웅 등장을 기원하며 번역 · 발행된 것임을 알 수 있게 해 준다. 이 책에는 원작자가 나타나 있지 않으나 청나라 양계초의 『이태리건국삼걸전(伊太利建國三傑傳)』을 번역한 것으로 보인다.

그 외 간략한 서지 사항만 알 수 있는 것으로는, 『拿破崙戰史』(劉文相 譯, 1908年, 義進社 發行, 나폴레옹전사), 『(미국고대통령)ᄭᅡ퓌일르쳔』(玄公廉 譯述, 1908年, 玄公廉 發行), 『聖彼得大帝傳』(金演旭 譯述, 申采浩 校閱, 1908年, 廣學書舗, 성피터대제전) 등이 있다.

(4) 국내 역사서

전통적인 유교 교육 체제하에서의 역사 교육은 중국사에 대한 것이었을 뿐 본국사의 교육은 전무한 실정이었다. 그러나 개화기에 들어서면 외세에 의한 피동적 근대화로 인해 자주 의식이 약화되고, 식민지화의 위협이 거세지면서 주권 수호 능력이 유린당하게 되자 이를 회복시켜 줄 커다란 민족적 힘이 필요하게 되었다. 이러한 상황에서 나타난 것이 신채호, 박은식 등에 의해 완성된 근대 사학 정신이다. 이는 민족, 국가, 독립, 자주, 민중이 그 정신적 근간을 이루는 것으로 당시 사학계는 이전 중국 중심의 역사 인식에서 탈피하여 우리 역사에 대한 올바른 인식의 틀을 확립하고자 노력했다. 근대 사학의 중심인 민족에 대한 자각은 우리 역사에 대한 확고한 자각에서 비롯되는 것이며, 이는 곧 민족 독립에 대한 강한 열망과 애국심 진작으로 이어지게 될 것이라는 의식이 자리잡게 된 것이다. 이러한 이유로 선각자들을 중심으로 역사서의 편찬과 이에 대한 교육이 활발히 진행되었다.

■ 『(中等)東國史略』. 玄采 譯編, 國漢文, 玄采 發行, 日韓印刷株式會社 印刷, 1906年(初版), 1907年(再版), 1908年(三版). 4卷 4冊. 卷1 : 自敍 4面, 目錄 10面, 本文 65面, 歷代一覽 12面, 歷代王都表 12面, 卷2 : 目錄 20面, 本文 90面, 歷代王都表 4面, 卷3 : 目錄 14面, 本文 102面.

현채가 1906년 중학 교과서로 사용하기 위해 번역했다. 단군 · 기자 조선 이래 조선 말까지의 역사를 4권 4책으로 편찬하여 현채 자신이 발행했다. 비록 일본인 임태보(林泰輔)의 『조선사(朝鮮史)』를 번역한 것이나 기존 편년체 역사서의 기술 방식에서 벗어나 근대적 시대 구분 양식인 태고(太古), 상고(上古), 중고(中古), 근대(近代)의 방식을 채택한 최초의 통사(通史)로 평가되고 있다. 각 시기별 정치 상황과 함께 외국과의 관계, 제도, 교법문학(敎法文學), 기예, 산업, 풍속 등에 대해 별도의 소항목을 설정하여 기술하는 등 정치, 외교, 문화, 산업 전반에 걸쳐 고증적으로 역사를 기술하고 있다. 번역서이기는 하나 우리 나라의 입장에서 사실과 배치되는 부분에 대해서는 현채 자신의 입장을 기술, 이를 반박하기도 했다.

(5) 외국 역사서

개화기 서적의 발행에서 외국 역사서는 수위를 차지하는 분야 중 하나이다. 현재까지 확인된 바에 의하면 본국 역사서보다도 더 많은 발행 종수를 보이고 있다. 이는 신문화 유입과 함께 외국에 대해 알고자 하는 욕구가 상당히 반영된 현상으로 보인다. 근대 문물을 수용하는 것에 앞서, 외국의 정치 상황과 역사 연구를 통해 국민의 의식 개화에 기여하고자 했던 것이다. 그러나 이 책들은 당시 노골화되고 있던 일본의 침략 야욕에 대비하고 외국의 역사를 교훈삼아 그 극복 방안을 모색하고자 한 데 더 큰 원인이 있었던 것으로 보인다. 특히 을사조약이 체결되면서부터 본국사는 물론 외국의 흥망사, 식민사, 독립사, 혁신사 등을 적극 발행함으로써, 간접적으로 당시 국가의 위태로운 상황을 국민들에게 알리고자 했다. 이를 통해 자주 독립 의식과 애국 정신을 고양하도록 하고, 국가 흥망의 원인을 찾아 우리가 처한 식민 상황의 극복 방안을 찾고자 했던 것이다.

『대한매일신보』 제6권 857호[15]는 '世界近世史를 不可不讀'이란 논설에서 외국사 연구의 이유를 다음과 같이 말하고 있다.

> 愛國心을 培養ᄒᆞᆷ에ᄂᆞᆫ 本國史ᄅᆞᆯ 不可不讀이나 臺線捷徑에 趨ᄒᆞ야 天下大勢를 探코ᄌᆞ ᄒᆞ면 唯此世界近世史 壹編이 足하다 ᄒᆞᆯ지라 國家 興亡의 原理도 此에 載하며 民族 消長의 眞狀도 此에 載ᄒᆞ며 偉人傑士의 面目도 此에 載ᄒᆞ며 歐風亞雨의 璟槪도 此에 載ᄒᆞ며 政治 外來의 奇變도 此에 載하며 學術技藝의 發達도 此에 載하고 其他 過去 數千載 聖哲英豪의 夢想不到ᄒᆞ던 今日 新世界의 烈風壯潮를 歷歷□出하얏스니 釋迦가 靈山

15 『대한매일신보』, 1908년 7월 16일, 론셜.

會애셔 說法ᄒᆞ듯시 諄諄히 衆生을 諭ᄒᆞ되 善因을 種ᄒᆞ면 善果가 生하며 惡因을 種ᄒᆞ면 惡果가 生하며 若何ᄒᆞ면 生하며 若何ᄒᆞ면 死ᄒᆞ고 若何ᄒᆞ면 亡ᄒᆞ고 若何ᄒᆞ면 文明ᄒᆞ며 若何ᄒᆞ면 黑暗하고 若何ᄒᆞ면 優勝하며 若何ᄒᆞ면 劣敗ᄒᆞᄂᆞ니라 ᄒᆞ야 吾輩迷腦로 大澈不悟의 不二法門을 得케 ᄒᆞᄂᆞᆫ 者ᄂᆞᆫ 卽近世史가 是라.

논자는 문명과 과학의 발달이 시시각각으로 달라지는 당시의 상황에서 장년층이나 배울 여가가 없는 사람들은 시대의 정황을 알기가 어렵다고 했다. 이를 위한 가장 좋은 방법으로 이 글에서는 세계의 근세사를 읽을 것을 권하고 있다. 근세사는 지식의 유무와 관계 없이 누구나 항상 읽어야 하는 모든 학문의 원천이라 보았던 것이다.

그리하여 외국사 전반에 관한 내용과 더불어, 당시의 시대적 상황을 반영하듯 프랑스 혁명사와 폴란드 전쟁사를 비롯해, 각 국가별 전쟁사·혁명사·독립사 등이 많이 번역되었다.

■ 『萬國史記』

현채가 동서양 고금의 역사를 총 14책의 3,650면에 걸쳐 편집한 방대한 번역서로 인용 서목도 갖추고 있다.[16]

■ 『(精選)萬國史』. 金詳寅 譯編, 國漢文, 同文書林 發行, 皇城新聞社 印刷, 李聖春 製冊, 1906年(初版), 1910年(再版), 序 2面, 目錄 8面, 本文 180面.

일본에서 정치학을 전공하고 귀국한 김상인이 번역, 편집한 것으로 보

16 『대한매일신보』, 1906년 6월 2일, 광고.

통 학교 교과서는 물론 일반 국민의 참고서용으로 발행되었다.

이 책은 고대사(1편), 중세사(2편), 근세사(3편)로 구성되어 있는데, 고대사(1편)에서는 이집트와 동양 각국(1부), 그리고 그리스 · 로마 등 유럽 제국(2부)의 선조, 제도, 종교, 학문, 지리, 상업, 식민, 성씨, 쇠망 등에 대한 간략한 역사를 기술하고 있다. 중세사(2편) 1부에서는 열국 공동 사건(列國共同事件)이라 하여 봉건 제도, 로마의 부흥, 십자군전쟁 등 중세 서양의 여러 공통적인 사건이나 제도 등을 설명하고 있으며, 2부에서는 중세 열국들의 발달사를 기술하고 있다. 근세사(3편)에서는 이 시기의 획기적인 경향인 발명과 발견, 종교 개혁, 패왕의 배출, 각국의 통일 등에 관한 역사를 보여 주고 있다.

■ 『(中等)萬國史』. 兪承兼 譯述, 國漢文, 唯一書館 發行, 1907年(初版), 1909年(再版), 學部 認可, 1冊, 260面.

유승겸이 역술했고, 모두 4편 9부 71장 18절로 구성된 서양 역사서이다. 제1편은 고대사로 고대 동방제국(1부), 희랍(2부), 로마(3부)의 발흥과 정치, 제도, 전쟁, 패권, 문명 등에 대한 역사를 기술하고 있다. 제2편은 중세사로 중세 전기(1부)와 후기(2부)의 각 제국 및 열국(列國)의 발흥과 분열, 그리고 각종 정치 · 종교적 사건 및 제도의 발달에 관한 내용을 담고 있다. 제3편은 근세사인데, 15세기 전후를 변천의 시기(1부)로 규정하고 이 시기에 일어난 획기적인 발전 상황, 즉 문운(文運)의 부흥과 인쇄로 발명, 지리 · 천문학상의 발견, 전제 군주제의 확립, 종교 개혁 등에 관한 내용을 기술하고 있다. 또 종교 개혁으로부터 베스트팔렌 조약까지를 2부로, 동 조약으로부터 프랑스 혁명까지를 3부에, 그리고 이 때부터 유야납회의(維也納會議; 비엔나회의)까지를 4부로 편성하여 각 시기별 정치 개혁, 전쟁, 발전 상황, 분열, 문명 등에 대한 내용을 기술하고 있다. 제4편은 최근세사로 이 시기 프랑스, 이태리, 서반아, 영국, 아메리카 등 서양 자국의 정치 상황과 문명 등에 대해 기술하고 있다.

■ 『波蘭末年戰史』. 澁江保 著, 魚瑢善 譯, 國漢文, 塔印社 發行, 1897年, 序 8面, 目次 4面, 本文 102面, 拔 2面.

일본에 유학했던 어용선이 일본인 삽강보(澁江保)의 『파란말년전사(波蘭末年戰史)』를 번역한 것이다. 현채는 발문에서 자주 정신 없이는 독립이 없고 독립 없이는 오직 외국에 합병될 뿐이므로 군신 모두가 일체가 되어야 한다고 했다. 즉 군왕은 국민을 아끼고 국민은 나라를 위해 개인을 버리고 충성을 다하면 우리의 국난도 극복할 수 있다고 보았다. 이러한 관점에서 이 책은 폴란드의 비극을 교훈삼아 자주 독립을 견지하고자 번역된 것이라 할 수 있다. 내용은 총 6편으로 구성되어 있으며, 폴란드 분할의 원인과 멸망 과정을 보여 준다. 즉 폴란드가 러시아, 프러시아, 오스트리아의 패권다툼 과정에서 국가의 내란과 분열로 인해 결국 멸망하고 말았다는 역사적 사실을 상기시킴으로써 국민의 협력과 애국 의식을 촉구하고 있다.

■ 『法蘭西新史』. 玄采 譯, 興學社 發行, 1906年.

모두 프랑스 혁명에 관한 내용으로 현채가 번역했다. 『태서신사(泰西新史)』에서 근세 파란서신사(波蘭西新史) 부분만을 간추린 것이다.

그 외 서양 각국의 식민사, 독립사 등도 번역되었는데 『나마사부의태리사(羅馬史附意太利史)』(玄采 譯, 1907), 『나마사(羅馬史)』(玄采 譯, 玄公廉 發行), 『의태리독립사(意太利獨立史)』(金德均 譯, 1907, 鄭喜鎭 발행), 『영길리사(英吉利史)』, 『제국가리미아전사(諸國哥利米

亞戰史)』(兪吉濬 역, 玄公廉 校閱, 1910, 廣學書舖), 『아라사사(俄羅斯史)』, 『나마토이기사(羅馬土耳機史)』, 『미국독립사(美國獨立史)』 등이 그 예이다. 로마, 이태리, 터키의 흥망사나 오랜 동안 유럽의 패권을 두고 벌였던 영국, 러시아, 프랑스들 간의 전쟁 사실을 기술한 역사서를 발행하여 이를 타산지석으로 삼고자 한 것이다. 이 밖에 본문의 내용을 살펴볼 수 있는 번역서들은 다음과 같다.

■ 『埃及近世史』. 張志淵 譯, 皇城新聞社 發行, 1909年.

근대 이집트의 식민화 과정과 원인을 보여 주고 있다. 이 책은 이집트의 예를 통해 당시 형성되고 있던 우리 나라와 일본과의 외교적 관계를 간접적으로 설명함으로써 일본을 경계해야 할 필요성을 일깨워 주었다. 점차 가속화되던 일본의 내정 간섭과 그들에 대한 경제적 예속이 결국은 식민화의 첩경임을 보여 주고자 한 것이다. 이 책은 높은 문화 수준과 천혜의 지형적 특성을 가지고 수천 년 동안 동·서양의 문화적 종주국으로 영화를 누려 왔던 이집트가 근세의 신문화 도입 과정에서 자국의 풍속과 전통은 무시한 채 외국의 문물만을 받아들였기 때문에 자주적 근대화의 길이 멀어지게 되었던 사실에 주목하고 있다. 또한 이 책은 그 과정에서 차입한 외국의 막대한 외채와 무분별한 외국인의 중용이 결국은 국권을 상실하게 되는 주요 원인이 되었음을 설명하면서 당시 일본의 대한정책(對韓政策)의 목적이 종국에는 우리 나라의 식민화에 있음을 상기시키고자 했던 것이다.

■ 『世界植民史』. 李埰雨 譯, 元泳義 校閱, 國漢文, 李埰雨 發行, 右文館 印刷, 1908年, 序 2面, 目錄 6面, 本文 112面.

상고 시대부터 중세, 근세에 이르기까지 세계 각국의 식민사를 다룬 것으로 이채우가 번역하고 원영의가 교열했다. 태초에는 모든 자연에 대한 권리가 어느 한 종족에 편중되어 있지 않아 이에 대한 경쟁도 없었으나 점차 신진구(新進舊), 우승열패(優勝劣敗)의 경쟁 원리가 세상을 지배하게 되면서 식민의 역사가 시작되었다고 보았다. 그리하여 역자는 세계 각국의 식민지에 있었던 정략 방침과 인종의 성쇠, 세계 운명의 변천, 각국의 지리 환경, 물산 등을 살펴봄으로써 국가를 부강하게 하고 국민을 강하게 하는 방안을 모색하고자 했다. 총 4권 20장 29절로 구성되어 있는데, 권지1에서는 식민의 의미와 종류, 이익과 폐단, 인종의 성쇠 등 총설적인 내용을 다루고 있다. 권지2와 권지3은 상고사와 중세사의 내용인데 각기 이 기간 동안 세계 각국의 식민사를 기술하고 있다. 권지4는 근세사로 프러시아, 스페인, 네덜란드, 프랑스, 영국의 식민 지배 상황과 운용하고 있는 정책 및 제도 등에 관한 내용을 보여 주고 있다.

■ 『中東戰記』. 蔡爾康 纂輯, 玄采 重譯, 皇城新聞社 發行, 1899年.

원저자가 미국인 임락지(林樂知)이며 중국의 채이강(蔡爾康)이 중국어로 옮긴 것을 현채가 중역한 것이다. 상하 2책으로 되어 있는데, 상권은 권1~권6으로, 하권은 권7~권8, 그리고 속편(續編)의 권1~권3으로 구성되어 있다. 청일전쟁에 관해 서술한 이 책은 당시 일본이 극동 지역에 갖고 있었던 침략적 야욕을 여실히 보여 줌으로써 우리에게 경각심을 일깨워 주었다.

■ 『普法戰記』. 王韜 著, 玄采 譯, 玄公廉 發行, 1907年.

1870년에 일어난 보불전쟁(普佛戰爭)에 관한 전쟁 사적(事跡)을 기술한 것이다.

이러한 전승적 역사서들은 국가가 어려운 상황이라 하더라도 국민들이 힘을 합하고 애국심을 발휘한다면 더 강한 국가로 발돋움할 수 있다는 교훈을 보여 주고자 한 것이었다.

또한 당시 중국을 중심으로 동양 각국에서 전개되던 일련의 정치적 변화 과정을 기술한 역사서들도 여러 종 번역 · 발간되었다.

■ 『淸國戊戌政變記』. 梁啓超 撰, 玄采 譯, 李琦 校閱, 閔泳煥 序(上篇), 玄采 題言(下篇), 國漢文, 學部編輯局 發行, 1901年, 上下 2篇.

청나라 양계초가 편찬한 것을 현채가 번역, 학부 편집국에서 발행한 것이다. 무술년부터 경자년 11월 청국사변까지의 사실에 관해 기술하고 있는 이 책은 상하 2편으로 편성되게 된 전후의 사정과, 이로 인해 야기된 서양 각국과의 정치적 역학 관계, 그리고 이 과정에서 순국한 열사들에 대한 간략한 전기를 적은 것이다. 하권(속편)은 중국의 지리적 상황에 대한 총론과 당시 내부의 정치 사정, 그리고 중국을 둘러싸고 벌였던 일본과 미국, 영국을 비롯한 서구 열강들의 패권다툼에 관한 내용을 상세히 다루고 있다.

■ 『안남망국ᄉᆞ』. 巢南子 述, 梁啓超 撰, 周時經 譯, 純國文, 博文書館 發行, 塔印社 印刷, 1907年, 序 4面, 本文 96面.

베트남의 망명객인 소남자(巢南子)가 기술한 것을 청국의 양계초가 편찬하고 주시경이 번역한 것이다. 발행사인 박문서관의 관주 노익형이 쓴 서(序)에는 아시아 국가들이 모두 서양 제국들에게 멸망당하고 일본, 청국, 그리고 조선만이 남게 되었으나 청국과 조선은 관원과 백성들이 상황의 위급함을 깨닫지 못하고 협잡과 다툼에만 열중할 뿐 개혁에 힘쓰지 않아 국운이 매우 위험한 상황에 놓여 있다고 했다. 이러한 와중에 프랑스에 망한 안남의 망국사는 우리가 경계할 바와 그 극복 방안을 제시한다고 보고 온 국민이 쉽게 읽을 수 있도록 순국문으로 편찬했다고 밝히고 있다. 내용은 안남이 망한 원인, 순국한 지사들의 전기, 프랑스의 안남 침략 과정 등이 서술되어 있다. 개화기에 가장 널리 애독되던 서적의 하나로 주시경 외에 현채, 이상익의 번역서도 있다.

(6) 지리서

역사서와 더불어 민족의 자각과 애국심 고취를 위해 발행되었던 서적들이 바로 지리서이다. 특히 국내 지리서는 더욱 그러했다. 『황성신문』의 경우, 『대한신지지(大韓新地誌)』 발간을 기념하며 실은 논설[17]에서 우리 나라가 건국된 지 4천 여 년이 되었으나 이 4천 여 년의 토지와 재산을 하루아침에 다른 사람에게 빼앗기고도 이를 통탄하지 않는 이유는 지리에 대해 알지 못하기 때문이라 했다. 이것은 양전미답(良田美畓)과 누각(樓閣)이 여럿 있어도 주인이 자신의 작은 전답과 집에만 머물러 전체 재산 소재를 알지 못한다면 다른 사람이 그의 재산을 점한다 해도 깨닫지 못하는 것과 마찬가지라 했다. 따라서 당시 각국 열강들이 우리의 국토를 양도받으려 모의해도 우리 국민들이 이를 깨닫지 못하는 것은 우리 국토에 대한 지리 교육이 없었기 때문이라 주장했다. 이러한 이유로 개화기 지리 교육과 지리서에 대한 중요성은 우리 국민들의 세계관 확대와 함께 자주권 확보를 위한 중요한 방안의 하나로 강조되었던 것이다.

당시 보통 학교에서의 지리 교육의 목표[18]는 지구상의 인간 생활의 대략과 각국의 중요한 지리적 사항들을 전반적으로 교육시키는 것을 목적

17 『황성신문』, 1907년 7월 5일, 논설.

18 보통학교 시행규칙 제2장 교과 또는 편제 제1절 교칙 제9조, 고등학교 시행규칙 제2장 학과목 또는 요지 제5조.

으로 하고 있었다. 특히 이 규칙에서는 지리 교육의 역사 교육과의 연관성에 대해서도 명시하고 있다. 고등 학교에서의 지리 교육은 본국 지리보다는 외국 지리에 좀더 비중을 두고 있고 지문학 일반에 대해서도 교육하도록 하고 있었다.

각종 신교육이 실시되면서 서양의 여러 학과목이 교육되었으나, 특히 학생들이 흥미를 가졌던 과목은 지리였다. 육영공원의 경우를 보면 학생들은 세계 지리를 배우자 눈이 크게 뜨였고 대조선(大朝鮮)의 '대(大)'란 말은 실제적으로 틀린 말이라는 것도 알게 되었다고 전한다. 사실상 '세계'에 대한 지식은 그들뿐만 아니라 외부와 아무런 접촉이 없었던 온 국민이 경이의 대상으로 생각했다.[19] 즉 외국 지리에 대한 지식은 이전의 협소한 중국 · 자국 중심의 세계관을 탈피하여 새로운 세계 질서에 대한 자각의 방안으로 인식되었다. 특히 당시 세계 열강들의 정치적 접촉은 이들에 대한 지리, 지문 일반에 대한 지식 구비의 필요성을 더욱 일깨워 주었다.

국내 지리에 관한 번역서와 외국 지리에 관한 서적을 살펴보면 다음과 같다.

■ 『大韓地誌』. 玄采 譯編, 廣文社 發行, 1899年.

현채가 번역 · 편찬한 것으로 우리 나라 각 도의 지지를 총 14편으로 기술한 것이다. 각 편은 다시 몇 개의 과로 나누어 설명하고 있다. 즉 제1과는 도(道)의 위치, 경계, 지세, 연혁 등에 관한 것이며, 제2과는 산맥, 하류 등의 내용이다. 제3과는 해만(海灣), 도서(島嶼) 등에 관해 기술하고 있으며, 제4과는 도회(都會)와 승지(勝地), 그리고 5과는 부군위치(府郡位置), 고호(古號), 방면(坊面), 호결(戶結), 토지(土地) 등의 내용을

19 이광린, 『한국개화사연구』(일조각, 1969), 109쪽.

다루고 있다. 이 책은 현채가 일본인이 저술한 한국 관계 지리서를 위주로 『동국여지승람(東國輿地勝覽)』에 나타난 연혁을 참고하여 국한문으로 번역한 것이다. 광무 3년(1899) 학부에서 초간했고, 광무 5년(1901)에 광문사가 재간했으며, 광무 10년(1906)에 다시 한 번 간행했다.

■ 『萬國地誌』. 學部編輯局 編, 國漢文, 學部 發行, 3冊.

초기 외국 지리서로 학부 편집국에서 번역 · 간행한 것이다. 아세아 16국, 아프리카 8국, 구라파 18국, 북아메리카 11국, 남아메리카 11국과 함께 기타 오세아니아 주, 말레이 군도, 오스트레일리아 군도, 폴리네시아 군도 등 총 6편으로 구성된 세계 지리서이다. 각국의 위치, 국경, 면적, 연해, 인구, 관할 지역, 지세에 대한 설명과 각 지방 및 도시, 군사 등에 대한 내용을 기술하고 있다. 비교적 초기에 편술되었던 까닭에 그 내용이 다소 미비하여, 1902년에는 학부가 이를 다시 보완하여 『중등만국지지(中等萬國地誌)』로 발행했다.

■ 『中等萬國地誌』. 朱津昌永 著, 朱榮煥 · 盧載淵 共譯, 國漢文, 學部 發行 · 印刷, 1902年(初刊), 2卷 2冊, 1908年(再刊), 3卷 3冊.

이 책은 일본의 『만국지지(萬國地誌)』를 번역한 것이나 완역한 것은 아니며 우리의 실정에 맞게 편역했다. 이 책은 1902년에는 2권 2책으로, 1908년에는 3권 3책으로 재간되었다. 1902년판의 권1은 총서(總敍), 아세아 총론, 각국지, 그리고 권2는 구주 총론, 권3은 아프리카 주 총론과 각국지, 북아메리카 주 총론과 각국지, 그리고 대양주와 오스트레일리아 주 총론 및 각국지, 남아메리카 주 총론과 각국지로 구성되어 있다. 각 총론에서는 해당 지역 국가들의 위치, 폭원(幅員), 연해, 지세, 하류, 사막, 기후, 천산물(天産物), 인지(人誌), 언어, 종교, 교육, 국체(國體),

정체(政體), 국세(國勢), 주내(洲內)의 현황, 탐험, 지방 구획, 연혁 시사(沿革時事)와 지리 · 지지 · 지문 등 모든 범주의 내용을 광범위하게 다루고 있다.

■ 『最新世界地理』. 鄭雲復 譯編, 國漢文, 日韓書房 發行, 日韓圖書印刷株式會社 印刷, 1908年, 序 1面, 目次 6面, 本文 118面, 世界地圖 1葉, 寫眞 24面.

영국, 중국, 일본의 최신 지리서를 보고 세계 각국의 해륙, 지세, 정치 풍속, 물산 등을 간략히 번역 · 편술한 것으로 보통 학교의 지리 교과서 · 참고서로 유용한 것이다. 선명하고 미려한 세계 지도와 세계 각국의 풍경 사진, 풍속화가 약 220여종 삽입되어 있는 호화판(豪華版)으로 내용은 총론, 아세아, 구라파, 아프리카, 대양주 등 5편으로 구성되어 있다.

(7) 법률서

개화기 들어 근대적 통치 개념이 자리잡게 되면서 치국치민(治國治民)을 위한 합리적인 근거가 마련될 필요가 생겼다. 개화 이전 역시 국가와 국민을 다스리기 위해 『대전통편(大典通編)』, 『대전회통(大典會通)』과 같은 전통적인 율전과 법률 체계가 이미 존재하고는 있었지만 종래에는 이들 율전을 신성시하여 간행과 유포가 많지 않았다. 그러나 광무 9년(1901) 『형법대전(刑法大全)』을 제정, 내외에 반행(頒行)하면서 우리 나라 율전(律典) 체계에 많은 진전이 있었다.

이후 많은 율전과 법률서가 발행되고 이에 관한 외서(外書)의 번역도 이루어졌다.

■ 『(韓日文對照)韓國民刑訴訟法註解』. 長田中正 · 身四位義正 共

著, 李興洙 譯, 韓日文, 1909年, 1冊, 總 380面.

대한경성공소원(大韓京城控訴院)의 서기였던 장전중정(長田中正)과 신사위의정(身四位義正)의 저술을 이흥수가 번역한 것으로 민형 소송규칙 각 조문에 상세한 주석을 단 것이다. 그는 당시 선진 제도를 모방한 새로운 법률들이 많이 배포되어 있으나 이를 충분히 연구하지 않는다면 그 진정한 법의(法意)를 이해하기 힘들다는 취지에서 이 책을 번역했다고 밝혔다. 특히 민형소송규칙은 개인의 생명, 신체, 명예, 재산의 보호에 있어 권리의 신장과 방어에 직접적인 관련을 갖는 법률 분야인 까닭에 새로 발표된 법률 중에서도 특히 그 연구가 필요한 것이었다. 이 책은 이러한 점에 착안하여 법률학에 대한 지식이 없는 일반인들도 쉽게 이해할 수 있도록 주석을 달아 설명하고 있으며, 동·서양의 저명한 학설도 싣고 있다.

■ 『(言文一致)日本國六法全書』. 朴勝彬 譯, 言文一致體, 新文館 發行, 1909年, 3冊.

당시 우리 나라에 많은 영향을 주었던 일본 법규에 관한 서적으로 일본의 헌법, 형법, 민법, 상법, 민사소송법, 형사소송법에 관해 모두 3책으로 발행한 것이다.

■ 『法學通論』. 兪星濬 著, 國漢文, 廣韓書林 發行·兪星濬(發行人), 同文社 印刷·金漢洙(印刷者), 1905年(初版), 1907年(再版), 1910年(三版). 第一版 序 4面, 自序 4面(光武 9年), 目次 9面, 本文 364面.

법규집 외에 각종 법률 관련 이론서도 많이 발행되었다. 이 책은 당시 내각 법제국장을 역임한 바 있는 유성준이 광무 9년(1905) 11월에 수년에 걸쳐 선진 국가들의 각종 법률서를 수집 · 번역하여 기술한 것이다. 초판 『법학통론(法學通論)』을 발행한 이래 광무 11년(1907) 재판 『증정 법학통론(增訂 法學通論)』을 내었으며, 융희 4년(1910)에 제3판을 발행했다. 이 책은 전체 법률 이론의 대강을 익혀 학생들에게 법률 개념을 심어준 후, 개별 법률 과목에 입문하도록 하는 것을 목적으로 했다. 제1편 총론에서는 총설, 법과 도(道), 자연법(自然法)과 인정법(人定法), 법률과 법률학, 법률의 구별, 법률의 제정, 법률의 효력, 법률의 적용, 법률의 해석, 법률의 소멸 등을 다루었다. 제2편 헌법은 총설, 국가의 의의, 국체(國體) 및 정체(政體), 헌법의 종류 및 성질, 통치의 주체, 통치의 객체, 통치의 기관, 통치의 작용에 관한 내용이다. 제3편 행정법에서는 행정과 행정법, 지방행정, 중앙행정, 행정재판 및 소원, 권한쟁의를, 제4편 형법에서는 범죄의 정의 형벌권, 범죄, 형벌에 대한 법리를 설명하고 있다. 제5편 민법은 총칙, 물권, 채권, 친족, 상속에 관한 기술이다. 제6편 상법에서는 총칙, 회사, 상행위, 어험(魚驗) 및 소추표(小推票), 해상, 파산에 관한 기술이다. 제7편 소송법에서는 형사소송, 민사소송, 제8편 국제법에서는 국제 공법, 국제 사법 등을 다루어, 전체 총 8편으로 구성되었다. 이러한 법학 개론서 외에도 각 법에 대한 해설서도 있다.

■ 『(義務教育)憲法要義』. 鄭寅琥 譯述, 張燾 校閱, 國漢文, 廣學書舖 發行, 1冊, 總 500餘面.

정인호가 일본 법학자 고전조묘(高田早苗)의 『헌법요의(憲法要義)』를 번역 · 해석한 것이다. 그가 일본의 헌법에 관한 내용을 연구, 번역한 이유는 서문에서도 밝혔듯이 근세기 들어 일본의 발전과 확장이 메이지 22년 2월 21일 공포된 헌법 7장 76조에 기인하는 것으로 보았기 때문이다. 즉 그는 일본의 근대적 헌법 정신을 살펴봄으로써 우리의 국민 정신을 계몽시키고자 했다. 총 13장으로 서론, 국가, 국체(國體)와 정체(政體), 헌법의 연혁, 제국 헌법, 천황상(天皇上; 皇位), 천황하(天皇下; 職務), 신민의 권리 · 의무, 제국의회, 내각과 추밀원, 사법, 회계, 보칙(補則)의 내용을 싣고 있으며, 권말 부분에는 12면에 걸쳐 일본 헌법의 정문(正文)을 수록하고 있다.

■ 『國際公法志』. 朴晶東 譯, 金雨均 閱, 國漢文, 金泰玉 · 鄭喜鎭 發行, 日韓圖書印刷株式會社 印刷, 1冊.

국제법 분야에서도 국제 공법과 국제 사법에 관한 서적들이 몇 종 있었다. 이 책은 박정동이 번역한 것으로 국가 간 권리, 재산, 의무, 의례를 규정하고 있다. 이 책은 총론과 더불어 총 5장으로 구성되어 있는데, 총론에서는 국제 공법의 역사와 연원, 국제 공법과 지리상의 관계, 국제 사법 등에 대해 논하고 있다. 제1장 '평시 국제공법(平時國際公法)'에서는 한 국가의 자주권, 자위권, 간섭권에 대한 내용에 대해, 제2장 '국재(國財)와 국산(國産)을 처치(處置)하는 법(法)'에서는 자국 재산의 권리, 종류와 함께 국경, 하천 · 연해 · 해협의 영유권 등에 대해 설명하고 있다. 제3장 '방국(邦國)의 권리(權利)를 관할 및 그 의무(管轄及其義務)'에서는 자국의 관할권, 국적, 이적(移籍), 경내 외인(境內外人)에 관한 관할권 등을 논하고 있다. 제4장 '외교상의 예의'는 자국의 동등권, 계급, 외교상의 언어 문자 등에 대한 규정이고, 제5장 '방국 호시(邦國互市)의 권리 및 의무(權利及義務)'는 통상 수호상의 의무와 사신의 접견, 파견과 이들의 특권 등에 대해 기술한 것이다.

(8) 정치 · 외교 · 행정

정치 · 외교 · 행정은 개화기 학교 교육 편제에서 정식 교과 과목에는 속하지 않았다. 그러나 이전의 전제 군주 제도가 붕괴되고 새로운 정치 질서가 마련됨에 따라 근대적 국가 체제가 마련되면서 점차 올바른 국가 사상과 운용 방식에 대한 연구 필요성이 제기되었다. 즉 국가의 건설은 국가 사상으로부터 비롯되는 것이라 인식하고 우리 나라가 독립된 국가로 바로 서고 강대국으로 발전하기 위해서는 완전하고 합리적인 국가 사상이 확립되어야 한다고 보았다. 또한 일반 국민들에게는 정치에 대한 관심과 더불어 국민으로서 갖추어야 할 권리와 의무를 깨달아야 할 필요성도 제기되었다.

한편 근대에 접어들면서 국가의 행정도 봉건적 정치 질서가 파괴되고 점차 서구식 행정 체제가 자리잡게 되었다. 이에 따라 새로운 행정 제도와 실행 방안을 제시하는 각종 행정 관련 서적들이 발행되었다. 특히 지방 자치 제도에 대한 관심이 높아지면서 이를 설명하거나 각국의 제도나 법규를 소개하는 서적들이 발행되었다.

이 분야의 번역서들로는 다음과 같다.

■ 『國家思想學(精神教育)』. 伯倫失理 著, 鄭寅琥 譯述, 張世基 序 · 校閱, 李載乾 校閱, 國漢文, 玉琥書林 發行 · 鄭寅琥(發行者), 右文館 印刷, 1908年, 1冊.

정인호가 독일의 정치가 백륜실리(伯倫失理)가 저술한 『국가학강령(國家學綱領)』 중 국가 사상에 관한 부분을 선별하여 전통적인 우리 나라의 정치 사상과 비교하고, 과거 · 현재 · 미래의 정치 사조에 대해 기술한 것이다. 즉 역사상 완전한 국가는 근세로부터 시작되었다고 보고, 우리 나라도 독립 국가를 지향하려면 세계 정치 사조에 알맞은 합리적인 국가 사상을 확립해야 한다고 했다. 총 3장으로 구성되어 있는데, 제1장에서는 서양의 중세 사상과 근세 사상에 대해 논하고 있다. 제2장은 서양의 구사상과 우리 나라의 구사상, 서양의 신사상을 비교하고 있다. 제3장은 과거, 현재의 국가 사상 사조를 점검, 미래의 국가 사상을 예측한 것이다. 이와 함께 권말에 각국의 헌법 요약을 부록으로 삽입하여 군주와 대통령제의 권력, 국민의 권리와 의무 등에 대한 내용을 보여 주고 있다.

■ 『民權自治制(全)』. 金秉萬 譯述, 國漢文, 敎育月報社 發行 · 金鎔浩(發行者), 1909年, 序言(南宮憶) 2面, 自序(金秉萬) 2面, 目次 4面, 本文 103面.

김병만이 번역한 책으로 일본의 시정촌 제도(市町村制度)에 관한 법규를 번역한 것이다. 역자는 이 책을 통해 일본의 제도 · 법률을 직접 우리 나라에 실행한다는 것은 불가능하나 그 운용 정신은 살릴 수 있다고 보았다. 즉 그는 제도의 변형을 통해 우리 나라에도 지방자치제를 적용할 수 있을 것이라 기대했다. 크게 시제(市制)와 정촌제(町村制)로 나누어 설명했다. 시제는 총칙(總則), 시회(市會), 시행정(市行政), 시재산(市財産)의 관리, 특시(特市)의 재산을 유(有)한 시구(市區)의 행정, 시행정의 감독, 부칙의 총 7장으로 되어 있으며, 정촌제는 총칙, 정촌회(町村會), 정촌 행정(町村行政), 정촌 유재산(町村有財産)의 관리, 정촌 내용부(町村內容部)의 행정, 정촌 조직(町村組織), 정촌 행정의 감독, 부칙의 총 8장으로 구성되어 있다.

■ 『警察學』. 松井茂 著, 趙聲九 譯, 國漢文, 文華堂 發行, 1909年, 1冊.

내부 경무국장이었던 송정무(松井茂)가 경찰 운용 방안이나 학문으로서의 접근이 부족했던 경찰학 분야에 일조하기 위해 저술했고, 이를 조성구가 번역하여 발간했다.

■ 『人權新說』. 金贊 譯編, 國漢文, 義進社 發行, 普成館 印刷, 1908年, 目次 1面, 本文 60面.

기존의 천부 인권에 대한 새로운 비판과 자각도 나타나게 되는데, 이 책은 서양에서 천부 인권 사상의 발생과 이에 대한 학자들의 주장을 논하고 이를 다윈(Charles R. Darwin)의 진화론적 입장에서 반박, 그 문제점과 허상을 지적했다. 즉 권리는 진보의 과정을 겪는 것이기 때문에 여러 학자들의 주장을 통해 이를 더욱 도모할 수 있는 방안을 찾아야 한다는 입장을 취하고 있다. 총 3장으로 구성되어 있다.

그 외 외교 분야에 관한 번역서로 『외교통의(外交通義)』(岡春一 著, 安國善 譯, 普成館 發行, 1907年)는 간략한 서지 사항만 파악할 수 있을 뿐이다.

(9) 상업 · 경제

상업 및 경제 관련서는 당시 새롭게 변화되어 가던 국내 경제 활동과 밀접한 관련을 가지고 있었다. 개화기에 이르면 우리 나라에서도 근대적인 형태의 은행과 증권, 보험업 등이 시작되며 기타 산업에서도 상리 추구 의식이 자연스럽게 수용된다. 그뿐만 아니라 각 가정 생활에서도 치부(致富)를 위한 생산 활동이 장려되면서 상업 및 경제학 관련 지식을 가정과 국가를 더욱 윤택하게 하는 생활 원리로 인식하게 되었다. 이에 따라 각 교육 과정에서도 상업 및 경제학에 대한 이론이 강론되기 시작했는데, 상업은 보통 학교와 사범 학교에서, 그리고 경제학은 고등 학교 과정에서 정규 과목으로 채택되었다. 보통 학교에서의 상업 교육은 실제 생활에 적용되고 있는 상업상의 일반적인 원리와 지식을 깨닫게 함을 목적으로 하는 반면, 사범 학교는 좀더 전문적인 지식, 즉 시장의 현황과 물가 등에 주의하여 실제 업무에 필요한 운영 방법과 지식을 전달하고자 했다.

■ 『商業學』. 張志淵 譯述, 張相轍 校閱, 國漢文, 大邱 廣文社 發行, 1908年, 目次 2面, 本文 120面.

장지연이 일본서를 번역한 것으로 상업의 일반 원칙과 이에 앞서 상인으로서 갖추어야 할 자세와 지질 등에 대해서 언급하고 있다. 총 20장으로 구성되어 있으며, 대구의 광문사에서 발행하여 전국에 발매했는데 교열자 장상철 역시 광문사의 직원이었다.

■ 『經濟原論(全)』. 朴晶東 譯, 金泰玉 · 鄭喜鎭 發行, 1907年.

경제학 이론서이다. 중학 · 상업 학교의 교과서로 이용되도록 씌어졌다. 경제학의 대의와 국가 재정의 경영 방식에 대한 개요를 밝혀 학생들로 하여금 이용 후생 사상을 심어 주도록 했다. 총 6편으로 되어 있는데, 제1편 '서론'에서는 경제의 의미와 경제학의 정의 및 그 가치 등에 대해 설명하고 있다. 제2편 '재(財)의 생산(生産)'은 생산의 개념, 요소, 그리고 생산 조직 및 방법에 대한 내용이며, 제3편 '재(財)의 교환(交換)'은 교환의 개념, 가치와 물가, 화폐, 신용, 무역 등에 대해 논하고 있다. '재(財)의 분배(分配)'를 설명하고 있는 제4편에서는 분배의 개념과 지대(地代), 이자, 임금, 이윤 등을 언급하고 있고, 제5편 '재(財)의 소비(消費)'에서는 소비의 개념과 생산과의 관계, 그리고 보험을 소개하고 있다. 마지막으로 제6편 '재정(財政)'에서는 재정의 개념, 경비, 수입, 공채 등을 설명함으로써 경제의 기초 이론을 소개하고 있다.

■ 『經濟敎科書』. 和田坦謙三 著, 李炳台 譯述, 金鳳俊 校閱, 國漢文. 大邱 廣文社 發行, 李炳三(發行者), 1908年. 目次 4面, 本文 112面.

일본의 법학박사 화전탄겸삼(和田垣謙三)의 저술을 이병태가 번역한 것으로 역시 경제학 일반에 대한 개론서이다.

(10) 교육학

개항 이후 민지(民智)의 개발을 촉진시키기 위해 추진된 신교육의 실시는 1905년 을사보호조약을 기점으로 그에 대한 열의가 더욱 높아져 교육만이 국가를 살릴 수 있는 유일한 힘이라는 교육 구국 운동으로 발전했다. 이 시기 교육서는 교육의 필요성과 원칙들을 제시했다.

■ 『교육학』. 崔光玉 譯, 朴殷植 校閱, 勉學會 發行, 1907年.

교육학 전반에 관한 내용으로 일반적인 교육 이론은 물론, 가정과 학교에서의 교육의 목적, 취지, 방법 등에 대해 설명하고 있다.

■ 『簡明教育學』. 兪鈺兼 譯述, 李豊鎬 校閱, 元泳義 序, 國漢文, 右文館 發行·印刷, 序 2面, 目次 6面, 本文 282面.

유옥겸이 번역하고 이풍호가 교열한 책으로 교육의 목적과 방법, 체제의 종류 등을 간명하게 집성한 것이다. 제1편에서는 교육의 의의, 기능·한계의 필요, 교육학과 타과의 관계를, 제2편 교육 목적에 관한 제주의(諸主義)에서는 실리와 이상, 개인과 사회, 도덕적 생활 등을 설명하고 있다. 제3편은 방법론으로 교육의 목적과 흥미, 교안(教案)의 의의, 교재의 선택과 배열, 교재의 연관, 교수 방법 등에 관한 내용이다. 제4편 훈육론(訓育論)에서는 훈육과 다른 교육 방법과의 관계 등에 관해, 그리고 제5편 양호론(養護論)에서는 양호의 목적, 주요 방편 등에 관해 언급하고 있다. 마지막 제6편 체제론(體制論)에서는 교육자의 종류·자격, 교육의 처소 등으로 구성되어 이 책은 총 6편 32장으로 이루어진 순수

교육 이론서임을 알 수 있다.

■ 『世界文明産育新法』. 李相益 譯述, 國漢文, 鐘路古今書海館 發行, 1908年, 1冊.

이는 관립 한성사범학교 교사였던 이상익이 번역해 편찬한 것이다. 그는 문명의 진화는 교육에 있는데 그 중에서도 태육(胎育)과 산육(産育)을 교육의 기본으로 보고 국내외 대가들의 육아 방법을 국한문으로 번역했다.

■ 『쇼ᄋᆞ교육』. 서양 유명부인 著, 任璟宰 譯, 純國文, 徽文館 發行, 1908年, 1冊.

서양의 유명한 부인이 지은 것을 역시 관립 한성사범학교 교사였던 임경재가 순국문으로 번역한 것이다. 유아를 둔 부모나 아이들을 감독하는 사람들에게 유용한 것이라 했다.

(11) 사회학 · 인류학

19세기에 들어 사회학이 본격적으로 발전하게 되면서 국내에서도 관련 서적들이 소수 발행되었다. 특히 생물학에서 비롯한 진화론이 사회 · 인류학적으로 새롭게 해석되면서 국가와 사회, 민족을 진화론적 입장에서 분석한 각종 사회학 서적들이 소개되었다. 1890년 후반 중국의 엄복(嚴復)이 헉슬리(Thomas H. Huxley)의 *Evolution & Ethics and Other Essay*라는 책을 『천연론(天演論)』이라는 제목으로 번역하면서 동양에 소개된 진화론은 당시 지식인들에게 많은 영향을 미쳤다. 약자는 강자에 의해 지배된다는 생존 경쟁의 원리가 당시 제국주의적 지배 원리를 뒷받침하는 사회 이론으로 적절했던 것이다.

■ 『十九世紀歐洲文明進化論譯』. 陣國鏞 著, 李埰雨 譯述, 國漢文, 李部雨 發行, 右文館 印刷, 1908年, 1冊.

18~19세기 동안 구미 각국의 문명과 물질 진보의 유래와 원인을 상술, 이에 대한 국민의 지식을 넓혀 주고 있다. 주요 내용은 크게 19세기 전기(前期)와 19세기로 구분하여 살피고 있는데, 먼저 19세기 전기에서는 18세기 동안 나타난 여러 사회적 · 사상적 움직임에 대해 언급하고 있다. 즉 18세기를 혁명의 시대로 규정짓고 이 때 나타난 사상계의 혁명적 변호, 프랑스 혁명, 그리고 식민계의 등장에 대해 논하고 있다. 19세기의 변화에 대해서는 먼저 총론에서 19세기의 성격을 언급했는데, 대체로 이 시기의 성격은 물질 문명의 진보로 압축할 수 있다. 문명과 사상에 물질의 진보가 미친 영향에 대해 설명하고 있으며, 이러한 물질 문명의 발달로 인한 정치적 · 사회적 결과 및 앞으로의 전망 등에 대해 분석하고 있다. 이처럼 진화론은 당시 사회의 각종 현상을 설명하기에 매우 적절한 사회 이론이었으며, 이 책 역시 그러한 입장에서 기술된 사회학서였다.

■ 『社會勝覽』. 金炳齊 譯編, 純國文, 光東書局 發行, 1908年, 1冊.

이 책은 사회에서 통용되고 지켜야 하는 규칙과 연설 방법 등에 대한 동서양 웅변가들의 연설문을 김병제가 번역한 것이다. 순국문으로 번역되어 노동 계층과 여성들에게까지 유용했다.

(12) 산술 · 수학

산술 · 수학서는 학생들의 수준에 알맞게 각급 학교에서 공통적으로 교육했던 과목이다. 일상 생활에 불편이 없도록 간단한 가감승제의 훈련에서 논리적 사고 능력을 돕는 대수, 기하의 좀더 고차적 산학 지식에 이르기까지 많은 산술서가 발행 · 번역되었다.

■ 『(中等敎科)算術新書(全)』. 上野清 著, 李相卨 譯編, 國漢文, 玄公廉 發行, 1908年, 序 1面, 凡例 2面, 目錄 6面, 目次 4面, 本文 294面, 問題答 33面.

일본인 상야청(上野淸)의 저술인 『근세산술(近世算術)』을 근거로 이상설이 필요한 내용을 첨삭하여 심상 사범학교와 심상 중학교, 혹은 이에 상당하는 학교에서의 산술 교과서로 이용하기 위해 번역, 편찬한 것이다. 그런데 광무 4년(1900)에 씌어진 이규환의 서문에 의하면 이 책은 원래 편집국이 이상설에게 위촉하여 일본 상야청의 산술서를 번역, 편찬하도록 한 것으로 당시 1,000부를 출판했고, 그 후 이상설은 이를 수정하여 융희 2년(1908)에 다시 이 책을 발행했던 것으로 보인다. 주로 원서의 체제에 따라 편찬하기는 했으나 부족한 점을 보완하고 불필요한 부분은 삭제하여 나름대로의 체제를 갖추었다. 즉 원서에서 문제가 복잡한 제4편과 제5편의 잡제(雜題) 등은 삭제했고, 이해가 어려운 제2편, 제4편, 제5편에 응용례(應用例)를 새로이 추가했다. 국한문 혼용을 원칙으로 하고 있으나 용어에서는 때때로 서양의 원어를 사용하는 경우가 있었다. 이에 대해 역자는 원서의 모방이 아니라, 원어를 사용하는 데서 오는 편리함과 함께 후일 대수, 기하학 등을 연구하는 데에 예비적 지식을 제공하기 위한 것이라고 밝히고 있다. 모두 7편으로 이루어져 있으며, 각 편마다 각종 산술 법칙의 의미와 원칙을 설명하고 예제를 통해 산술 과정을 보여 준 후 마지막에 잡제(雜題)와 설문(設問)을 제시하고 있다. 해답은 권말의 예제답(例題答)에서 제시하고 있다. 각 편의 내용은 제1편 총론(總論), 제2편 정수의 조립과 계산(整數之組立及計算), 제3편 사기법의 정리와 제술(四基法之定理及諸術), 제4편 정수의 성질(整數之性質), 제5편 분수(分數), 제6편 소수(小數), 제7편 순환소수(循環小數) 등이다.

(13) 농업

19세기 중반에 이르러 열강들의 압력과 함께 외국과의 문물 교류가 활발해지면서 선진 농학과 농업 기술이 도입되었다. 농업은 부국강병을 위한 중요 산업의 하나로 인식되어 개화 초창기부터 이에 대한 교육과 육성이 주장되었다. 『독립신문』 제1권 70호[20] 논설은 당시 정부의 가장 시급한 사업을 농업과 같은 각종 실업 분야의 교육이라 기술했다. 또한 동 신문 건양 원년(1896) 7월 25일의 논설에서는 선진 외국의 농서를 번역하여 국민들에게 농업을 학문적으로 교육해야 한다고 주장했다. 즉 오랫동안 농업 분야의 진보를 꾀해 온 외국의 선진 농법을 도입하기 위해 그들 농서를 번역, 교육함으로써 우리의 농업을 발전시키고 국부(國富)를 형성해야 한다고 주장하고 있다. 이러한 사회적 분위기로 말미암아 1880년대부터는 새로운 농업 기술과 지식을 소개하고 이를 보급시키기 위한 근대적 농서들이 나타나게 된다.

특히 조선 후기 실학 사상의 영향으로 상업적 농법이 나타나게 되었는데, 잠업에 관한 관심으로 많이 표출되었다. 개화기에 들어서 잠업에 관련된 농서가 많은 이유도 이러한 배경에 기인한다고 볼 수 있다.

■ 『人工養蠶監』. 勝三橫田 著, 徐相勉 · 金韓珪 譯, 1901年頃, 1冊. 序文 6面, 目次 2面 , 本文 22面, 跋 1面.

잠업에 관한 농서로 초기에 일본의 농서를 번역하여 발행한 것으로 보이는 책이다. 판권지가 없어 정확한 발행 일자를 파악하기 어려우나 내제지, 서문 및 발문 등의 일자로 미루어 광무 5년(1901)경에 발행되었을 것으로 추측된다. 이 서적은 국가가 근대 시대에 역행함을 통렬히 실

20 『독립신문』, 1896년 9월 15일, 론셜.

감하고 각국에 이익이 되는 학문을 취하고자 했으며, 이를 통해 나라가 부해지고 강병해지기를 희구하여 간행되었다. 총 5장으로 편성되어, 총론, 양잠 기계의 효용, 구조, 운용 및 사육법, 누에 올리기 등에 관해 설명하고 있다. 주로 양잠 기계의 도입과 이것의 사용 및 효과를 22면에 간략하게 기술하고 있다.

■ 『養蠶實驗說』. 宋永伍 作, 申海永 譯, 國漢文, 廣文社 發行, 1901年, 序言 2面, 目次 4面, 本文 140面, 附錄.

일본의 유명한 학자인 송영오(宋永伍)의 저술을 신해영이 국한문으로 번역한 서적이다. 판권지에 발행 연월일이 기재되어 있지 않아 정확한 발행 일자는 알 수 없으나 내제지, 서문, 발문 등을 통해 광무 5년(1901)에 광문사에서 발행했음을 알 수 있다. 이 책은 농상공부에서 과(課)를 설립하고 모든 과원들이 관련 서적을 모아 번역, 간행한 것이다. 국민의 재산은 나라의 근본이 되므로 국민의 이익을 도모하는 이 서적을 각 가구에 널리 전해 실행하면 나라가 부강해질 것이라고 보았다.

이 책은 상(桑), 잠종(蠶種), 양잠실(養蠶室), 사육(飼育)에 관해 4부로 구성되어, 뽕나무 재배로부터 누에의 종을 선택하여 사육하는 방법까지를 상세히 기술하고 있다.

■ 『栽桑全書』. 玄公廉 譯, 國漢文, 玄公廉 發行, 1905年, 序 4面, 凡例 4面, 目次 10面, 本文 43面, 圖畵 104面.

양잠의 근간인 뽕나무에 대해 상세히 기술한 책으로 1905년에 초간본이 발행되고 1912년에 재판된 서적이다. 이 책은 현공염이 일본 서적인 『재상전서(栽桑全書)』를 번역한 것으로 상수, 상수 열매 및 포도 재배법, 포도주 양조법 등에 관한 내용이다. 특히 정교한 100여 장의 삽도가 수록되어 있으며 그 설명이 명확하다. 총 11장으로 구성된 이 책은 총론, 생리론, 토양, 비료, 상수, 양묘(養苗), 종식(種植), 택지(擇地), 질병 등에 관해 기술하고 있으며, 부록으로 프랑스의 '고-도쏘루' 지방의 포도 재배법을 소개하고 있다.

■ 『家庭養鷄新編』. 申圭植 譯, 黃瑩秀 編輯, 國漢文, 朴準一 · 金基鉉 發行, 搭印社 印刷, 1908年, 1冊.

잠업과 함께 양계는 농가가 부(富)를 축적할 수 있는 대표적인 상업적 농업의 하나였다. 이 책은 융희 2년(1908)에 신규식이 번역하여 박준일과 김기현이 발행했다. 닭은 기르기가 쉽고, 성장이 빠르며, 고기와 알은 몸을 보호하므로 모든 국가들이 양계법을 연구, 장려하고 있으나 우리 나라는 천연 부화 방식을 택하고 그 관리가 부실하여 양계가 발달하지 못했다고 지적했다. 그리하여 이 책은 알의 부화, 병의 치료, 가모기(假母器) 등에 관해 상세히 서술하여 부를 이루고 이것으로 곧 국부의 원천이 되기를 바라는 마음에서 간행하게 되었다고 밝히고 있다. 발문에는 이 책이 인공 양계의 많은 방법을 제공하여 세상을 다스리고 백성을 구하는 묘수를 담고 있다고 했다. 또한 양계는 긴요한 산업이며 거대한 이익의 원천이라 보고 각 문명 국가의 양계법을 수록, 인공 부화와 의치(醫治)로 천 마리 이상을 사양하는 비결이 수록되어 있다고 밝히고 있다.

■ 『富國全書養鷄新論』. 鮮于叡 譯, 鄭雲復 校閱, 國漢文, 金相万 發行, 普文社 印刷. 1908年, 1冊.

일본 농학사인 정상정하(井上正賀)가 저술하고 선우예가 번역한 서적으로 1908년 광학서포에서 발행했다. 양계는 간단한 치부술이어서 서양 각국에는 이를 통해 부를 쌓은 사람이 많으나 우리 나라에서의 양계법은 유치한 단계를 벗어나지 못해 이 책을 편찬하게 되었다고 그 동기를 밝혔다.

■ 『養蠶實驗說』. 李錫烈 譯, 鄭宇相 編, 國漢文, 蠶業廣達會社 發行, 金秉先(發行者), 右文館 印刷, 1908年, 1冊.

정우상이 편집하여 잠업광달회사에서 1908년에 발행한 서적이다. 원래 우리 나라의 양잠업은 누에의 생리, 위생상 적부를 알지 못하고 지출 수입의 과다도 계산하지 못해 조악한 사육법을 사용하고 있었다. 그리하여 광무 5년(1901)에 인공 양잠법을 실시하여 많은 사람들의 이익을 도모하고자 했으나 곧 실패한 바 있었다. 그러던 중 정우상은 동경잠업강습소에서 수학하던 당시 강사 토옥태(土屋泰)가 구연한 실험법을 기록하여 이 책을 완성했다. 해당 업자들이 지난날의 어려움을 개선하고 좀더 나은 잠업 방법을 익혀 생산의 증가의 품질의 개선을 이루어 나라가 부유해지기를 바라는 의도에서 이 책을 번역, 편찬했다고 밝히고 있다. 총 10편으로 구성되어 있으며, 서론, 잠종, 잠실, 잠구, 사육 준비, 사육, 잠병 예방, 상족 및 수견, 살충 건조, 잠종 제조 등으로 구분하여 140면에 걸쳐 서술했다.

■ 『實用森林學』. 普成社 飜譯部 譯編, 普成社 發行, 1908年.

삼림의 시급함을 알리고 삼림이 발달한 선진국의 사례를 들며 해충 구제, 작벌, 토양의 적부 등의 각 사항을 들어 실생활에 활용할 수 있도록 명료하게 기술했다.

(14) 물리 · 화학

개화기 서구 문물의 유입은 서양의 근대적이고 합리적인 실험 · 과학 정신의 도입을 의미한다. 그리하여 자연 과학 분야는 물론 응용 과학 분야의 지식이 각급 학교의 교과목과 각종 서적들을 통해 전달되었다. 생물, 박물, 생리 · 위생학 분야의 지식은 물론, 건축, 천문, 물리 · 화학 등 오늘날 과학 분야를 대표하는 각종 신학문들이 이 시기에 본격적으로 소개되었다. 특히 이들 가운데 물리 · 화학 분야의 지식이 서양 각국의 물질 문명을 성공시킨 주 요인으로 인식되면서 국가의 힘을 키울 수 있는 주요 학문 영역으로 강조되었던 것이다.

물리 · 화학 분야는 당시로서는 상당히 선진적인 과학 기술 분야였던 관계로 이에 대한 개론적 지식을 소개하는 서적들의 발행이 비교적 많았다.

■ 『(初等)物理教科書』. 陣熙星 飜譯, 安衡中 校閱, 國漢文, 義進社 發行, 普成社 印刷, 1908年, 目次 7面, 本文 123面, 度量衡比較表 3面.

보성관 번역원이었던 진희성이 우리말로 옮기고 공업전습소 기사 안형중이 교열한 것이다. 총 10장으로 편성되어 있는 이 책은 물리학을 연구하는 목적으로부터 운동과 힘의 성질 · 법칙, 기체 · 고체 · 액체 3물체의 성질과 관련 법칙, 그리고 음의 발생과 성질, 기타 온도, 열, 광, 자석, 전기, 에너지 등에 대한 여러 성질과 원리를 알기 쉽게 기술하고 있다. 실험 학문인 관계로 기기나 실험 방법을 설명하는 삽도가 18도(圖) 삽입되어 이해를 돕고 있으며, 권말에는 서양 국가들의 도량형 비교표를 실어 각종 실험시 도량형의 차이에 유의하도록 하고 있다.

■ 『(初等用) 簡明物理教科書』. 崔在學 譯述, 朴晶東 校正, 國漢文, 安峴書館 發行, 徽文館 印刷, 1907年(初版), 1909年(再版), 學部檢定, 序(張志淵) 3面, 編輯의 主義 2面, 目次 6面, 本文 72面.

초등 과정의 이화학 교과서로, 소학교 교사의 자습과 공업가의 제조물 연구를 위해 이해하기 쉽게 편술한 것이다. 총 9장 73과로 구성된 이 책은 범례 '편집(編輯)의 주의(主義)'에서 그 체제와 목적에 대해 다음과 같이 밝히고 있다.

一平常習見을 취ᄒᆞ야 兒童으로 ᄒᆞ야곰 易解易知케 홈이라.
二ᄂᆞᆫ 小學教師의 자습에 편이홈을 취홈이라.
三은 工藝場에 관ᄒᆞᆫ 者를 취ᄒᆞ야 공학 연구에 유익을 資홈이라.
四ᄂᆞᆫ 고등소학의 물리학을 階梯ᄒᆞ야 編輯홈이라.

■『(普通)理科教科書』. 普成館 編輯部 譯纂, 國漢文, 普成館 發行 · 印刷, 1908年, 目錄 8面, 本文 108面.

이 책에는 '이화학 및 광물지부(理化學及鑛物之部)'가 부제처럼 적혀 있다. 그러나 내용을 살펴보면 물리학 · 광물학 · 생물학의 내용이 혼재되어 있는 양상이다. 총 9과 88항으로 구성되어 있는데, 제1과부터 제5과까지는 주로 물리학에 관한 내용이다. 즉 이화학의 필요성과 물, 대기, 음향, 빛, 열 등과 관련된 여러 물리학적 현상과 이론 등을 설명하고 있다. 제6과는 연소, 산소, 탄소, 수소, 원소, 화합과 분해, 공기 · 물의 성분 등과 같은 화학 이론을 설명하고 있다. 또 호흡, 식물의 동화 작용, 탄소와 산소의 순환, 질소의 순환, 식물, 단백질, 전분 발효와 부패 등과 같은 생물학적 내용도 함께 기술되어 있다. 제7과는 금속의 산화물, 유화물, 유황, 초석과 화약, 석회석, 석영과 장석, 암석 등 광물부에 해당하는 내용이다. 제8과와 제9과에서는 다시 자석, 전기, 뇌전, 전지 등과 정자(梃子), 활차(滑車), 사면(斜面), 기계와 마찰, 차역(車役), 에네르기 등의 물리학적 내용을 기술하여 내용 구성상 다소 산만한 체제를 갖고 있다. 박물학적 성격의 서적이라 할 수 있으며 엄밀한 의미에서 이화학서로만 보기는 어려우나, 그 내용이 상대적으로 가장 많은 부분을 차지해 이 곳에 구분했다. 서문이나 범례 등이 없어 정확한 것을 알 수 없으나 목차 중 제7과에 '일본의 중요 금속광 및 그 산지(重要金屬鑛及其產地)'(제66항)라는 항목이 있어 이 책이 일본의 이화학서를 바탕으로 번역 · 편찬된 것임을 짐작케 해 준다.

■ 『(중등)化學教科書』

중등용 순수 화학 교과서로 편찬된 것으로 홍인표가 번역했다. 기타 발행 사항에 대해서는 알려진 것이 없으며, 장절(章節)의 구분도 없이 다만 항목명만을 들어 설명하고 있다. 내용을 보면 먼저 총론에 해당하는 서론과 금속 원소, 산소, 공기, 수소, 물의 조성, 수소 · 산소 화합물, 물, 불소 화합물, 할로겐 원소의 비교 등으로 구성되어 있어 화학 총론과 원소, 기타 2차 화합물 등을 설명하는 서적임을 알 수 있다.

(15) 박물학

박물학은 물리 · 화학의 이화학과 함께 이과의 한 부분을 이루는 것으로, 인간 생활의 필수 3요소인 의식주 삼자의 원료이자 지구 표면의 만물을 이루는 식물, 동물, 광물에 대해 연구하는 분야이다. 즉 이들 만물의 명칭, 성질, 종류, 생식, 효용 및 상호 관계를 연구함으로써 궁극적으로 인간 생활에 도움을 주고자 한 것이다. 이러한 취지로 당시 사범 학교와 고등 학교에서 박물학이 교수되었다.

■ 『普通動物學教科書』. 普成館 編輯部 譯纂, 國漢文, 普成館 發行, 普成社 印刷, 1908年, 目次 4面, 本文 212面.

보성관 편집부가 번역 · 편찬하여 보성관에서 발행한 것이다. 동물 분류표에 따라 전체 동물계의 현상, 원인, 생활 행태 등을 세밀한 삽도와 함께 체계적으로 설명하고 있다. 서론과 함께 3편 32장으로 구성되어 있는데, 서론에서는 생물과 무생물, 동물과 식물의 특징과 상이점을 설명하고 동물계의 분류표를 제시하고 있다. 제1편은 동물 각론으로 척추 동물, 절족 동물, 환절 동물 등 동물 분류표상의 각 동물군을 구분해 설명하고 있다. 제2편 동물 통론에서는 동물체의 해부, 생식과 발생, 성장, 기생과 공생, 분포, 그리고 동물계가 지구 표면에 미치는 영향과 이들 동물학의 응용 방안 등을 기술하고 있다. 제3편은 결론에 해당하는데 자연계의 균형과 진화론의 대의에 대해 언급하고 있다.

■『初等植物學』. 鄭寅琥 譯編, 申廷植 校閱, 國漢文, 鄭寅琥 · 申廷植 發行, 徽文館 印刷, 1908年, 序(安鍾和) 2面, 目錄 4面, 本文 84面.

고등 소학교용 교과서로, 동서양의 식물학서 중에서 중요한 사항을 뽑아 정인호가 간략하게 번역한 것이다. 안종화는 서(序)에서 문명국들은 식물의 성질과 재배의 방식을 설명하는 식물학을 교육의 시작으로 보고 이를 교수하고 있다고 당시 상황을 소개했다. 반면 우리 나라에서도 일찍이 곽탁타(郭橐駝)의 종수(種樹)가 있었으나 이것이 전하지 않으며, 이시진(李時珍)의 본초(本草)가 있기는 하나 그림이 부족하여 제대로 이해하기 어렵다고 했다. 이러한 이유로 우리 나라에서 식물학이 발달하지 못하자 정인호와 신정식이 이 책의 번역, 발행에 참여하게 되었다고 그 발행 동기를 밝히고 있다. 이 책은 총 32과로 되어 있는데 체제나 구성은 정연하지 못하다. 즉 각 식물군에 대한 설명과 식물학에 대한 일반적 이론이 명확히 구분되어 있지 못하며, 이론 부분이 책의 뒷부분에 주로 편성되어 있어서 전체적으로 체계적이지 못한 느낌을 준다.

한편 당시 발행된 보건 · 의학 번역서로는 다음의 것들이 있다.

■『(初等)生理衛生學大要』. 安鍾和 譯述, 國漢文, 廣德書館 發行, 校文館 印刷, 1909年, 學部 檢定, 序(安鍾和), 目次 6面, 本文 60面, 揷圖 2圖.

안종화가 번역한 책으로 초등 교과 과정에 알맞게 생리 · 위생에 대한 기초 지식을 제공하고 있다. 특히 삽도가 2도색(圖色)으로 석판 인쇄된 점이 두드러진다.

■『中等生理學』. 金夏鼎 譯, 國漢文, 普成館 發行, 普成社 印刷, 1907年, 1冊.

보성관 번역원 김하정이 번역, 보성관에서 발행한 서적인데 전후(前後) 2편 1책으로 되어 있다. 전편에서는 인체 구조에 대한 전반적인 설명과 뼈, 근육, 순환, 호흡, 소화, 배설, 피부, 신경계, 오감기(五感器) 등에 대해 10개의 장이 주어졌다. 후편은 전편의 내용과 달리 우리 신체에 영향을 미치는 생활 조건에 관한 내용인데, 즉 공기, 물, 식물, 의복, 주거, 위생상의 주의 등에 대해 총 6장에 걸쳐 설명하고 있다.

이 밖에도 보건 · 의학 번역서로 임경재(任璟宰)가 번역하고 민대식(閔大埴)이 교열하여 1907년 휘문관에서 발행된『중등생리위생학』과, 김필순이 번역하여 1906년 제중원(濟衆院)에서 발행한『해부학』이 있으며, 각종 서양 의학 치료법을 국문으로 번역, 소개하고 있는『서약편방(西藥便方)』이 있는데 그 시대에 많이 이용되었던 가정용 구급서였다.

(16) 측량

전국의 미간지의 경작, 식수, 목축, 양어, 제염 등의 각종 사업 전개가 국가의 부원(富源)을 개발하고 산업을 증진시킨다는 명목에서 미간지 개발에 대한 관심이 높아졌다.

대표적인 역서로 일본 시전저(柴田楮)의 『실지측량법(實地測量法)』을 진희성이 번역해 1909년 의진사에서 발행한 『최신전야산림실지측량법(最新田野山林實地測量法)』을 들 수 있다. 삽도 120도(圖)를 통해 각종 토지 실측에 필요한 이론과 방법을 설명했고 2~3개월간 속성으로 내용을 익힐 수 있도록 편성했다.

(17) 체육

새로운 교육의 방향이 국민의 덕육, 체육, 지육을 목표로 추진되면서 전통 교육 과정에서 무시되었던 체육이 교육의 한 축으로 자리잡게 되었다. 1895년 8월 공포된 소학교 규칙 대강 제10조 체조에 관한 사항에서 "신체의 성장을 균제 건강케 하며 정신을 쾌활강의(快活剛毅)케 하고 겸하여 규율을 수(守)하는 습관을 양(養)함을 요지로 함"이라 하여 신체의 단련을 통해 정신의 건강과 사회 규율의 준수 습관을 기르고자 했다.

■ 『普通學校體操教科書』

일본의 횡지사차랑(橫地捨次郎)의 저술을 이기동이 번역하여 1909년 삼산미부(森山美夫)가 발행했다. 이에 대한 실물은 확인할 수 없고 다만 신문 광고를 통해서 내용을 추정해 볼 수 있는데 당시 체조 교육의 성격이 유희, 혹은 군대 교관들에 의한 교련의 성격을 띠었을 것으로 생각된다.

(18) 기타

다음의 서적들은 주로 각 종교 단체에서 발행된 종교서들이 대부분이다. 당시 종교서들은 주요 일간 신문에 광고를 게재하는 경우가 적어 몇 종이 확인된 것뿐이지만, 실제로는 훨씬 많은 종류의 서적들이 발행되었다. 특히 기독교계 선교사들은 다음에 나타나는 종교 서적들 외에도 일반 주제 분야의 각종 서적들도 번역, 저술, 발행함으로써 당시 서양의 문화와 사상을 전하는 주된 주체가 되었다.

『덕혜입문(德慧入門)』, 『안인거(安仁車)』 등은 기독교 관련 종교서들이다. 『덕혜입문』은 존 그리피스(John Griffith)의 *The Gate of Virtue Wisdom*을 당시 중국의 양격비(楊格非)가 번역한 것으로, 이를 수입해 온 것으로 보인다. 이 책은 1933년 게일(James S. Gale)과 언더우드(Horace G. Underwood)가 국문으로 번역하여 조선야소교서회에서 발행하기도 했다. 『안인거』는 이창직(李昌稙)이 번역하고 이명혁(李明爀)이 교열하여 1909년 보구서관(普救書館)에서 발행했다.

2. 외국 교과서의 수입과 사용

1895년 교육 입국 조칙의 발표 이후 학제의 정비와 함께 각급 학교에서는 신교육이 실시되었다. 학부에서도 편집국을 중심으로 몇 종의 서적을 편찬해 내었으나, 새로운 교육 내용을 충족시키기에는 역부족이었다. 따라서 기존의 각종 실학서나 전통 유학 서적들이 새로 편찬된 학부의 교과서와 더불어 교육되기도 했다. 교과서 부족 문제는 이후 개화 선각자들의 노력으로 점차 해결되어 나갔으나 이 역시 1906년 이후에 가서야 본격화되었다.

즉 신교육이 실시된 이후 약 10여 년간은 간혹 개인에 의해 신서적이 편찬되기는 했으나 그 수는 보잘것 없었다. 1906년 전기만 해도 민간에서 발행되어 판매된 서적은 『미국독립사』, 『파란말년전사(波蘭末年戰史)』, 『법국혁신사(法國革新史)』, 『애급근세사(埃及近世史)』, 『대동역사』, 『만국사기』, 『일어회화사전』 등 극히 일부에 불과했다. 당시만

해도 국내에서 번역, 편찬된 서적은 매우 적었으며, 아울러 학부의 교과서 편찬 활동도 극히 미미했던 것이다. 따라서 1906년 이전까지 신식 교육에 필요한 교과서의 상당량은 일본, 중국에서 수입해 들여왔다.

국내에서 교과서 발행이 본격화되고 각 분야의 서적이 마련되기 이전까지 이들 서적에 대한 의존도가 매우 높았을 것이라는 사실은 자명하다. 국내에서 서적 편찬과 발행이 활발해지고 도서의 유통 체계가 확립된 이후에도 각 서포들은 국내서와 외국의 서적들을 함께 갖추고 판매했다.

당시 이들 국가에서 들여온 서적의 규모가 어느 정도인지는 정확히 알 수 없다. 현재로서는 이들 서적들을 소장하고 있는 도서관도 많지 않아 다만 각종 자료들에서 나타나는 서적 광고를 통해 수입 현황을 파악할 수 있을 뿐이다.

(1) 중국서의 수입

당시 중국서를 가장 많이 수입해 왔던 서포는 평양의 대동서관이었던 것으로 보인다. 대동서관은 1906년 3월 말에 평양에 처음 설립되었다. 이 곳에서는 서적의 판매를 위해 상하이(上海)에서 수천 종의 서적을 수입해 왔다. 『황성신문』 잡보 기사에 의하면, 대동서관에서 판매하던 서적들이 주로 중국에서 들여온 것임을 알 수 있다.

> 平壤 有志 紳士가 發起損資ᄒᆞ야 大同書館을 설립ᄒᆞᆫ 事ᄂᆞᆫ 本紙에 已揭ᄒᆞ얏거니와 西來傳報를 겸ᄒᆞᆫ 즉 該書館員 金興淵氏가 襄日 上京ᄒᆞ야 新刊書籍 萬餘卷을 數千餘圓 價値로 貿去ᄒᆞ얏더니 可驚ᄒᆞᆯ 만ᄒᆞᆫ 것이 불과 一週日內에 書籍 數千餘卷을 輸出ᄒᆞ얏ᄂᆞᆫ대 장차 서관을 擴張ᄒᆞ고 活版器械를 購入 設備ᄒᆞ야 新舊 書籍을 刊布ᄒᆞᆯ 次로 日間 上海로 發往ᄒᆞᆫ다더라.[21]

내용인즉 대동서관이 개관한 지 얼마 되지 않아 일주일 동안 수천여 권이 판매되자 김홍연이 상하이에서 신간 서적 1만여 권을 수입해 왔다고 했다. 이와 함께 대동서관은 서관을 확장하고 활판 기계를 구입하여 서적을 출판, 간행할 것도 계획했음을 알 수 있다. 1906년 6월 1일자와 동년 6월 8일자, 그리고 6월 16일자 『황성신문』 광고에서는

> 本觀에셔 自上海輸到ᄒᆞᆫ 書籍은 共爲三千二百餘種이라 就中 教科書類를 爲先左開ᄒᆞ여 學界僉員의 一覽을 供ᄒᆞ오니 陸讀 來購ᄒᆞ시옵

이라 하여 판매 서적 목록 수백 종을 게재하고 있다. 이상에서 보면, 대동서관이 중국 상하이에서 약 3,200여종의 서적을 수입해 와 판매하고 있었다는 사실을 알 수 있다. 즉 대동서관은 서관의 설립 당시부터 서적 판매 사업을 벌이고 있었으며 판매 서적의 대부분은 상하이에서 수입한 것이었다. 또한 대동서관은 판매 서적이 약 3,200여 종에, 책수로는 1만여 권을 넘는 대규모 서포였다는 사실도 알 수 있다.

『대한매일신보』 제4권 237호, 242호, 244호에서도 동일한 서적의 목록을 실은 바 있다. 총 396종의 대동서관 판매 서적을 '교과서부-몽학용, 고등소학용, 중학용, 고등용, 교수 및 사범용', '사학총서부', '지리학부', '정치 및 법률부(政治及法律部)', '사회학부', '철학부', '경제학부', '농학부', '상업부', '공학부', '의학의 최신 발명자(醫學之最新發明者)', '병학의 최신 발명자(兵學之最新發明者)', '전기(傳記)'의 부문으로 나누어 보여 주고 있다. 매우 다양한 분야의 서적들을 갖추고 있었던 것을 알 수 있다.

---

21 『황성신문』, 1906년 4월 10일, 잡보.

〈몽학용〉

國民讀本　小學讀本　世界讀本
普通新智職讀本　蒙學讀本全書　女子新讀本
壽常小學讀本　蒙學修身教科書　蒙學經訓修身教科書
蒙學文法教科書　蒙學漢文教科書　文學初階
蒙學西洋歷史教科書　蒙學東洋歷史教科書　蒙學萬國地理教科書
蒙學生理教科書　蒙學衛生教科書　蒙學植物教科書
蒙學動物教科書　蒙學鑛物教科書　蒙學天文教科書
蒙學地理教科書　蒙學地質教科書　蒙學格致教科書
蒙學化學教科書　初等物理教科書　初等理化學新編
博物學大意　蒙學毛筆習畵帖　蒙學習字帖 各種
蒙學筆述教科書　蒙學珠算教科書　蒙學體操教科書
蒙學世界地圖

〈고등소학용〉

高等小學漢文讀本　高等小學理科教科書　高等小學西洋歷史教科書
高等小學地理教科書　高等小學博物教科書　高等小學理教教科書
高等小學衛生教科書　高等小學遊戲法教科書　理化學大意
高等小學幾何學教科書　高等小學萬國地理教科書　倫理教科 範本
修身唱歌書　小學修身教科書　筆算新法
高等小學毛筆習畵帖　小學體操圖

〈중학용〉

中學修身教科書　中學文法教科書　商業教本
修學編　學生讀書法　中等教育倫理學

中學法律學教科書
中外故事讀本
普通商業教科書
習字範本
中等倫理教科書
中等世界地理教科書
中等地理教科書
東西洋歷史教科書
最新代數學教科書
最新實驗化學
學校遊戲法
生理學教本
普通動物學教科書
新撰博物學教科書
中等博物教本
名學教科書
中學萬國史綱
代數學
平面幾何學
立體幾何學
計學
熱學
力學
水學
氣學
磁學
天文學
動電學
聲學
靜電學
地質學
地文學
生理學
普通物學教科書
植物學教科書
用器畫教科書
格致學教科書

〈고등용〉

大學堂講義全編
微植學

〈교육가 및 사범용〉

教授法原理
學校管理法
小學校實驗管理術
倫理學
神理教授法
唱歌教授法
教育史
教育學
倫理學綱要
教育心理學
各科教授法
速成師範講義蕞綠
東京遊學要覽
漢文教授法
新稅教授學
蒙師箴言
德育鑑
國民教育論
德育及體育
教育論新史全編
實心教授法

統轄學校論
女子教育說
家政學
家庭學
心理教育
精神之教育
學校衛生學
百科教授指南

〈사학총서〉

本國史
羅馬史
希臘史
埃及史
波蘭史
新史學
中國史
猶太史
英國史
印度史
巴比倫史
土耳其史
亞剌伯史
日耳曼史
俄羅斯史
法蘭西史
中國歷史
埃及慘狀
支那史要
萬國通史
泰西通史
西史通釋
歷代史略
(中等)東洋史
(中等)西洋史
中東戰記
日俄戰史
普奧戰紀
尼羅海戰史
飛臘賓戰史
希獵獨立史
萬國新歷史
萬國興亡史
世界近世史
東洋分國史
歐洲新政史
西力東侵史
世界進化史
世界文明史
史學原論
歐洲九十世紀史
歐洲列國變法史
世界女權發達史
西洋文明史之沿革
歐洲列國戰史本末
泰西民族文明史
東西洋倫理學史
歐洲最新政治史
意大利獨立史
美國獨立戰史
中國近世秘史
法國革命戰史
中國文明小史
日本維新年史
日本維新活歷史

〈지리학〉

世界地理學	萬國地理學	(最新)萬國商業地理學
沿海長江險要圖說	東亞各港口岸志	東亞三國地理
滿洲地理志	日本政治地理	

〈정치 및 법률학〉

國家學綱領	國家學原理	政治學全編
政治學全編	權利競爭論	警察學全書
政治學新編	政治原理	政治一般
共和政體論	萬國官制志	萬國憲法志
憲政論	歐美政體通覽	歐洲政治史論
歐洲外交史	歐洲文明進化論	地方自治論
十九世紀四大家政治學論	十九世紀大勢變遷論	十九世紀末世紀之政治
康南海官制議	議會政黨論	萬國黨法比較
萬國國力比較	美國民政考	英國通典
支那問題	伯倫知理自治論	泰西各國政治論
世界三怪物	國憲汎論	國際公法大綱
萬法精理	憲法要義	憲法精理
新法律詞典	國際法學	國際公法志
現世界大勢論	近世陸軍	日本武備敎育
中國之武士道	日本明治法制	日本監獄法律詳解
日本學校章程彙編	德國學敎制度	西泰格言
國家政府界說	國際公法精義	

〈사회학〉

社會進化論	人群進化論	族制進化論
社會主義	社會學	政教進化論
人種志	羣學隷言	近世社會主義
婚姻進化論	社會改良論	人種改良論

〈철학〉

哲學領要	哲學新詮	未來世界論
二百年後之吾人	記憶術	達爾文天擇篇
達爾文物種由來	地求之過去未來	生物之過去未來
哲學妖怪白談	吳京鄕簡本天演論	天擇物競論
天演論	道德法律進化之理	三大哲學家學說
理學鉤玄	哲學論綱	

〈경제학〉

經濟之術	家政經濟	財政四綱
富强叢書正屬	經濟考	經濟精華錄
經濟學問答	財政叢書	富强新義
經濟通論	富閨學問答	理財學要領
歐洲財政史	國責論	富國策
各國度支考	富民策	足民策

〈농학〉

農學全書	農政全書	農業全書
農種學	農事私議	農學蒭言

農務化學問答　蠶桑精理　蠶桑要說
養蠶製絲法　近世各國農夫之說　農家之學
農夫百話　化學大成

〈상업〉

通商新編　商務說　工商理財要術
通商始末紀　貿易相關　通商成案彙編
商務書　商業地理　商務地理志
商客神珍　洋關細則

〈공학〉

藝學通考　政藝術新書　西學大成
西學十六種　西學三種　西學通考
電報別制　電報新編　洋務凉林
實學編

〈의학의 최신 발명자〉

學校衛生學　胎內教育　男女交際新編
最近衛生學　造化新論　男女育兒新法
處女衛生論　肺病問答　衛生工事新論
國民體育論　種痘學　育兒與衛生
疫病衛生書　生殖器書　簡明生理學
衛生學問答　吾妻鏡　家庭衛生書
男女生殖器病秘書　男女交合新論　生理衛生學講義
銅人圖　保全生命論　省身指掌

全體闡微	體學	生理學
解剖學	醫宗必讀	傷寒審症表
人體之組織	中西臟腑合圖	人身解剖圖
生理細圖	診病奇俠	

〈병학의 최신 발명자〉

兵書五種	養兵秘訣	鍊兵實紀
鍊兵芻言	行軍指南	紀效新書
籌洋芻議	日本武備教育	兵事手函
德國軍制	野外行記	記言紀行
庸書內外編	兵武體操圖	步兵操典
袁慰師兵書	中國之武士道	軍人文大全

〈전기〉

中西偉人傳	世界十二女傑	地球一百名人傳
華盛頓	拿坡崙	俾思麥
科倫布	康南海	漢尼拔
林肯	亞歷山大	加里波的
海軍第一偉人	彼得大帝	李鴻章
伊藤博文	鄭成功	湖雪巖
劉坤一	古今中外人物	日本惟新慷慨列傳
泰西政治家列傳	(未完)	

이러한 수입 서적들이 얼마나 보편적으로 이용되었는가 하는 것은 현재로서는 알 수 없다. 그러나 이후 본격화되는 국내의 각종 교과서 편찬

이 이들 서적을 참고로 하여 저술, 번역, 편찬되었을 것은 분명하다. 또한 국내 개화 선각자들에게 널리 읽히어 이들의 신서적 편찬과 번역에 많은 영향을 주었던 것으로 보인다.

(2) 일본서의 수입

일본에서 수입되었던 서적들에 대한 내용은 중국의 수입서처럼 광고에 나타나는 경우는 없고, 간혹 몇몇 자료 등에서만 나타날 뿐이다.

국내 유통된 일본서 외에도 개화 후기에 이르면 상당량의 서적이 당시 일본에서 유학하고 온 많은 개화 선각자들에 의해 번역, 국내에서 교과서로 사용되었다. 직접 번역되지는 않았다 하더라도 많은 일본서들이 국내에서 서적 편찬의 참고 자료로 이용되어 개화기 우리 나라 지식 문화 형성에 많은 영향을 미치게 되었다.

新編倫理學教科書
中等修身教科書
修訂中國史教科書
邁爾通史
小學地理
初等幾何學教科書(平面之部)
初等幾何學教科書(立體之部)
近世物理學教科書
中等理化示教
近世化學教科書
中等畫本
中等日本臨畫帖

新撰教育學
最近支那史
中等教科西洋歷史
中等地理課本
近世世界全圖
幾何學初步教科書
高等女學校用代數學教科書
普通教育物理學教科書
中學化學教科
普通教育學教科書
小學校教師用手工教科書
改正普通體操法

日本文法教科書

言文一致商業一般

初等商業教科書

實用新教授法

實地應用朝鮮語獨學書

中學歷史教科書

高等小學地理

漢文地球全圖

改訂代數學教科書

幾何學教科書

幾何學小敎科書(立體之部)

普通教育代數學教科書

小學算術書

新撰商業算術書

初等代數學教科書

初等平面三角法

新撰平面三角法教科書

高等女學校用物理教科

普通鑛物界教科書

新撰物理學教科書

改訂理科教科書

中學新武化學

改訂最新植物學教科

近世植物學教科書

新撰教育唱歌集

尋常小學讀本

經濟學綱要

動物界新教科書

通俗佛教物語

新編西洋史

中等訂正教科西洋歷史

最近地理學

改訂算術教科書

改訂初等代數學教科書

幾何學小敎科書(平面之部)

代數學新教科書

算術新教科書

修訂立體幾何學教科書

中學校數學教科書改訂算術之部

中學校數學教科書改訂平面幾何之部

平面三角法教科書

改訂理科教科書(博物編)

近世鑛物界教科書

新武物理學教科書

尋常小學理科書

高等女學校用化學鑛物教科書

初等化學教科書

書近世動物學教科書

新編植物教科書

尋常小學唱歌

高等小學鉛筆畫帖	小學兒童手工實習書
尋常小學新定畫帖	最新體操教科書
教訓假作物語	明治文典入門
明治書翰文大全	實業補習讀本
世界讀本	日本語法提要
日韓通話	日韓韓日新會話
中等教科明治大	全中學作文教科書
大家論集	簡易商事要項
商事要項	商事要項初步
新撰簿記教科書	高等女學校用生理衛生教科書
近世生理學教科書	

Ⅳ. 번역서의 한계 및 문제점

신서적의 보급에 대한 많은 요구에도 불구하고 서적을 편찬할 수 있는 역량을 갖춘 저술가는 매우 부족했기 때문에 개화기 서적의 발행은 중국과 일본 등 외국의 신서적을 우리말로 옮겨 발행한 번역서가 그 상당량을 차지했다. 외국에 대한 정보 통로가 극히 제한되었던 당시, 번역서는 각국의 정세와 추이를 전해 주고 국민을 계몽시킬 수 있는 좋은 방법의 하나였을 것이 분명하다. 약육강식의 사회 분위기 속에서 외국의 사정을 제대로 알지 못하면 경쟁 사회에서 도태될 것이라는 위기 의식 역시 외국 각 분야의 서적을 번역, 이를 민지 개발에 이용하도록 권려한 직접적인 동인이 되었다.

따라서 개화 선각자들은 민지 개발을 위한 또 하나의 방법을 번역서의 발행이라 보고 교육자들에게 이에 맞는 자질을 갖추어 번역 활동에 참여할 것을 적극 권장했다. 자본을 가진 사회 유지가들에 대해서는 번역소를 설립할 것을 건의, 이 곳을 중심으로 번역 업무와 번역가의 교육에 힘쓸 것을 권하기도 했다.

> …… 今日開民知之第一着은 莫先於譯書라 上則教育主權者가 設譯書之周ᄒᆞ며 養譯書之人ᄒᆞ며 將譯書之業ᄒᆞ고 下則社會有志者가 創譯書之所ᄒᆞ며 育譯書之才ᄒᆞ며 務譯書之事ᄒᆞ야 精譯而無粗譯ᄒᆞ며 急譯易無緩譯ᄒᆞ야 躋我民於文明케 홈을 切切是祝야 ᄒᆞ노라.[22]

특히 교과서 편찬이 제대로 이루어지지 못하고 있던 상황에서 외국의 신학문을 좀더 빠르게 받아들일 수 있는 방법은 외국 서적을 번역하여 보급하는 것이었다. 외국 서적에 대한 번역 사업은 당시 중국에서 이미 활발하게 진행되고 있었다. 그들은 새로운 지식의 발전을 위해 과학, 역사, 제도 등에 대한 각종 외국 서적을 들여와 번역했는데, 서양서를 직접 번역하기보다는 일단 일본에서 번역되어 일차적으로 정선된 것을 그 대상으로 삼았다.[23]

그러나 당시 발행되었던 번역서의 일부는 외국 서적의 잘못된 내용을 고증 없이 그대로 옮기는 데 그쳐 많은 폐단이 야기되었다. 특히 교과용 도서의 경우 자국의 정신을 함양할 수 있도록 편술해야 함에도 불구하고 번역가들은 단지 번역 자체에만 관심을 갖고 이러한 부분은 도외시하여 당시 번역서들은 교과서로서 본연의 성격을 잃고 말았다.

---

22 『황성신문』, 1907년 6월 28일, 논설.
23 『황성신문』, 1902년 2월 26일, 잡보.

…… 教科書者ㄴ 卽教育之元素也라…… 然則今此教科書之編纂이 卽教育發達之第一機關也니 爲國民而拱祝者-豈此尋常哉아 我大韓帝國이 從此로 其庶幾乎 教育之 擴張而 開明之進步矣리니 此實現今之一等事業也로다. 雖然이나 吾輩ㄴ 竊有所一言仰佈於編纂君子之案頭ᄒᆞ노니 蓋勿論何種 教科書ᄒᆞ고 意以教育國民으로 爲主義인ᄃᆡ 不容不將此韓國之精神ᄒᆞ야 貫注於人人之腦髓然後에야 方可爲韓國國民之教育이리니 日本所謂日本人은 有日本魂者卽此也라.[24]

심지어 중국이나 일본에서 저술된 우리 역사서를 여과 없이 번역하여 왜곡된 국가 관계와 잘못된 역사 의식을 담는 역사서도 발행되는 등[25] 번역서의 문제점들이 노출되기도 했다.

아래의 『대한매일신보』의 논설은 당시 외국의 서적을 번역하되 국가와 민족을 위해 좋은 것은 본받고 해로운 것은 본받지 말며 나에게 이로운 것은 취하고 이롭지 못한 것은 버려서 좋고 아름다운 번역이 많이 나오기를 바란다는 내용으로 무분별한 번역물의 양적 팽창에 대한 경고를 하고 있다.

근일 한국에 글을 번역ᄒᆞᄂᆞᆫ 거시 점점 셩ᄒᆞ미 글을 번역ᄒᆞᄂᆞᆫ 쟈들이 혹 외국을 존숭ᄒᆞᄂᆞᆫᄃᆡ 졍신이 취ᄒᆞ며 혹 됴리가 붉지 못ᄒᆞ여 다만 외국 셔젹이라ᄒᆞ면 모다 문명셔젹으로 밋으며 다만 외국인의 말ᄒᆞᆫ 바라ᄒᆞ면 모다 문명의 말인 줄노 알어셔 ᄌᆞ긔 나라ᄂᆞᆫ 이뎍이 되든지 동족은 우마가 되든지 외국인만 존숭ᄒᆞ고 외국인만 신죵ᄒᆞ니 이도 ᄯᅩᄒᆞᆫ 국가의 ᄒᆞᆫ가지 크게 불ᄒᆡᆼᄒᆞᆫ 일이로다…… 대개 오ᄂᆞᆯ날은 각국 사ᄅᆞᆷ이 각각 ᄌᆞ긔 나라를 놉히고 외국을

24 『황성신문』, 1906년 5월 30일, 논설.
25 『대한매일신보』, 1908년 10월 27일, 론셜.

누르며 각각 동족을 찬조ᄒᆞ고 타족을 비쳑ᄒᆞᄂᆞ니..원컨ᄃᆡ 글을 번역ᄒᆞᄂᆞᆫ 제공들은 ᄒᆡᆼ샹 쥬의ᄒᆞ여 외국인의 됴흔 것은 본밧고 그른 것은 본밧지 말며 나의게 리로운 것은 취ᄒᆞ고 리롭지 못ᄒᆞᆫ 것슨 ᄇᆞ려서 됴코 아름다온 번역이 만히 나기를 ᄇᆞ라노라.[26]

위 글은 독서 인구의 증가가 출판 활동을 자극하고 출판업자들은 이에 부응하기 위해 외국 서적을 마구 번역함으로써 '국성 배양'과 '민지 개도'라는 시대적 요구보다는 상업성에 치중하게 된 상황을 보여 주고 있다. 또한 잡다한 번역서가 쏟아져 나와 애국 계몽 운동과는 무관한 상업적인 출판이 성행하게 되고 거기다가 일본 서적의 범람이 많은 우를 가져오게 했던 것을 지적하고 있다.

아래의 인용 논설이 실린 1909년 7월은 그 동안 일제가 외교, 정치, 경찰, 군사 등 모든 시정 권한을 통감의 지배하에 넣고 사법권마저 탈취하여 한국 식민화 침략을 위한 만반의 준비를 끝냈던 시기이다. 이러한 정치적 상황 속에서 애국지사들은 국민의 정신을 감발할 서적의 중요성을 역설하면서 일본 서적에 편중된 번역과 문필가들의 안이한 정신을 회를 거듭할수록 높은 강도의 논설로 비판하고 있다.

셔젹은 공긔와 ᄀᆞᆺ고 곡식과 ᄀᆞᆺ허셔 국민이 ᄒᆞ로라도 가히 ᄯᅥ나지 못ᄒᆞᆯ쟈라 그런고로 그 셔젹이 부패ᄒᆞ면 젼국 인민을 부패케ᄒᆞ고 셔젹이 비렬ᄒᆞ면 젼국 인민을 비렬케ᄒᆞ며 셔젹에 정신이 업스면 젼국 인민을 정신이 업게ᄒᆞ고 셔젹에 쥬지가 업스며 젼국 인민을 쥬지가 업게ᄒᆞᄂᆞ니 일반 셔젹을 져술ᄒᆞᄂᆞᆫ 쟈ㅣ나 번역ᄒᆞᄂᆞᆫ 쟈가 비록 웃기도 임의로 못ᄒᆞ고 울기도 임의로 못ᄒᆞ

26 「글을 번역ᄒᆞᄂᆞᆫ 사ᄅᆞᆷ들에게 ᄒᆞᆫ번 경고ᄒᆞᆷ」, 『대한매일신보』, 1909년 1월 9일, 론셜.

> 눈 이 시대에 잇슬지라도 일층 더 분발홈이 가ᄒᆞ며 몃비나 더 힘쓰는 거시 가ᄒᆞᆫ고로…… 한국 안에 각국 어학ᄒᆞ는 쟈가 만치마는 글을 번역ᄒᆞ는 쟈는 다만 일본글을 번역ᄒᆞ는 쟈뿐이니 이도 ᄯᅩ한 가히 탄식ᄒᆞᆯ 바ㅣ로다…… 이제 한국은 더구나 문명을 새로 시작하는 ᄯᅢ라 그 취ᄒᆞ고 ᄇᆞ릴거슬 불가불 솔필거시니 져술ᄒᆞ는 쟈ㅣ나 번역ᄒᆞᆫ 쟈들은 한만히 필묵을 희롱치 말지어다.[27]

이를 통해 볼 때 당시 일본 서적의 대량 유입으로 인한 우리 국민의 정신적 폐해가 심각했음을 짐작할 수 있다.

이처럼 개화기, 근대화를 향해 가고 있던 우리 사회는 다양한 주제를 담은 번역서에 대한 요청과, 제대로 된 번역의 중요성을 더욱 강조하면서, 철저한 시대 정신과 문제의 본질을 파악할 수 있는 실력을 갖춘 번역가에 대한 관심을 높여가고 있었다.

V. 맺음말

개화기 번역서의 발행 사항을 살펴본 결과, 많은 번역서들이 1905년 을사조약 이후 1910년 한일합방까지의 기간에 집중적으로 발행되었다는 것을 알 수 있었다. 또한 책의 내용에 따라 분류해 보면 발간된 서적 82권 중 선진 문물 수용을 위해 발행된 서적이 54권, 자주 의식과 외세에 대한 저항 의식을 고취시키기 위해 발행된 전기, 지리(국내), 역사 분야(국내외)의 서적이 28권으로 집계되었다. 이것은 다음과 같은 의미를 가

---

27 「셔젹계를 ᄒᆞᆫ번 평론홈」, 『대한매일신보』, 1909년 7월 9일, 론셜.

진다.

첫째, 이 시기 번역서 중 선진 문물 수용에 초점을 둔 54권의 개별적 분포를 보면 수신 2권, 문학 7권, 지리서 3권(국외), 법률서 5권, 정치 · 외교 · 행정 5권, 상업 · 경제 3권, 교육학 4권, 사회학 · 인류학 2권, 산술 · 수학 1권, 농업 7권, 물리 · 화학 4권, 박물학 7권, 측량, 체육이 각각 1권, 기타 2권이었다. 문학 부문은 가장 많은 발행 종수를 보이며 수신과 함께 근대 사상과 문화의 소개를 통해 국민 의식 계몽에 기여했다. 그리고 법률, 정치 · 외교 · 행정, 농업, 박물학의 분야에 번역이 집중되어 있어, 당시 가장 시급하게 변화가 요구되는 분야임을 알 수 있다. 이러한 분야의 번역이 이루어진 것은 서구의 문물을 받아들여 사회 각 분야의 제도 · 문물 · 사상을 근대적 환경으로 변화시킴으로써 국가적인 부강을 도모하고자 했기 때문이다. 특히 시기적 상황과 맞물려 일본 역시 신학문, 실용 학문과 관련된 서적을 연구해 동양의 강국이 된 만큼, 우리도 신학문 수용에 심혈을 기울인다면 시시각각 조여 오는 일본 및 서구 열강의 손아귀에서 벗어날 수 있으리라는 기대감도 번역서의 분포와 시기적 집중 상황을 설명해 주는 요소일 것이다.

둘째, 28권의 애국 · 계몽적 성격의 번역서는 전기서 8권, 국내 역사 1권, 외국 역사 18권, 국내 지리서 1권으로 구분할 수 있다. 이 중 외국 역사와 외국 위인의 전기서는 외국의 사례를 통해 급박하게 돌아가는 정치적 상황에서 구국의 결연한 의지를 표출하고 독립과 민권 수호를 위해 싸운 인물들을 다룬 것으로, 당시의 지식인들이 '번역'을 애국 운동의 한 수단으로 사용했음을 보여 준다.

이러한 의미 부여는, 번역서가 단순한 선진 문물 도입을 위한 목적에서 출판된 것과 일반 민중의 시대적 각성을 요청하기 위한 목적에서 출판된 것으로 대별됨에서도 찾아볼 수 있다.

또한 이를 통해 개화기의 사회 · 문화적 배경에서 언급했듯이 당시 사회가 자연과학 과목과 경세제국과 관련된 정치, 경제, 법률 등의 신사회과학, 산업 개발과 관련된 과목, 국사와 세계사 교육의 측면을 강조했음을 확인할 수 있다.

한편 번역서를 가장 많이 발행했던 주제 분야는 외국 역사였으며, 다음으로 전기서, 문학, 박물학, 농업 순이었다. 외국 역사와 전기서, 문학의 경우 소재가 외래적 문화의 유입임에도 불구하고, 주제가 민족적 가치를 앞세운 개화기의 국민 대중 계몽의 수단에 부합하여 많이 번역되었던 것으로 보인다.

그러나 사회, 경제, 철학 등과 같이 인문 · 사회과학 분야에서의 번역서는 양적으로나 질적으로 다른 분야에 비해 빈곤했었다는 것을 알 수 있다. 이는 당시 우리 사회가 상업, 공업, 농업 기술 등 실제적이고 실용적인 부분에 치우치며 기본인 인문학 분야를 간과하여 외래 문화를 여과 수용할 만한 문화적 능력을 기르는 데 한계가 있었음을 보여 주는 대목이다. 다시 말해, 서구 사회가 근대화를 이룩한 결과물에만 집중하고, 그러한 결과를 이끌어 냈던 합리성이나 민주적 정치 질서와 같은 근본적인 분야들은 간과하고 있었음을 읽어낼 수 있는 것이다. 이러한 접근 방식은 번역서가 초기의 의도와는 달리 기능 위주의 상업성으로 치달으며, 민족 의식이 결여된 오역의 문제 등을 낳는 등 번역서가 지녔던 한계점과도 무관하지 않다고 본다.

하지만 이러한 한계에도 불구하고 번역서의 발행은 각종 서적을 국한문 혹은 순한글로 번역해 냄으로써 지금까지 천대받던 국어 · 국문에 새로운 가치를 부여했음을 물론, '민중 계몽과 민족 의식의 고취'라는 시대적 당면 과제의 달성에 크게 기여했고 근대 문물을 소개함으로써 서구 근대 문물 수용의 중요한 기반과 통로가 되었다는 점에서 더 큰 의의를 찾아 낼 수 있을 것이다.

이상 이 연구를 통해서 개화기 번역서의 발행 현황을 실증적으로 분석하고 우리의 서구 문화 유입이 어떠한 방식으로 이루어졌는가를 살펴보았다. 번역서의 초기의 의도는 민족의 근대화를 위해, 혹은 국권 수호에 초점을 두고 이루어졌지만 점차 시간이 흐르면서 번역의 방식들이 피상적으로 흐르게 되는 한계가 있었음도 알 수 있었다.

〈참고 문헌〉

관훈클럽 영신연구기금, 『한성순보 영인본』.

『대한매일신보』.

『뎨국신문』.

『독립신문』.

『매일신문』.

『황성신문』.

보성80년사편찬위원회 편, 『보성 80년사』, 동성학원, 1986.

신용하, 『독립협회와 만민공동회－사회사상 편』, 한국일보사, 1975.

오종호, 『개화기 소설의 대중화 과정 연구』, 대구효성가톨릭대 박사학위 논문, 1999.

이광린, 『한국개화사연구』, 일조각, 1969.

정진석, 『한국언론사』, 나남, 1992.

개화기 '배움터'의 변화와 '자아 찾기'로의 일상성

이지애

I. 머리말

"학/교/ 다녀오겠습니다!" 이 말은 우리의 일상이다. 적어도 초등학교 입학 직후부터 본격적인 사회 생활을 하게 되기 전까지, 그 각급 학교들을 거치는 십수 년간은 말이다. 물론 사람들마다 다소 차이는 있겠으나, 부모님을 비롯한 집안의 어른들 앞에서 이 말을 처음으로 하게 되는 그 날의 신선함과 어색함은 수년 간의 '학교 생활'을 통해 차츰 퇴색해 가면서 우리에게 여느 의미 없는 일상적 인사말처럼 되어 간다. 매일 아침 "학교 다녀오겠습니다!"로 바삐 하루를 시작하고, "학교 다녀왔습니다!"로 하루의 일과를 마무리하는 학생 시절의 그 일상적 삶의 반복은 현대를 살아가는 우리에겐 하나의 추억거리는 될지언정 우리 인생사에서 별다른 특별한 의미를 주지는 못할 것이다. 그러나 우리 민족에게 처음 이 말이 일상어가 되던 그 때에도 그러했을까? 초등학교 입학식 날의 '첫 등교'를 추억하듯, 이 일상어의 '처음'을 거슬러 올라가 보자. 이 말을 내뱉으며 '학교'로 달려가는 그 생활이 우리 한반도에 '한국인의 일상'으로 처음 자리잡게 된 시기는 언제일까? 그 때에 처음 학교 가는 이들에게 이 말은 어떤 의미로 사용되었을까? 지금의 우리와 같은 맥락에서 발화되고 있었을까? 요즘, 학교 가는 일이 '피하고 싶은' 일상이 되어 버린 대부분의 우리 아이들과, 여러 심각한 문제들을 안고 있어서 어디서부터 손을 대야 할지 갈피를 잡지 못하고 있는 우리의 학교 문화를 바라볼 때, 도대체 우리는 왜 학교에 가는 것일까? 그 수년의 시간 동안 매일의 일상적 삶으로 자리매김되고 있는 학교 생활은 우리에게 무엇인가 묻지 않을 수 없기에, 우리의 "학교 다녀오겠습니다!"에의 탐구는 단순한 연원 조사를 넘어서 한국 사회에 학교가 지니는 본질적 의미를 다시금 캐묻는 작업이 될 것이다. 그러기 위해서 이 논고는, 개화기 '학교'라는 새로운 배움터가 한국인의 일상 문화와 맞닿는 그 지점에서부터 그 의미를 탐구해 보려 한다. 이러한 논의를 통해 이 배움터가 지니는 한국적 특징과 그로 인한 한국인의 '배움터 일상 문화' 재구성에 대한 시각을 형성해 볼 수 있을 것으로 본다.[1]

우선, '학교'라는 말이 한반도에서 하나의 교육 기관의 명칭으로 사용된 시기는 구한말, 서구의 신식 문물들이 밀려 들어오던 때였으므로 '학교'란 한국인의 '근대 첫 경험'을 일으키는 것들 중의 하나였다고 말할 수 있다. 이 논고에서는 조선에 개항 이후 맨 처음 신식 학교들이 세워지는 시기로부터, 일제 침략이 본격적으로 시작되어 그 신식 학교들이 원래의 교육 이념들과는 전혀 다른 방식으로 생존해야 했던 시기 직전까지를 중심으로 살펴보고자 한다. 즉, 이 논의는 근대 계몽기라 불리는

1 여기서 '배움터'는 제도권 교육의 대명사로서의 '학교'보다 포괄적 의미로, 모든 종류의 배움이 일어나는 곳을 지칭하기 위해 사용되었다. 이는 이 논고가 교육 제도나 교육 체계로서의 학교를 뛰어넘어, 우리의 일상 문화를 구성해 주는 '배움의 공동체'라는 의미로 학교를 이해하고 있기 때문이다.

'개화기(1876~1910)'를 시간적 무대로 하여 이 시기를 겪어 내는 평범한 사람들의 일상사 속에서 '학교'의 존재는 어떻게 작용했는지, 그 의미와 역할에 대해 필자가 가지고 있는 철학 교육적 관점을 바탕으로 재연해 내려고 한다.

이를 위해 몇 가지 물음들을 묻지 않을 수 없는데, 이 물음들은 다음의 세 가지 측면으로 모아 볼 수 있다.

첫째는 학교라는 배움터가 그 이전의 전통적 배움터와 무엇이 그리도 달랐기에 개화기의 정치적 소용돌이 속에서도 일반 서민들의 지지를 확보해 하나의 새로운 배움터의 양상으로 발전할 수 있었는가 하는 '배경' 물음이다. 이에 답하기 위해서는 당시 '개화'의 개념과 그것이 우리 나라에 수용되는 한 양상으로서의 '교육'의 개념에 대한 이해가 있어야 할 것이다. 이를 바탕으로 일반 사람들의 삶 속에서 '신식 학교'에 가는 이유와 목적은 과연 어떤 것이었는지를 피교육자들, 즉 배움의 주체들의 입장에서 논의해 보고자 한다.

둘째로는 그렇게 변화된 배움터에서 교육의 본래적 의미에 가장 부합되게 배움을 하나의 일상 문화로 소화시킨 주체는 누구인가 하는 '주인공' 물음이다. 이는 이 논고가 일상 문화 담론의 성격을 지니기 위해 그 논의의 대상이 개화 교육 이론 간의 논쟁이 아니라, 구체적으로 개화기를 무대로 살다 간 사람들에 대한 미시적 연구이어야 하기에 물을 수밖에 없는데, 여기서 필자는 특별히 그 주인공으로서 '여성'과 '아동'을 택했다. 이들은 개화기 신식 학교의 첫 혜택을 가장 명백히 입은 주체요, 근대적 일상성의 변화를 몸으로 체험하게 된 주인공들이었기 때문에, 이들이 겪게 되는 '학교'를 통한 '자아 찾기'의 경험은 개화기 일상 문화 형성의 꽃이라고 볼 수 있다.

그리고 마지막으로 세 번째 물음은 이 개화기 배움터의 변화와 이것이

가져다 준 근대적인 일상 문화의 형성은 결국 한민족에게 어떠한 일을 일으킨 것인가 하는 '사건'에 대한 물음이다. 다시 말해, 이 시기 조선인의 자기 정체성을 형성시키는 학교 문화의 양상은 과연 가장 한국적인 배움의 일상성으로 계속 자리매김되었는가의 문제이다. 주체적인 개화의 한 모습으로 '학교'에서의 배움을 선택한 조선인들에 의해 이루어진 학교 생활의 일상성이 현재까지도 하나의 동일한 사건으로 이해될 수 있을지의 여부는 단순하게 판별하기 어려운 문제이다. 그러나 적어도 한국인의 특유한 교육 문화를 형성하는 점에서는 주요한 역할을 했다고 필자는 생각하기 때문에 이를 현재의 교육 문화와 연결하여 결론적으로 논의해 보고자 한다. 이러한 세 가지 물음들을 기초로 이 논고의 구조를 도표로 간단하게 나타내면 다음과 같다.

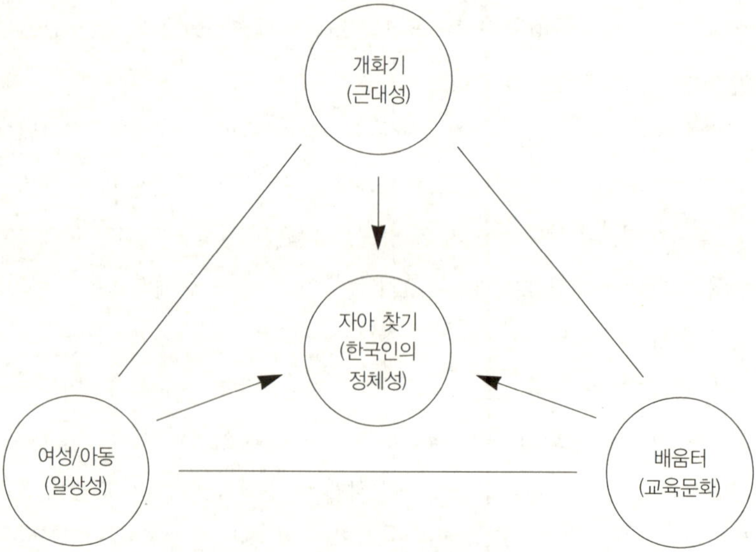

[도표 1] 개화기와 자아 발견

II. '개화'와 자아 발견

한국인의 삶이 '근대적 모습'으로 변모하는 것 중의 하나를 배움터에서 찾고자 하는 이유는 이 시기 배움터의 변화가 단지 신식 교육 제도의 도입이라는 외양적인 근대성을 지녀서라기보다는 근대적 특징의 핵심인 '주체적인 자아의 발견'이라는 내적인 의식의 변화를 유도하고 있었다는 점에 있다. 하지만 한반도에 근대적 학교의 모습이 출현하자마자 일제의 침략이 본격화되었기 때문에 사실 그 '주체적 자아 찾기'란 빼앗긴 국권의 회복을 의미하는 것이 되어 버렸다. 따라서 개화기 새로운 배움터의 모습에서 과연 진정한 '자아 찾기'가 이루어졌는지 의구심을 가지게 될 것이다. 이를 논의하기 위해 이 절에서는, 이제 120년 전으로 돌아가 이 땅에 새로운 모습의 배움터인 '학교'가 생겨나게 되는 배경을 간단히 살펴보면서 당시 평범한 조선인들에게 '학교'란 어떤 의미였었는지, 이 새 배움터를 통해 그들이 추구하고 있었던 '자아 찾기'의 모습은 무엇이었었는지, 그리고 그 개화기 교육 문화가 지금의 우리들에게 시사하고 있는 바는 무엇인지 생각해 보고자 한다.

1. 개화기의 배움터

1876년 개항을 할 때의 한반도의 교육 기관은 서울의 성균관(成均館)과 사학(四學), 지방의 향교(鄕校)와 서원(書院), 그리고 서당(書堂)의 구조였다. 1880년대로 들어서면서 신사유람단(紳士遊覽團)의 파견을 계기로 일본, 중국, 미국 등지로 '교육'을 포함한 신문물에 대한 견학이 이루어지게 되고, 또 실제로 개화파 인사들이 신식 교육을 경험하게 되는 유학(遊學)을 다녀오면서부터 이들에 의해 신식 학교의 설립이 정부에 요구되기 시작했다. 물론 1894년 과거 제도를 폐지한 갑오경장 이후 본격적인 신학제(新學制)의 근대 교육이 정부 주도하에 제도적으로 이루어졌다고 보아야겠으나 우리 나라의 근대적 '학교'의 출현은 그보다도 10년 전에 이미 이루어졌다. 1883년 정부가 세운 통역관 양성소의 성격을 가진 '동문학(同文學)' 또는 '동문학교'라 불리던 것이 (중국의 동문관을 모방한) 하나의 외국어학교, 즉 '통변(通辯)학교'였으므로 이를 최초의 '학교'로 볼 수 있다.[2] 그러나 이는 정부(통상아문)의 부속기관으로서 일부 특권층에 제한된 어학원이었으므로 개화기 새로운 문물을 적극적으로 수용해 내는 '근대적'인 교육 기관이라 보기 어렵다. 그리하여 이보다는 종합적인 교육 과정을 지향하면서 — 비록 그 학생 수는 적게 시작했으나 — 만인에게 열려진 근대적 학교의 모습은 오히려 그 이후 외국인 선교사에 의해 세워진 학교들 — 배재학당(1885), 이화학당(1886), 경신학교(1886) — 에서 찾아야 한다고 보고 있다.[3] 한편, 이와 같은 해 1886년 정부는 동문학보다 발전된 모습으로 외국인 교사를 초빙하여 고관의 자제들을 가르치는 학교인 '육영공원(育英公院)'을 설립하게 된다. 따라서 관립이건 사립이건 한반도에 근대적 학교가 형성된 시기는 1880년대 초·중반(1883년에서 1886년), 즉 개항 이후 일제 강점기 이전인 '개화기(開化期)'에 해당하는 것이다.

신식 문물들이 유입되면서 당연히 신교육도 함께 수용되는 것이라, 이 시기가 우리 나라 배움터 변화의 시대적 배경이라는 것은 결코 특별한 관심거리가 아닐지 모르겠다. 하지만 이 시기를 연구하면서 필자에게 생기는 물음은 '서구적인 근대 학교의 도입이 과연 한반도의 개화기를 이루는 데 필연적인 상관 관계를 가지고 있는가'라는 것이다. 도대체 무엇

---

2 이광린, 『한국개화사연구』(일조각, 1999), 132~133쪽.
3 손인수, 『한국근대교육사(1885~1945)』(연세대학교출판부, 1971), 20~27쪽.

이 근대적 신식 학교와 이 민족의 개화를 연결시키는 열쇠인가? 단지 배우는 교과목의 다양성과 입학 조건의 개방성만이 이 시기 교육의 개화 또는 근대화의 관건이었을까? 아니면, 어떤 다른 시각에서 이 시기의 배움터 변화를 분석해 봐야 그 필연성에 대한 타당한 근거가 얻어질 수 있는 것일까? 필자가 생각하기에는 바로 그 관건이 근대적인 주체성으로서의 자아 발견이 아닐까 가정해 본다. 진정한 자아 찾기의 과정이 얼마나 진지하게 이루어졌는지의 여부에 따라 개화기 배움터의 생명이 진정한 의미에서 살아 있게 되는 것이라고 여겨진다. 이렇게 볼 때, 정부가 주도하여 개화 운동의 일환으로 시작한 육영공원도 얼마든지 다른 모습의 근대적 학교로 탈바꿈할 수 있었을 텐데 그렇지 못하고 8년 만에(1886~1894) 문을 닫은 반면, 기독교가 국교도 아닌 이 나라에서 오히려 선교사 학교들이 현재까지 그 건학 이념을 유지하면서 존속하게 되는 이유가 바로 이러한 자아 찾기의 문제와 관계가 있다고 생각되는 것이다. 이 시기 정부에 의한 근대 학교 설립은 미비하거나 일제에 의한 것이었던 반면에, 1880년대에 세워진 선교사 학교들을 모형으로 1890년대에는 정부가 아닌 일반 조선인들에 의해 민간인 사립 학교들이 매우 활발하게 세워졌다고 하는데[4] 그 배경에는 관립 신식 학교 모습에서는 찾기 어려운 근대적 자아관을 형성시켜 주는 요소가 내재해 있었다고 본다. 1895년 '흥화학교(興化學校)'를 필두로 시작한 조선 민간인에 의해 설립된 학교들은 불과 십여 년(1895~1909) 만에 3천여 개로 급격한 증가 현상을 보여 주고 있으며, 이는 1905년 을사 늑약(勒約) 이후 일제의 침략이 가시화되면서 더욱 고조되었다고 한다.[5]

4 손인수, 앞의 책, 29~36쪽. 사실, 원산의 관민(덕원부사와 유지들) 합동으로 세운 원산학사(1883)를 최초의 근대식 사립 학교로 보는데, 본격적인 민족 선각자들의 신식 학교 설립 시기는 1890년대이다.

그렇다면, 그러한 조선인의 구국의 열망이 '학교'에 작용한 까닭은 무엇이었을까? 한반도에서의 교육열과 구국열의 만남은 이 개화의 시기 조선인들에게 어떠한 교육 문화를 형성하게 되었는가? 필자는 이 때, 우리 배움터의 특이한 양상으로 '공동체적인 자아' 관념이 본격적으로 싹트기 시작했다고 본다. 배움과 애국애족이 주체적인 자아 속에서 불가분의 관계를 갖게 되는 가장 큰 계기가 바로 이 개화기, 뜻있는 민족 지사들에 의해 설립된 학교들이라고 여겨진다.

이러한 필자의 가설들에 대해 분명한 지지 근거를 확보하기 위해 어떠한 탐구가 이루어져야 할 것인가? 여기서 필자는, 근대 교육의 이념과 우리 나라에서의 개화의 이념이 만나는 배경에 대해 논의해야 한다고 본다. 먼저, 위에서 살펴본 이 시기 배움터의 변화된 양상, 즉 우리 나라의 근대적 '학교'의 유형을 다시 범주화하면 크게 세 가지라고 할 수 있겠다. 국가에서 공무원들과 고위층 자제들에게 신식 교육을 받게 하여 졸업 직후 개화의 역할을 직접 담당하게 하기 위한 '관립-귀족형'이 있었고, 이와는 다른 역사적 상황과 목적에 의해서 평민들을 위해 세워진 사립 학교들이 있었다. 후자는 다시 두 가지로 나누어 볼 수 있는데, 하나는 선교를 그 궁극의 목표로 하는 서양인 선교사들에 의해 세워졌으며 소외 계층들을 대상으로 하는 '사립-선교사형' 학교로, 이들은 그 피교육자들의 배움을 통한 자아 실현이 일차적 목적이라고 볼 수 있다. 다른 하나는 순수 조선인에 의해서 세워진 '사립-민간인형' 학교들인데, 그 궁극의 목표는 식민지화되어 가는 나라와 민족을 구하는 데 있었으므로 학생들의 자아 정체성 발견의 양상은 구국애족에 근거한 공동체적 자아

5 손인수, 앞의 책, 35~36쪽의 표 '민간인 사립 학교' 참조. 한편, 그 이후 더 증가하다가 사립학교령의 영향으로 1910년 5월말 현재 정부의 학부(學部)에 의해 설립 인가를 받은 사립 학교는 총 2,250개교라고 한다. 손인수, 앞의 책, 63쪽 참조.

찾기 유형이었다고 할 수 있다.

2. '개화'의 주인인가, 죄인인가?

그렇다면, 이러한 세 가지 유형의 '새로운 배움터'들은 과연 어떻게 우리 나라의 개화기를 담당하고 있었는가? 신식 학교의 건학 이념들과 그 운영 방식 등에서 각기 다른 자아 찾기가 이루어진 것과 궤를 같이하면서 개화의 개념이나 개화를 받아들이는 양상도 각기 달랐다고 여겨진다. 과연 개화기의 신식 학교들은 개화의 진정한 주체들을 양성해 내는 그 소임을 자각하고 있었는가? 있었다면, 어떠한 방식으로 수행해 내고 있었는가? 그러면 먼저 그 당시의 '개화'에 대한 조선인의 이해와 반응을 살펴야 할 것이다. 이를 위해 우리 나라의 개화기 당시 개화의 개념과 그 유형에 대해 가장 체계적으로 기술하면서도, 단순한 이론적 논의가 아닌 당시 사람들의 개화 현상에 임하는 실제 모습을 잘 묘사하여 개화를 서술하고 있는 유길준(1856-1914)의 『서유견문』에서 당시 지식인들이 이해하고 있었던 개화의 개념을 살펴보고자 한다. 물론, 유길준은 유학파 신진 엘리트로서, 위로부터의 개혁, 점진적인 개혁이라는 특정한 시각 안에서 개화를 설명해 갔다는 한계를 지적할 수 있을 것이다.[6] 또한 유길준의 『서유견문』은 그의 숭배 인물인 일본의 후쿠자와 유키치(福澤諭吉, 1835-1901), 그리고 미국의 에드워드 모스(Edward Morse, 1838-1925)의 개화 양상에 따르고 있다는 문제도 제기될 수 있다. 하지만, 당시 한반도의 문명 개화의 물결을 나름의 시각으로 분석하고 개화의 등급

6 노영택, 『한말 국민국가 건설운동과 국민교육』(신서원, 2000), 287~289쪽, 그리고 297~299쪽의 유길준의 교육론 비판(봉건 체제의 모순을 외면한 채 민중을 계몽의 대상으로만 파악한 점) 등을 참조.

을 제시하면서 본받아서는 아니 될 외국의 개화의 예와 경계해야 할 개화의 태도 등을 상세히 논한 그의 개화 개념은, 당시 신식 학교가 형성해 가는 교육 문화와 맞물려 조선인 학생들의 개화의 모습을 예측하는 데 의미 있는 안내판이 될 수 있겠다고 필자는 생각한다. 더욱이 유길준은 그 자신이 융희학교(1907년)와 은로학교(1908년)를 설립하고 『노동야학교본』(1908)을 저술하기도 했기 때문에 이 시기의 교육 이념과 개화 개념을 그의 사상에 비추어 보는 것은 의미 있다고 본다.

유길준에 따르면, '개화'란 "인간 세상의 천만 가지 사물이 지극히 선하고도 아름다운 경지에 이르는 것을 말한다."라고 『서유견문』 제14편 '개화의 등급'을 시작하는 첫 줄에서 정의내리고 있다.[7] 그러면서, 개화의 정도와 그 과정은 각 사물마다, 또 그 나라마다 다 다를 수 있기 때문에 '개화된 경지', 즉 개화의 수준을 어떤 하나의 기준에 '한정할 수는 없다'라고 말해, 그 '지극히 선하고도 아름다운 경지'가 단순히 서양 또는 일본의 개화 수준에 따라가는 것으로 국한시키지 않고 있다. 다시 말해, 이 책에 그토록 수많은 외국의 개화 현상에 대한 견문 기록을 해놓았으면서도 그의 개화 개념은 그 과정을 답습하는 것이 아니라, 우리 나라의 고유한 '습속과 규모에 따라' 개화의 과정을 그 나라 사람들 스스로가 일구어 가야 함을 강조하고 있는 것이다.

유길준의 이러한 본질적인 '개화' 개념의 규정은, 그의 개화 등급과 종류 나누기에서도 독특한 양상으로 나타난다. 먼저, 개화한 자(나라), 반쯤 개화한 자(나라), 아직 개화하지 않은 자(나라)로 등급을 나누었다. 그러나 그는 그 외형상의 개화 여부가 중요한 것이 아니라, "가장 중요한 것은 사람이 하느냐 하지 않느냐에 달려 있다"라고 보면서, '개화한 자'

7 유길준, 『서유견문』, 허경진 옮김(서해문집, 2004), 393쪽. 유길준의 이 책은 국한문 혼용체로 쓰여진 최초의 책으로, 1889년에 탈고, 1895년에 간행되었다.

를 "천만 가지 사물을 연구하고 경영하여, 날마다 새롭고 또 날마다 새로워지기를 기약하는 사람"으로 정의내리고 있다는 점이다.[8] 물론 이는 유교적인 성현의 말씀과 크게 다르지 않으나, 여기서의 강조된 요소는 개화의 개념이 '문명화'라는 외적인 기준에 있기보다 개화를 지향하여 '스스로 힘쓰기'를 지속적으로 경주함이라는 '내적인 경향성'에 개화의 의미를 두고 있음에 필자는 주목하게 된다. 따라서 그의 개화 논의는 단순히 무지몽매한 대중을 향한 계몽 사상에 머물지 않고 모든 사람들과 국가들에게 적용되는 개방적이면서도 주체적인 개화의 중용적 태도에 더 관심을 둔 것으로 파악된다. 그렇기 때문에 그는, "스스로 힘쓰기를 그치지 않으면 얼마든지 반개, 미개한 자라도 그러한 등급의 나라에서 개화한 자가 될 수 있지만, 스스로 힘써 이루려는 노력이 없으면 외형상으로는 개화한 나라에서도 반쯤 개화한 자, 아직 개화하지 않은 자가 된다"[9]고 말하고 있는 것이다.

결국 그의 개화의 등급(개화, 반개, 미개) 양상은 그 자체 내용이 중요한 문제가 아니고 그러한 개화의 과정에서 '주체적'인 모습을 보이느냐가 진정한 개화의 관건이 되는 것이다. 따라서 유길준은 그러한 등급보다는 그 개화 과정에 임하는 사람들의 태도에 따라 흥미로운 이름을 붙여 개화기 사람들의 모습을 분류하고 있다. 먼저 부정적인 이미지의 모습부터 살피면, 놀랍게도 현대의 외국 문물을 대하는 우리들 속의 극단적인 모습들과 비슷한 점을 발견할 수 있는데 그것을 유길준은 '개화의 죄인', '개화의 원수', 그리고 '개화의 병신'이라는 원색적인 표현으로 과감히 명명하고 있다. 그 각각의 정의는 다음과 같다.

---

8 유길준, 앞의 책, 394쪽.
9 유길준, 앞의 책, 395쪽.

아아, 개화하는 일은 남의 장기를 취하는 것에만 있는 것이 아니라, 자신의 훌륭하고 아름다운 것을 보전하는 데에도 있다. 남의 장기를 취하려는 생각도 결국은 자신의 훌륭하고 아름다운 것을 돕기 위한 것이기 때문에, 남의 재주를 취하더라도 실용적으로 이용하기만 하면 자기의 재주가 되는 것이다. …… 지나친 자는 아무런 분별도 없이 외국의 것이라면 모두 다 좋다고 생각하고, 자기 나라 것이라면 무엇이든지 좋지 않다고 생각한다. 심지어는 외국 모습을 칭찬하는 나머지 자기 나라를 업신여기는 폐단까지도 있다. 이들은 개화당이라고 하지만, 이들이 어찌 개화당이랴. 사실은 개화의 죄인이다. 한편, 모자라는 자는 완고한 성품으로 사물을 분별치 못하여, 외국 사람이면 모두 오랑캐라 하고 외국 물건이면 모두 쓸데없는 물건이라 하며, 외국 문자는 천주학이라고 하여 가까이 하지도 않는다. 자기 자신만이 천하제일이라고 여기며 심지어는 피해 사는 자까지도 있다. 이들은 수구당이라고 하지만 이들이 어찌 수구당이랴. 사실은 개화의 원수다. …… 입에는 외국 담배를 물고 가슴에는 외국 시계를 차며, 의자에 걸터앉아서 외국 풍속을 이야기하거나 외국말을 얼마쯤 지껄이는 자가 어찌 개화인이라고 할 수 있겠는가. 이는 개화의 죄인도 아니고, 개화의 원수도 아니다. 개화라는 헛바람에 날려서 마음속에 주견도 없는 한낱 개화의 병신이다.[10]

이러한 개화에 임하는 태도를 자아 개념과 연결시켜 보자면, 세 가지 태도 모두가 자기 자신 또는 자기 나라에 대한 잘못된 인식에 기인한다. 개화를 받아들이되 주체성이 결여된 '개화의 죄인과 병신'의 태도는 물론이고, 개화에 폐쇄적인 '개화의 원수들'에서도 문제는 '자기 자신만이

10 유길준, 앞의 책, 399~400쪽.

최고' 라는 자만심에서 나온 비개방성이므로 이것 역시 올바른 자아 이해가 결여된 잘못된 인식이다. 그리고 이 세 가지 태도 모두는 개인이건 한 나라이건, 더 고양된 자신의 모습을 형성해 진정한 개화를 이루는 데 최악의 방해가 될 것은 분명하다. 이렇게 주체적 자아의 발견 없이 이루어지는 개화를 유길준은 '허명(虛名)의 개화' 라고 하면서, "사물에 대한 지식이 부족하면서도 남이 잘된 모습을 보면 부러워서 그러든지, 앞뒤를 헤아릴 지식도 없이 덮어놓고 시행하자고 주장하여, 돈은 적지 않게 쓰면서도 실용성은 그에 미치지 못하는 경우"[11]라고 말한다.

그렇다면, 제대로 실용성도 있고 자기 주체성도 해치지 않는 개화는 무엇인가? 유길준은 이를 '실상(實像)의 개화' 라고 하면서, "사물의 이치와 근본을 깊이 연구하고 고증하여 그 나라의 처지와 시세에 합당케 하는 경우"를 일컫고 있다. 여기서 핵심이 되는 물음은 어떻게 그러한 실질적인 개화를 이룰 수 있느냐 하는 것일 텐데, 유길준은 세계 각국의 개화 초기 형편을 종합하건대, 이 실상의 개화를 이룰 수 있는 관건은 '개화의 주인' 된 자세로 개화하는 일을 주장하고 힘써 행하되, '용단' 이나 '위력' 으로가 아닌 오직 '지혜' 로써 해야 '규모가 온전하고 폐단이 없다' 고 판단하고 있다. 앞서 명명한 개화의 '죄인' 이나 '병신' 정도까지는 아니더라도, 만일 이러한 지혜 없이 개화를 주도한다면, '개화하는 자를 부러워하여 배우기를 즐거워하고 가지기를 좋아하는' 개화의 손님이 되거나, 아니면 '개화하는 자를 두려워하고 미워하면서도 마지못해 따르는' 개화의 노예가 된다는 것이다. 열강으로부터 국권을 수호하는 일이 위태로운 시기, 유길준이 무엇보다 강조한 것은 지혜로운 개화, 주인 의식이 투철하게 살아 있는 실상의 개화였다. 그는 '남의 노예가 되어 개

11 유길준, 앞의 책, 398쪽.

화하는 지휘에 복종할 수밖에 없어질까봐 그토록 '개화의 주인' 됨의 태도를 주장했던 것이다.[12]

3. '학교'에 가는 이유

이제, 위에서 살펴본 개화기 당시 개화의 태도와 양상들에 비추어서 이 시기 우리 나라에 새로 세워진 배움터들의 문화를 분석해 보고자 한다. 여기서 필자는 신식 학교 건립 이념이나 운영 방식보다는, 이들 학교에 찾아오는 배움의 주체인 학생들의 배움에 임하는 태도에 눈을 돌려 그들의 '학교 가는 이유'가 무엇이고, 그 이유가 개화기를 살아가는 한 젊은이로서 개화에 임하는 자세나 자기 자신의 자아 정체성 형성과 어떠한 관계를 맺고 있었는지를 보고자 한다. 이는 매우 내부적인 변화이고 주관적인 관찰의 성격을 갖기 때문에 그 적절한 근거들을 백여 년이 지난 지금의 시점에서 밝혀 내는 것은 무리일지 모른다. 그러나 이 논고가 개화기 일상성을 주제로 한 것이기에, 배움터와 일상성 연구를 연결시켜 줄 만한 당시 조선인들의 모습을 서술한 자료들을 바탕으로 미흡하나마 신식 학교 유형들과 맞물린 배움터 문화 양상을 필자 나름의 모형을 구성해 그려 보고자 한다.

먼저, 당시 조선을 방문한 외국인들의 눈에 조선인들이 지닌 '배움의 열정'과 '학문에의 존중 풍토'는 놀랍게 여겨졌던 것 같다. 다소 과장된 표현이기는 하나, 당시 한 미국인은 조선인의 교육열과 학자들에 대해 다음과 같은 칭송을 아끼지 않고 있다.

12 유길준, 앞의 책, 396~398쪽.

교육이야말로 한국인이 가지고 있는 야심의 제일가는 목표이며 목적이라는 사실은 또 다른 특별한 섭리의 증거다. 재산이나 벼슬보다 그들은 장학금을 열망했다. 유식하게 되어 한자의 점이나 획을 읽을 수 있는 것이 그가 존재하는 이유의 모든 것이었다. 학자는 왕이었고 그와 교제하는 것은 용이요 불사조이며 일각수이자 거북이다. 이 모든 것들은 매우 정신적인 의미를 가지고 있다. 이러한 자질을 얻는 것은 산림이 떨어져 나와 홀로 서 있는 것처럼 보통 사람들의 무리와 떨어져 홀로 서 있다. 그래서 그들은 사림(士林), 산림(山林), 유림 또는 은일(隱逸)이라고 불린다. 그들의 학문은 길고도 힘든 과정으로서, 만일 우리가 많은 시간을 소모하거나 기억과 매우 어려운 기호의 조작에 의해서 그들의 학문적 성과를 재어 본다면 조선의 학자들의 수준은 예일(Yale)대학이나 옥스퍼드(Oxford)대학 또는 존스 홉킨스(Johns Hopkins) 대학 출신보다 높은 것을 알게 된다.[13]

전국 방방곡곡에 서당(書堂)이 있었는데, 거기에는 많은 아동들이 배움을 위해 모여들어 그 날 배운 것을 모두 함께 소리 높여 따라 했다. 수업시간의 1/3은 읽기를, 1/3은 쓰기를, 그리고 나머지 1/3은 작문을 했다. 학문과 교육이 매우 존중되었으므로 '서방(書房)'이라는 일반적인 명칭은 실제 '서당'을 의미하거나, 더 좋게 말하자면 '글 배우는 사람'을 일컫는 것이었다. 따라서 우리는 도처에서 '서방'이라는 말을 듣게 된다. 박(朴)씨는 논에서 농사만 짓고 일생에 단 하루라도 공부를 해 본 적이 없지만, 그도 또한 박서방이라는 소리를 들으며, 자기 친구인 일꾼 곽씨를 그는 곽서방이라고 부른다. 학문에 따르는 찬사의 아주 조그만 부분조차도 함께 나누려는 바람에 의해 전국의 모든 사람들이 '서방'의 칭호를 듣는다.[14]

---

13 J. S. 게일, 『전환기의 조선(*Korea in Transition*)』(1909), 신복룡 역주(집문당, 1999), 110~111쪽.
14 J. S. 게일, 앞의 책, 45~46쪽.

한 이방인의 일기로 한민족의 특성을 규정짓기는 어렵겠으나, 조선인들의 배움을 향한 욕구는 서양인의 눈에도 남달랐고 그러한 학문에의 열의는 긍정적이든 부정적이든 현재까지 지속되는 한국인의 속성의 하나임에는 틀림이 없다. 한민족이 지닌 많은 한(恨) 중에 '배우지 못한 것이 한'이 될 수 있다는 것은 한민족의 특수성을 이해하는 데 의미 있는 요소라고 여겨진다. 왜 우리 민족은 그토록 배움에 목말라했던 것일까? 앞서 살펴보았듯이 개화기 배움터는 대략 세 가지 유형으로 세워졌으며, 특히 이 시기 '배우지 못한 한'을 풀 수 있는 기회가 우리 민족에게 주어지기 시작했던 것이다. 필자는 여기서 배움의 주체인 학생들의 입장에서 각각의 배움터는 그들의 어떠한 목적을 충족시켜 주었으며, 그들은 어떤 이유로 그 신식 학교에 매일 다니는 학교 생활을 기꺼이 받아들였는가를 살펴보고자 한다. 즉, 왜 배우고 싶어했는가, 왜 학교에 가는가의 물음을

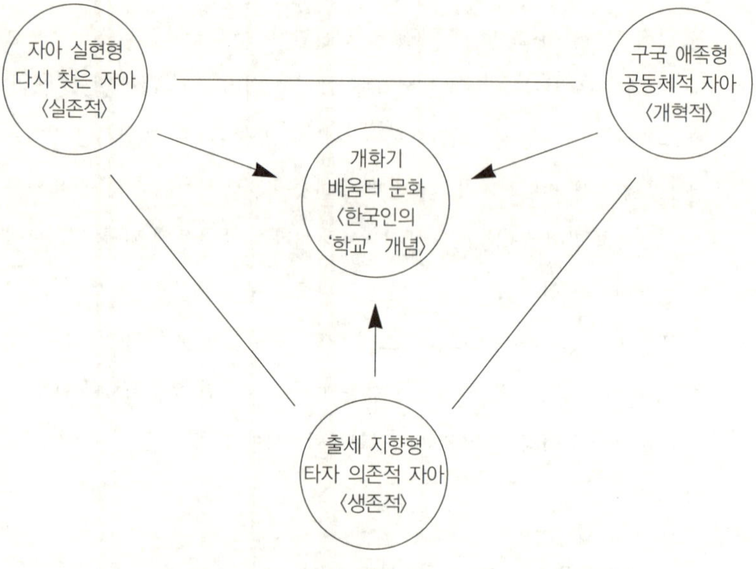

[도표 2] 개화기 배움터 유형과 자아 발견 유형

당시 개화를 수용하는 태도와 연결시켜 세 배움터 유형들로부터 각기 다른 '학교 가는 이유'를 논의하고자 한다. 먼저 이 절에서는 그 세 가지 모형을 아래에 제시한 후, 그 중 자아 발견이라는 측면에서 부정적인 한 유형을 다루고, 나머지 긍정적 의미의 두 유형은 '일상성' 논의와 연결되므로 장을 달리해 논의하고자 한다.

앞에서 보았듯이 우리 나라 정부가 신학제(新學制) 도입을 게을리한 것은 아니었으나, 최초의 관립 신식 학교, 특히 육영공원(1886)에는 고관의 자제들만 입학시켰으므로 '관립 귀족형' 신식 학교의 학생들은 집안이나 가문이라는 외부적 요인에 의해 신학문을 습득하는 것이었기에 주체적 개화의 주인의 모습보다는, '두려워 마지못해 따르는' 개화의 노예 모습이었다고 할 수 있다. 즉 정부는 이들을 길러 내어 개화의 역군으로 삼으려 했지만 그들의 비주체적 성향은 '허명의 개화' 밖에는 이룰 수 없었던 것이다. 사실, 육영공원 학생들의 지적 능력은 매우 우수했고 처음에는 성실하게 영어 공부를 했다고 한다. 그러나 젊은 현직 관리인 좌원 학생들의 잦은 결석, 고관 자제들인 우원 학생들의 나태, 학교 운영위원회의 방관, 게다가 차츰 교사들의 서양식 교수 방법에 대한 학생들의 충돌과 반목의 심화가 이 최초의 신식 학교 존립을 위태롭게 만들었다고 한다.[15] 여기서 육영공원에 처음으로 부임해 온 외국인 교사 네 명 중 하나였던 길모어(George W. Gilmore)의 일지 일부를 살펴보자.

> 영의정의 아들은 육영공원의 학생이었는데, 18세 미만에 주서(注書)의 벼슬을 차지하였다. 그는 매우 영리하고 능력도 비상하였으나 게을렀다. 영어 공부의 신기함이 차츰 사라지자 태만해지고 공부에 대해서는 별 관심을

15 이광린, 「육영공원(育英公院)의 설치와 그 변천」, 앞의 책, 128~160쪽 참조.

갖지 않게 되었다. 그리하여 아무런 지식도 없이 어전시험(御前試驗)에 임하게 되었다. 관리들은 고관의 자제가 불합격할 수는 없다 하여 특별수험서를 준비하고, 각 학생들에게는 일정한 페이지를 지정하여, 뒤에 왕 앞에서 모두들 척척 할 수 있도록 하였다. 그러나 고관들의 한 가지 걱정은 만약에 국왕께서 교사에게 시험을 맡기는 경우에 일어나는 일이었다. 실지로 국왕은 우리들에게 각 학생의 학습 태도를 물어보시므로 우리들은 학생들의 성적을 보고하게 되었다. 영의정의 아들은 이 사태를 알게 되자, 우선 여러 학생들을, 뒤에는 예조의 관리를 우리에게 보내어, 그는 영의정의 아들이므로 높은 점수를 주어야 한다고 탄원하여 왔다. 우리들은 아버지의 벼슬과 아들의 점수와는 아무런 관계가 없으며, 그가 시험을 치른 대로 점수를 주어야 한다고 하였다. 이 결과 이 젊은이는 매우 낮은 자리로 떨어지게 되어 위신을 잃게 되었다. 애초 학교를 운영하는 관리들은 그에게 영어를 잘하는 훌륭한 학생으로 합격시킨 뒤 좀더 높은 벼슬을 얻도록 하고자 하였던 것이다.[16]

이러한 육영공원 학생들의 작태는 고관의 자제라는 특권 의식을 새 배움터에도 계속 적용하고자 하는 구태의연한 자세에서 비롯되었으며, 이들의 이러한 태도는 신식 교육에 대해서는 '개화의 노예' 유형으로, 그리고 그 배움이 자신의 뜻대로 되지 않자, '개화의 원수' 유형으로 변모하게 되었다고 볼 수 있다. 특권층이 지니는 이러한 교육에 대한 태도는 기본적으로 거의 변함없이 현재까지 이어져 오는 우리의 부끄러운 학교 문화를 형성했다고 여겨지며, 그 근본 원인에는 학교라는 배움터에 가는 이유가 단지 출세와 성공을 위해 수단 방법을 가리지 않는 인생관, 그리

16 George W. Gilmore, *Korea From Its Capital*(Philadelphia: Presbyterian Board of Publication and Sabbath School Work, 1892), 34~35쪽; 이광린, 앞의 책, 150~151쪽에서 재인용.

고 외부로부터 타자(이 경우 부모 및 가문)에 의존한 자아상에 만족하는 태도가 있기 때문이다. 이 유형에서는 배움을 통한 자아 발견의 과제가 전혀 이루어지지 않고 있다고 하겠다. 자발적인 배움이 아니라 강요된 출세 지향의 목표 아래에서는, 교과 과정과 교사들은 초일류였음에도 불구하고 '노예형 배움터 문화'를 생산해 낼 수밖에 없었던 것이다. 따라서 진정한 개화는 물론 진정한 자기 정체성 형성도 혼란스러운 상태라고 볼 수 있다. 필자가 보기에 바로 이러한 학생들의 태도가 우리 나라 최초의 관립-귀족형으로 세워진 신식 학교의 몰락과 실패의 실질적인 원인이라고 생각된다.

그 후, 1894년 갑오경장 이후부터 신분 고하에 관계 없이 서민의 자제들에게도 입학의 기회가 열려진 관학들이 세워졌다. 1895년, 한성사범학교를 출발로 외국어학교, 법관양성소가 설립되었고, 그 이후 다양한 현대식 학교 법규들이 공포되면서 경성의학교(1899), 한성고등학교(1900), 농상공학교(1904), 한성고등여학교(1908) 등, 정부에 의한 신식 학교들이 출현한다.[17] 그러나 갑오경장 자체가 타자에 의한 개혁이었기에 그 틀에 의거한 관립 신교육 제도는 일본의 그것과 비슷했고 이를 통한 개화의 모습은 여전히 '주인'의 상태가 되기에는 여러 장애와 어려움이 있었다.[18] 그런데 오히려 그 미흡함은 민간인들의 사학(私學) 설립에 도화선이 되어 조선의 인민 교육을 담당할 새로운 신식 배움터들이 급속히 늘어나게 만들었고, 그 곳에서 평범한 조선의 젊은이들은 개화의 열기와 애국애족의 열망을 불태울 수 있게 되었다. 다시 말해, '관립-귀

---

17 손인수, 앞의 책, 27~29쪽.

18 손인수, 앞의 책, 43쪽. 손인수는 육영공원 출신엔 이완용도 있었다는 점을 지적하면서 사립 학교들에 비해 이 당시 관·공립은 다분히 전통과 특권을 기반으로 설립되었고 일본의 관료주의 정신을 모방했다고 비판하고 있다. 반면에 민간인 사학은 민족주의 정신에, 기독교계 사학은 민주주의 정신에 기초했다고 보고 있다.

족형'의 배움터 문화와는 대조적으로 개화기 신식 학교의 다른 유형인 '사립-선교사형'과 '사립-민간인형' 학교들의 학생들은 그러한 특권층이 아니었기에 오히려 '학교 가는 이유'가 자발적인 배움에의 욕구에서 비롯되었고, 그러한 학구열은 당시 우리 나라의 역사적 상황과 맞물려서 개화열 및 구국열로 증폭되었다고 말할 수 있겠다. 소외 계층을 중심으로 한 선교사들의 신식 학교에서는 잃어버린 자아에 대한 발견, 진정한 자아 정체성에 대한 실존적 고민을 바탕으로 한 자아 실현이 주로 이 학교 학생들의 절실한 '학교 가는 이유'였다면, 그 이후 국권 침탈의 위기 속에 지방의 애국 지사들에 의해 세워진 민간인형 학교들은 당시 좀더 민족적 상황에 대한 인식에서 출발한 공동체적인 자아상을 품고 있었다고 볼 수 있다. 따라서 이들의 '학교 가는 이유'는 우리 민족과 세계가 함께 잘살 수 있는 거시적 기치 아래, 식민지화되어 가는 자국의 현실을 개혁하기 위한 새로운 배움이었던 것이다. 실상의 개화를 이끌어 내는 지혜를 가진 개화의 주인의 역할은 이 두 유형의 배움터 학생들에게 기대해 볼 수 있었을 것이다.

홍미롭게도 개화기 이 세 유형의 배움터 문화는 현재 우리 나라 교육 문화 내지는 '학교' 개념을 설명하는 데 유용한 패러다임으로 그 세 가지 요소들의 현대적 해석이 가능하다고 여겨진다(〔도표 2〕 참조). 부정적 의미에서의 성공과 출세 지향형 배움터 문화는 타자 의존적 자아를 양성해 내지만, 이는 또 한편으로는 불안정한 한국 역사의 소용돌이 속에서 현실에 적응하여 생존해 나가기 위해 불가피하게 따를 수밖에 없었던 '공부 이기주의' 현상이라고 볼 수 있다. 나머지 두 가지 사립학교 유형은 '개화의 주인'의 태도 양상으로, 자아 발견의 측면에서 볼 때 긍정적 의미로 파악되는데, 여기에는 당시 전통적인 삶의 양식에 변화를 가져오는 탈일상의 모습이 출현하므로 이들 배움터 문화의 특성에 관해서는 좀더 자세히 아래 절에서 살펴보고자 한다.

III. 탈일상의 일상화 현장

개화기의 새로운 배움터의 유형들은 우리 한국인에게 조금씩 서로 다른 모습의 '학교' 개념을 형성시켜 주었다. 그리고 그것을 바탕으로 한 배움터의 문화는 개화기 여타의 신식 문물 수용 양식과 함께 우리의 '일상'으로 자리매김되어 가는 하나의 현장이었다. 그 과정에서 위에서 논의한 자아 발견에 긍정적인 두 가지 유형의 사립학교 배움터 문화는 과연 어떠한 '일상성'을 창출해 내었는지 여기에서는 실제적인 예를 들어 살펴보고자 한다. 분명, 양반이 아닌 평민의 자제들이 신식 학교에서 배울 수 있게 되었다는 것은 사회적으로 교육의 기회가 확대되었다는 중요한 의의를 가지고 있다. 개화기 교육 여건의 이러한 변화는 전통적 사회의 일상적 그림을 깨는 특별한 사건이다. 그렇다면, 이 시기 교육 기회의 혜택을 받게 된 그 학생들 개개인에게 이 탈일상의 현상은 어떠한 의미였는지, 그리고 신식 학교의 생활이 그들에게 하나의 '일상적인 일'로 자리잡아 가는 과정에서 그들은 어떠한 모습으로 배움터 문화를 일구어 갔는지 묻지 않을 수 없다. 게다가 근대를 여는 이 시기의 학교 생활의 모습이 우리 한국인 특유의 어떠한 '배움터 일상 문화'를 드러내고 있는 것인지에 대한 물음도 여기서 필자가 고찰하고 싶은 내용이다. 물론, 이 개화기 배움터 일상 문화는 현재 우리의 교육 문화 안에서 자아 찾기의 특수성을 이해하는 데에도 의미가 있다고 판단되기에 그러한 현대적 의의와 함께 이 시기 두 가지 유형의 '일상화 현장'을 살펴보고자 한다.

1. 여성 배움터 문화와 자아 발견의 일상화

이 시기 조선인들에게 자아 정체성을 논할 만큼의 '근대적 개인' 개념이 있었는가의 여부는 논란의 대상이 되어 오고 있다. 혹자는 개화기의 근대화 과정에서 '개인'은 없었고, 여전히 국민주의 · 국가주의의 거대한 그늘 속에 애국애족의 담론이 있었을 뿐 주체적 자아의 담론은 엄밀히 보면 없었다고 해야 한다고 주장한다. 그러나 최근의 논의들은 국민, 민족 개념과 경쟁하는 강한 '개인' 관념이, 강한 국가주의만큼 강한 자유주의가 이미 탄생되고 있었음을 밝혀 내고 있다.[19] 이를 교육적 상황에 적용시키면, 개화기 교육 기회의 확대와 자아 찾기의 관계가 양반 남성들과 그 자제들에게는 그 이전 시기와 별반 달라질 것이 없는 현상에 불과했을 것이나, 이 시기 전통적인 교육 제도로부터 소외된 계층들에게는 그 둘 사이의 관계를 통해 오히려 근대적 자아 개념이 새롭게 형성되고 있었다고 볼 수 있다. 다시 말해, 배움의 기회가 주어져서 두드러지게 '개화'의 덕을 본 사람들에게 논의의 초점을 맞추어 미시적으로 고찰해 본다면, 개화기 배움터는 바로 근대적 자아 찾기의 활성 장소라고 볼 수 있다. 확실히 '여성'과 평민층 '아동'들에게 그 변화는 분명했다. 특별히 조선의 1880~1900년대를 살아간 '여자 아이'에게는 그 이전 여아들에게는 생길 수 없었던 일들이 생긴 것이다. 그들은 각각 하나의 배움 주체들로서 자신의 자아를 발견해 나가는 과정을 '학교'라는 울타리 속에서 경험할 수 있게 되었던 것이다. 새로운 신식 배움터들에서 평민들의 교육열과 맞물려, '딸아이도 공부시켜야 한다'는 의식 전환의 씨가 이 시기 한반도 교육 문화 속에 뿌려졌다. 이것은 앞서 살펴본 양반 자제들의

---

19 박주원, 「『독립신문』과 근대적 '개인', '사회' 개념의 탄생」, 이화여대 한국문화연구원, 『근대계몽기 지식 개념의 수용과 그 변용』(소명출판, 2004), 127~165쪽 참조.

관립 신식 학교 등교 의미와는 매우 다른 것이므로 좀더 그 구체적 모습을 들여다볼 필요가 있다.

여성에게 교육의 기회를 열어 준 당시 학교의 유형은 개화기 외국 선교사들이 세운 신식 교육 기관들에서 찾아진다. 1886년 한 여학생으로부터 시작된 이화학당의 초대 당장이었던 스크랜턴(Mary F. Scranton) 여사는 다음과 같이 이화의 설립 취지를 이야기하고 있다.

> 우리의 목표는 한국 소녀들로 하여금 우리 외국 사람들의 생활, 의복, 환경에 맞도록 변화시키는 데 있지 않다. 우리는 한국인을 더 나은 한국인으로 만드는 데 만족한다. 우리는 한국적인 것에 긍지를 갖는 한국인이 되기를 희망한다. 나아가서 그리스도의 교훈을 통하여 완전무결한 한국인을 만들고자 희망하는 바이다.[20]

한국인, 당시 '조선인'으로의 정체성을 갖게 되는 것이 '배움'의 목적인 이러한 새 배움터에 찾아오는 학생들은, 관립-귀족형 학교에서처럼 외국인 교사의 가르침 아래 있었으나 이를 받아들이는 동기와 목적이 판이하게 달랐다고 할 수 있다. 그것은 단순히 서구적 지식의 습득으로 출세하려던 고관 자제들의 등교 이유와는 사뭇 다른 이유이다. 선교사 학교를 찾아오는 여성들의 경우, 물론 외국어 습득으로 인한 현실적인 소득도 있었겠으나, 그것보다는 부모들의 몰이해와 파란 눈의 외국인에 대

---

20 *The Gospel in All Lands, for 1888*, 373쪽; 이화 100년사 편찬위원회, 『이화 100년사』, 이화여자대학교출판부, 1994, 78쪽에서 재인용. 그 밖에도 배재학당 설립자인 아펜젤러는 "우리는 통역관을 양성하거나 우리 학교의 일꾼을 기르려는 것이 아니라 자유의 교육을 받은 사람을 내보내려는 것이다."라고 했고, 정신여학교 설립자 엘레스는 "학교는 우리가 세웠지만 배우는 너희들은 너희 풍속대로 하라"고 한국인의 정체성을 지키는 설립 취지를 강조하고 있다. 정영희, 『개화기 종교계의 교육운동 연구』(도서출판 혜안, 1999), 154쪽 참조.

한 두려움에도 불구하고, 배움의 기쁨 때문에 '공부하면 안 되는 존재'에서 전적인 자기 자신의 탈바꿈을 시도하는 여성이었다는 점이다. 이러한 배움터에서의 자아 실현을 위한 지식은 현재 우리의 시각에서 '미래 직업을 위한 준비' 차원과는 다른 의미의 자아 찾기 모습이었다고 여겨진다. 오히려 당시 선교사 유형의 신식 학교에서는 개화파 인사들의 교육 방침과 달리 실용성만을 강조하는 기술 교육이 아니라 유학의 고전 읽기와 한글 교육을 동시에 진행하면서 동도(東道)와 서기(西器)의 융합을 지향하는 전인 교육, 인간 교육이었다.[21] 여아들의 초등 교육이 급속도로 번져 나갔던 1890년대의 소학교 모습을 보자.

> '서울의 달성' 학생은 15명이다. 그들은 오고 싶어 온다. 그 중 로라는 어린애들 중 가장 총명하고 야심만만한 아이다. 학교를 빠지기보다 어린 여동생을 등에 업고라도 온다…… 출석은 생각만큼 규칙적이지 않다. 기독교에 공감하지 못하는 부모들은 아이들이 학교에 나오지 못하도록 한다. 그럼에도 많은 학생들이 규칙적으로 학교에 나오는 것은 배우고자 하는 욕망 때문이다. 몇몇 아이들은 동생을 등에 업고 학교에 온다.[22]

이 보고서가 이야기하고 있는 당시 조선 여학생들의 뜨거운 학구열은 개화기 교육 기회 확대가 가져온 배움터 문화 안에서 자아 발견의 일상화 시초라고 필자는 생각한다. 사실, 한국의 근대 교육사적 맥락에서 보면 개화기 신교육의 급속한 확장은 전통적 교육 제도들이 안고 있는 문

---

21 이해명, 「개화파와 선교사의 교육 개혁 방법의 차이」, 『개화기 교육개혁 연구』(을유문화사, 1991), 112~148쪽 참조.

22 Annual Report of the Woman's Foreign Missionary Society of the Methodist Episcopal Church, 1900; 류방란, 「개화기 기독교계 학교의 발달」, 『한국 근대 사회와 문화』(서울대출판부, 2003), 435쪽에서 재인용.

제들에 대한 대응책이었다고 볼 수 있다. 이러한 현상은 강학보다는 향사 및 제사 의례에 치중하고 권력의 아지트요, 일부 양반 사족층의 결속 유지 강화의 도구로 전락해 버린 당시 향교와 서원의 각종 폐단에 대한 사회적 반응이었다. 그러한 출세 지향의 교육 기관은 학벌주의와 학연, 지연의 파벌 형성에만 기여하는 부정적인 영향을 끼치고 있었다고 보지 않을 수 없다.[23] 바로 이러한 때에 미시적 관점에서 당시 여성들의 등교 이유에 초점을 맞추어 보면, 바로 그 전통 교육 기관들에서 이미 사라져 버린 "배움을 통한 실존적 자아 발견의 과정"이라는 교육의 본래적 목적이 배움의 주체들인 여성 피교육자들 속에서 살아나는 것이다.

더욱이 그러한 교육의 본질적 목적의 실현이 지속적으로 살아서 꽃을 피웠다고 볼 수 있는 것은 이 시기 선교사가 설립한 신식 학교들에서 배운 여학생들이 곧바로 '주간 학교' 또는 '매일 학교(day school)'라 불리는 교회 부속 학교에서 무보수의 봉사로 가르치는 역할을 했다는 것이다.[24] 당시 기독교계 주간 학교에는 기독교인 자제가 아닌 아이들도 다니고 있었다고 하는데, 초기 선교사가 시작한 교육 사업은 오히려 조선인 기독교인들에 의해 급속하게 확장되어 갔다고 한다.[25] 이는 앞서 설명한 관립-귀족형 신식 학교의 몰락과는 극명한 대조를 이루는 것으로, 적어도 이 시기 선교사 학교를 이어받아 조선인 스스로가 운영해 가던 신식

23 서울대 교육연구소, 『한국교육사』(교육과학사, 1994), 144~189쪽 참조.

24 예로 든 위의 서울 달성(상동)의 주간학교는 이화계의 최초의 소학교로 1895년 10월에 개설되었고 이화에서 교육받은 한 여학생이 봉사자로 가르쳤다고 한다. 이상금, 『한국 근대 유치원 교육사』(이화여자대학교출판부, 1987), 59쪽과 이화 100년사편찬위원회, 『이화 100년사』(이화여자대학교출판부, 1994), 82~85쪽 참조.

25 류방란, 앞의 글, 425~433쪽 참조. 특히 431쪽의 '개화기 기독교계 주간학교 통계'에 대한 표를 보면, 장로교계만 보더라도 불과 십여 년 사이의 그 증가폭이 괄목할 만하다. 1892년 학교 2개 학생 수 15명에서 1905년에는 학교 수 208개(이 중 조선인 자치운영학교가 188개), 학생 수 3,116명(그 중 여학생이 795명)이라는 통계가 있다. 또한 여성 선교사와 선교사 부인들이 여학교를 설립했고 이를 조선인이 이어받아 여학교가 증가했다고 한다.

학교의 모습은 그 동안 신분과 경제적 여건으로 사회에서 소외된 계층들, 특히 여성들에게는 자신의 잃어버린 자아를 배움을 통해 찾는 기쁨으로 벅차 있었던 새로운 개념의 배움터라고 보아야 한다고 생각한다. 이는 우리 나라의 기독교 수용 양상이 일본이나 중국과 달리 능동적이었다는 측면과 궤를 같이한다고 여겨진다. 외국 선교사의 활동이 허락되기 이전에 성서가 조선인 일본 유학생과 중국을 오가는 조선인 상인들에 의해 번역되고 유입되어 선교사들은 그 번역된 성서를 가지고 한반도에 들어왔으며, 이미 외국에서 기독교도가 된 조선인들의 자발적인 전도와 교육 활동이 이 시기 선교사들과 함께 이루어지고 있었다는 점에 주목해 볼 필요가 있다.[26] 이러한 배움터 유형에서 볼 수 있는 능동성은 단순히 신분 상승이나 경제적 이득의 이유에서 신지식을 배우고자 했다는 측면보다는, 당시 사회의 소외 계층들이 가지고 있는 자신의 고통스러운 삶에 대한 종교적 통찰과 그 구원적 진리에 대한 목마름에서 비롯되었다고 보인다. 이를 바탕으로 한 자아 발견과 자아 실현에의 갈망은 이 시기 그러한 배움터에서의 학구열과 교육열의 형태로 일어났다고 생각해 볼 수 있다. 이렇게 사립-선교사형 학교는 처음 시작은 외국인에 의한 것이었으나 후에는 조선인들에 의한, 종교적 열정과 교육적 갈망이 융합된 '실존형' 배움터 문화를 일구어 냈다. 이러한 사립-선교사형 배움터는 출세 지향의 노예형 배움터와는 그 근본 자세부터 다른, 능동적 자아 찾기 과정이 실현되어 가는 곳이었다고 여겨진다.

이러한 실존형 배움터에서는 교육자와 피교육자가 숙식을 같이하면서 기숙사 문화를 발생시키기도 했는데, 전통 교육에서의 스승과 제자의 권위주의적인 관계가 아닌, 마치 가정에서 부모와 자식, 또는 손위-손아래

---

26 정영희, 「제5장 기독교계의 교육운동」, 『개화기 종교계의 교육운동 연구』(도서출판 혜안, 1999) 참조.

형제자매 간과 같은 '돌봄의 관계'가 이루어지고 있었다는 것이 특색이라고 볼 수 있다. 1896년 당시 이화학당의 학생 생활을 여기서 잠시 들여다보자.

> 학생들의 시간 배정표; 담당 선생-페인 프라이, 7시-아침식사, 8~12시-수업, 점심 후 15분간 기도회, 1~4시-수업, 4시 하학 후에는 기숙사 사칙에 따라 하루를 보냈다. …… 기숙사에는 어린 학생들은 주로 놀고 나이가 든 학생들은 바느질이나 기타 기숙사 일을 거들었다. …… 각 방에는 큰 아이라고 불리는 실장이 있어 어린 학생들을 돌보아 주었다. 식사는 식모가 지어 주었지만 설거지일은 학생들이 조를 짜서 교대로 담당하였다. 토요일은 쉬는 날이지만 일요일 정동교회 예배에 참석하기 위한 준비로 가장 바쁜 날이기도 하였다. 이 날은 기숙사의 대청소일인 동시에 학생 자신들의 빨래, 다듬이질, 목욕 등으로 바쁜 날이었다.[27]

때로는 엄하기도 하고 따스하기도 한, 친부모나 형제들보다 더 가까운 선생님들과 선후배 학생들 사이에서 이들이 경험했을 배움터는 집과 같은 학교였고, 이 속에서 이들은 자발적인 교육 활동에의 참여와 능동적인 협동의 태도로 배움터의 '가족형' 문화를 이루어 갔던 것이다. 따라서 이러한 배움터 학생들은 학습과 생활이 괴리되지 않는 일상 세계를 구성하면서 개화의 주인된 삶을 살아갈 수 있었다. 더욱이 이들에게는 이제 학교에서 자신을 표현하고 더 나은 자신을 만들어 가는 일이 일상사가 되어 가고 있었다. 이러한 유형의 새 배움터에서의 '자아 찾기'는 더 이상 금지된 일도 특별한 일도 아닌 것이었다. 오히려 기도와 공부와

---

27 이화백년사편찬위원회, 『이화백년사(梨花百年史)-1886~1986』(이화여자고등학교, 1994), 85쪽.

일상 노동이 함께 어우러진, 그야말로 현재 우리 교육 문화에서 필요로 하는, '통전적인 자아 형성'이 이미 실천되고 있었다.

2. 어린이 배움터 문화와 교육 구국 운동의 일상화

아동들은 가부장제 가족 사회에서 장유유서의 질서 아래 인격체로 대우받기 어려운 상황이었다. 개화기 새로운 배움터 문화는 바로 이러한 아동들에 대한 인식과 이들을 위한 교육 활동의 변모를 가져왔다는 점에서 중요한 의의를 지닌다. 남녀 6세 이상의 아동들에 대한 초등 교육의 의무 교육 주장이 개화파 인사들을 주축으로 이루어지면서 전통적으로 가정 내에서 이루어졌던 어린 아동들에 대한 조기 교육이 체계화되어야 할 필요성도 사회적으로 확산되는 시기였다.[28] 앞서 설명한 사립-선교사 유형의 신식 학교에서의 아동들은 물론이고 1890년대 본격적으로 순수 조선인들의 손에 의해 세워진 소학교 중심의 '사립-민간인형' 학교들의 아동들은 그 이전 시대와는 사뭇 다른 배움터 문화를 이루어 갔다고 여겨진다. 여기에는 민족 선각자들이 각 지방에 설립한 소학교들과 기존 전통 교육에서 신학문을 가르치는 '개량 서당'들도 물론 포함된다.[29] 일제의 침략이 가시화되는 이 시기에 급속도로 확장된 이들 사립-민간인형 학교들 역시 기독교계 배움터와 마찬가지로, 관립-귀족형 학교와는 다른 긍정적 자아 찾기의 모습이 드러나고 있다. 여성 배움터가 좀더 '실존적 자아'의 발견을 그 특색으로 하고 있다면, 민족 선각자들에 의해 세워진

---

28 이승원, 『한국교육사상의 전개와 발전』(보고사, 2002), 175쪽, 178쪽 참조.

29 정영희, 『개화기 종교계의 교육운동 연구』(도서출판 혜안, 1999), 42쪽. '민족 선각자들에 의해 설립된 사립 학교(1883~1905)' 표 참조. 일제의 신교육에 대한 저항으로 전국적으로 2만 여 개로 증가한 '개량 서당'에 관해서는 한국생활사박물관 편찬위원회, 『한국생활사박물관 11 (조선생활관 3)』(사계절, 2004), 53쪽 참조.

이들 학교들은 당시 역사적 상황과 맞물려 더욱 '구국애족'의 특색이 강하게 드러났다고 볼 수 있다. 자신의 잃어버린 자아를 다시 찾아가는 개별 인격체의 강조보다는, 잃어버린 나라를 구하고자 하는 열정이 배움을 통해 이루어졌다. 그리고 그것이 곧 자신의 생존과 관계되어 있었기 때문에 이러한 배움터 문화는 '사회적 자아'를 발견하게 해 주고 학교 생활이 하나의 '공동체적 자아 찾기'의 과정이라는 인식을 심어 주는 역할을 했다고 생각한다. 학교라는 배움 공동체의 형성과 긴밀하게 연결된 자아의 주체성 발현의 모습은, 이 시기 일본의 제국주의 식민지 정책이 강하면 강할수록 오히려 강화될 수 있었던 측면이 된다.

필자가 보기에 그러한 '구국애족형' 배움터 문화의 양상은, 이 시기 이후에도 계속적으로 일어나는 한반도의 역사적 위기 상황 때문에 현재까지 이어지게 되는데, 이는 한국인의 교육 목표 안에 내재한 '적(敵)과의 경쟁'이라는 특이한 의식 구조를 만들어 낸다고 여겨진다. 학교에 가서 '실력'을 쌓는 것은 마치 위기에 처한 민족과 나라를 구하려는 결연한 의지를 가지고 전쟁터에 나가는 것과 같은 모습이었다고 볼 수 있다. 그저 호기심으로 신기한 신지식을 배우는 것 자체는 공부의 목적이 될 수 없었다. 나라의 위기 상황을 극복하고 제대로 된 독립 국가를 만들어야만 나와 우리 가족이 생존해 갈 수 있다는 판단하에 배움은 이를 실현시키는 필수불가결한 통로였던 것이다. 학구열과 구국열은 이렇게 우리 교육 문화에 현재까지 밀접한 관계를 가지고 병존한다. 이러한 점에서 한반도의 '근대성'이 '민족주의'와 분리될 수 없는 독특한 양상을 일구어 내었다는 주장에도 일리가 있다. 당시 크고 작은 배움 공동체들의 교육 구국 운동들 역시 이러한 주체 의식 아래 이루어졌기에 젊고 어린 조선인들이 맞이하는 배움터 신문화는 개인과 공동체가 분리되지 않은 형태에서의 대아(大我)적 주체성을 키워 가는 의미의 자아 찾기 유형이었다.

1895년에서 1909년까지 전국 각지에 세워진 3천여 개의 소학교들은 대동소이하게 이러한 구국애족형 배움터 문화를 이루어 갔다고 볼 수 있겠는데, 전통 교육의 수신(修身)을 여전히 중요시했든, 기술 연마의 실용성을 중시했든, 그 모든 교과의 목표는 애국 계몽 운동에 닿아 있었다. 즉, 그 주된 특징은 개인에 대한 '계몽'과 사회에 대한 '개혁'이 함께 이루어지면서 동시에 '구국'의 목적이 달성되는 것이었다. 예를 들어, 1899년 평안도 강서군의 점진(漸進)학교는 조선인 민족 선각자에 의해 세워진 초기 사립 학교들 중의 하나로 도산 안창호가 설립한 최초의 남녀 공학제를 실시하는 민간 사학 기관이었다. 이는 남녀칠세부동석이라는 구습을 타파한 개혁적 면모를 드러낸 것이었다. 도산은 독립협회운동이 반대 세력 때문에 실효를 거두지 못하자 귀향하여 교육을 통한 개혁의 준비를 도모하면서 '쉬지 말고 조금씩 꾸준히 나아가자'라는 의미에서 이 점진학교를 세웠다고 하는데, 당시 이 학교에서는 도산이 직접 지은 다음과 같은 노래가 불리어졌다고 한다.[30]

> 점진 점진 점진 기쁜 마음과
> 점진 점진 점진 기쁜 노래로
> 학과를 전무하되 낙심 말고 하겠다.
> 하세, 우리 직무를!

이는 단순히 학업 정진 고취만이 학교의 목표가 아니라, 더욱 폭넓게 도산이 추구해 온 사회진화론적 교육의 목적과 연결되어 있다.[31] 다시 말해, 사회 구성원들 개개인의 지적인 실력 배양이 곧 그 사회를 부강하게

---

30 강서군민회, 『강서군지(江西郡誌)』(1987), 190~191쪽 참조.
31 한준상 외, 『근대 한국 성인교육사상』(원미사, 2000), 안창호의 교육사상 중, 94~98쪽 참조.

하고, 그리하여 그 사회를 억압하는 지배자로부터 살아남을 수 있게 하는 원동력이 된다는 생각이다.

그런데 여기서 필자는 그러한 목적을 지향하는 '구국형' 개화기 학교가 일반적으로 가지고 있었던 위와 같은 '음악 교육'의 의미에 대해 주목하고자 한다. 근대 체험의 하나로 신식 학교라는 배움터가 어린 학생들에게 하나의 일상 문화로 자리매김되어 가면서 전통적인 서당 문화에서 찾아볼 수 없었던 교과목들과 특별 활동들이 제공되었는데 그 중에 특별히 '창가'는 개화기 배움터 문화의 특징이라고 볼 수 있다. 특정인들의 노래를 수동적으로 듣고 감상하는 음악에서, 전통 가락과는 다른 다소 생경한 선율을 직접 부르고 참여하는 교육 활동의 하나로 음악이 하나의 새로운 문화로 자리매김되었을 뿐만 아니라, 노래에 담겨진 '애족'과 '계몽'의 정신이 일상 생활에서 자연스러운 교육 구국 운동으로 전개되는 데에 주요한 역할을 하게 된다. 이 시기 민족 선각자들의 배움터에서 불려지는 노래들은 아동의 정서 순화와 문학적 운율 익히기 등의 교육 효과와 함께, 애국 계몽 사상 고취에 접목되어 있었다. 실제로, 음악 교과서가 없었던 개화기에 사립 학교들에서 시도했던 창가와 애국가들은, 사실 1910년 이후 일제에 의해 발간된 식민지 의식화 위주의 『보통교육창가집』보다 더욱 풍부한 내용과 새로운 선율로써 신식 음악 교육에 기여한 바가 크다고 한다.[32] 따라서 개화기의 배움터에서 이루어진 노래 부르기는 일제 강점기와 그 이후의 양상에서 흔히 여겨지는 세뇌 도구로서의 노래 부르기가 아닌, 공동체의 정서와 바람이 공유되는 통로로서의 성격을 가진다. 위와 같은 '노래'의 영향이 배움터 안팎으로 번져 나가면서 배움터의 음악 교육 활동은 하나의 교과 교육의 범주를 넘어서

32 최영자, 『한말 개화기의 음악교육』(음악춘추사, 1999), 165~166쪽 참조.

서 학생들과 그들이 속한 사회의 일상 문화를 구성하는 중요한 요소로 작용하고 있는 것이다. 일상의 규칙적이고 반복적인 흐름 속에서 '학교에서 배운 노래'가 아동의 생활 세계를 지배하는 힘은 지속적이고 강하다. 그러나 그 영향력이 단지 수동적 암기에 머무르지 않고, 아동으로 하여금 자신이 속한 사회의 상황에 대한 인식과 '집단'이 아닌 공동의 과제를 안고 있는 '공동체' 속에서의 자기 삶의 의미 성찰, 그리고 현실적 적용에로의 의지 발휘 등, 노래의 내용을 음미하고 공감하는 내면화의 능동적 과정을 적극적으로 생성하고 있었던 것이다.

더욱이 유치원에서만큼은 일제 강점기에도 한글 사용과 조선말로 된 노래를 배우는 것이 허용되었다는 점에 주목해 볼 때,[33] 이 시기 특별히 어린 아동들을 위한 음악 교육은 성인이 되어서까지 그들의 구국 열정을 계속 유지시키면서 잃어버린 나라를 다시 찾는 운동에 동참하게 하는 하나의 촉진제 역할을 했다고 볼 수 있다. 게다가 민간인 주도의 사립 학교 '의무 교육' 운동이 일제의 완전한 통치에 들어가기 전인 1906년 전후로 활발하게 이루어졌는데 이 때 '교육의연금' 모금 운동은 마치 현재의 수재의연금이나 불우이웃돕기 성금 모금 운동과 같이 조선인들 사이에 대대적으로 일어났다.[34] 이 때 지역마다 학교 장소를 중심으로 열렸던 모금 집회에는 아동들의 노래와 춤이 공연되었고 여기서 지역 주민들과의 소통의 통로로서 음악은 간과될 수 없는 요소로 작용했다. 이러한 '구국형' 배움터 문화가 형성하는 공동체적 자아 발견의 양상은 현대 우리 나라 교육 문화에도 이어지고 있다고 여겨지는데, 불행하게도 배움 주체들의 공감적 참여 성격은 퇴색하고 오히려 권위주의적이고 억압적인 형태

33 이상금, 앞의 책, 42~43쪽 참조.

34 이상금, 앞의 책, 76~77쪽 참조. 당시 '동정금'이라는 이름으로 유치원 잔치를 통한 모금 활동이 이루어졌다고 한다.

의 당위성으로 남아 있다. 더욱이 학교 문화가 사회 운동과 대중적 문화를 이끄는 현상은 거의 찾아보기 힘들어지고 있다. 이는 배움터 주체들의 이성과 감성을 동시에 자극하면서 배움의 내용이 일상적 삶 안에서 체화되어 가는 그러한 교육의 모습이 부족하기 때문이라고 생각한다.

Ⅳ. 맺음말

이 논고는 현대 한국인의 교육 문화를 이루고 있는 여러 가지 특성들의 연원이 근대적 '학교' 문화를 처음으로 경험하게 되는 개화기 시절의 배움터들의 변화 양상과 맞물려 있다는 통찰 아래, 이 시기 '개화'와 '교육' 간의 현상적 유형 분석을 시도했다. 신식 학교의 설립 목적과 그 존폐 이유를 고찰하면서 개화기 근대 체험의 핵심에는 신문물의 외형적 요소들에 대한 적응뿐 아니라, 개화 주체들의 '자아 발견'이라는 내면적 요소가 필수적으로 포함되어 있어야 했다는 점과, 이것이 바로 신교육의 능동적 수용과 그 일상화 과정에서 본질적 측면을 반영하고 있다는 논지를 가지고 이 글을 전개했다. 개화기 배움터 유형을 각각의 배움터 문화 속에서 배움 주체들이 형성하게 되는 자아의 유형과 관련시켜 분류해 볼 때, 이 시기 '관립-귀족형' 신식 학교에 가는 학생들은 출세 지향적 목적으로 신교육을 받아들여 다분히 타자 의존적인 자아를 형성하게 됨으로써 허명 개화의 노예적 양태를 면치 못하는 한계를 지니고 있었다. 반면, 전통 교육에서 소외된 여성과 아동들에게 개방된 '사립-선교사형'과 '사립-민간인형' 학교들은 실존적 자아 실현의 발판과 구국애족의 공동체적 자아 형성의 토대를 마련해 줌으로써 학생들로 하여금, 실상 개화의 주인된 모습을 이루어가는, 즉 근대적 교육의 통전적인 인격 주체들로 성장할 수 있는 특색을 지니고 있었음을 살펴보았다. 이러한 개화기 배움터 문화가 일제 강점기와 그 이후 나라 안팎의 격동의 시대를 겪으면서 '실존형'과 '공동체형'에서의 긍정적 자아 형성의 측면은 미약해지고 이보다는 출세 지향의 '노예형' 자아로 치달아 현대 교육 문화를 이루어 온 것은 안타까운 사실이다. 하지만, 개화기 신식 학교는 하나의 제도이기 이전에 모든 종류의 배움터가 생산해 낼 수 있는 '일상 문화'의 특색을 지녔기 때문에, 이 글에서 밝혀 준 실상 개화 주체들의 단편적 모습들은 21세기 새로운 교육 형태들 안에서 다양하게 재현될 수 있는 의의를 갖는다고 하겠다.

〈참고 문헌〉

노영택, 『한말 국민국가건설운동과 국민교육』, 신서원, 2000.

서울대 교육연구소, 『한국교육사』, 교육과학사, 1994.

서울대 한국문화연구소, 『한국 근대사회와 문화 I』, 서울대출판부, 2003.

손인수, 『한국근대교육사(1885~1945)』, 연세대학교출판부, 1971.

유길준, 『서유견문(1889)』, 허경진 옮김, 서해문집, 2004.

이광린, 『한국개화사연구』, 일조각, 1999 (개정판).

이상금, 『한국 근대 유치원 교육사』, 이화여자대학교출판부, 1987.

이승원, 『한국교육사상의 전개와 발전』, 보고사, 2002.

이정선, 『초등학교문화의 탐구』, 교육과학사, 2002.

이해명, 『개화기 교육개혁 연구』, 을유문화사, 1991.

이화여대 한국문화연구원, 『근대 계몽기 지식 개념의 수용과 그 변용』, 소명출판, 2004.

이화백년사편찬위원회, 『이화백년사(梨花百年史) : 1886~1986』, 이화여자고등학교, 1994.

이화 100년사 편찬위원회, 『이화 100년사』, 이화여자대학교출판부, 1994.

정영희, 『개화기 종교계의 교육운동 연구』, 도서출판 혜안, 1999.

최영자, 『한말 개화기의 음악교육』, 음악춘추사, 1999.

한준상 외, 『근대 한국 성인교육사상』, 원미사, 2000.

한국생활사박물관 편찬위원회, 『한국생활사박물관 11 (조선생활관3)』, 사계절, 2004.

J. S. 게일(1909), 『전환기의 조선』, 신복룡 역주, 집문당, 1999.

'외부'의 동경과 '근대인 되기'

-개화기 소설에 나타난 여행의 의미-

곽승미

Ⅰ. 머리말: 기차, 신문, 소설

근대는 근대적인 혹은 서구적인 일상의 문화가 세계 전역으로 확산되었다는 점에서 이전 시대와 확연히 구분된다. 근대 이전의 일상이 각 공동체 혹은 문화권별로 고유하고 자족적인 형태로 존재했다면, 근대의 일상은 자족적인 공동체를 벗어나 단일하게 양식화된다. 이러한 문화의 단일성은 교통의 발달에 힘입은 바 크다. 근대적 교통의 상징인 기차로 인해 공간의 이동이 자유로워지면서 각 지역의 습속이 빠르게 이동, 전파되어 먼 지역의 사람들끼리도 공통의 생활 감각을 갖게 된다. 기차는 단순한 교통 수단이 아니라, 근대성이라는 경험 자체를 생산하고 공유하게 하는 매체인 것이다.

기차가 낳은 일상의 균질화는 신문의 유통 · 보급 과정, 그리고 효과 면에서 일치한다. 보도의 즉각성과 대중성을 생명으로 하는 신문의 존립은 대량 인쇄 기술과 충분한 수의 독자, 그리고 무엇보다도 신속히 운반할 수 있는 유통 수단에 의해 가능하다는 점에서 그러하다.[1] 실제 근대 초기 신문의 판매 부수는 미약했지만, 신문 한 부의 독자가 기백 명에 달했다는 당시의 보고[2]를 보면, 신문이 보통 사람들의 일상적 영역 속에 꽤 깊이 들어와 있었음을 알 수 있다. 신문에는 당시의 주된 담론이라 할 수 있는 계몽의 담론이 관념적으로 주장되지만 동시에 개화된 세계의 구체적인 상(像), 즉 경인선과 경부선 등의 개통 소식, 화륜선, 시베리아 횡단 열차 등 근대적 상상력을 자극적으로 유발시키는 기사 등이 담겨 있기도 했다. 신문을 보는 사람들은 그 속에서 자신이 읽어 내는 것들을 많은 사람들이 함께 본다는 가정을 통해, 신문이 실어 나르는 새로운 삶의 형태가 일상 생활에 뿌리내리고 있다고 믿게 된다. 지리적 · 문화적 · 사회적 거리에도 불구하고 모든 사람들이 유사한 생활 양식을 가졌으리라 상상함으로써 자신의 삶 역시 그러해야 하리라고 생각하게 되는 것이다.

여기에 더해 신문에 연재되는 소설은 근대적인 삶을 한층 더 흥미롭게 대중 독자들에게 보여 주었다. 소설에는 새로운 문명 기호들이 나열되어 있었고, 화자나 인물의 말을 통해 계몽에 대한 주장이 직접 발화되고 있었으며, 새로운 세계에서 펼쳐지는 인물의 삶이 그려져 있었다. 독자들은 그것을 통해 개화가 무엇인지 새로움이 무엇인지를 구체적으로 알아갈 수 있었다. 계몽의 담론이 '문명/야만'이라는 선명한 대립 구도를 제시하지만 대중들에게는 그 실체가 막연할 수밖에 없었다면, '근대적인 것'의 내용을 가장 충격적이고도 감각적으로 보여 주는 것이 기차이고, 그 기차를 통해 신문과 소설이 전파됨으로써 새로운 근대적 일상은 보통 사람들의 의식 속에서나마 공유되었던 것이다. 그렇기 때문에 신문을 통해 전파되는 소설은, 근대적 삶을 교육시키는 도구가 되기도 했다. 다시 말해 소설은 국가, 사회, 학문, 사랑 등의 여러 근대적 담론과 실천들을

---

1 이효덕, 『표상공간의 근대』, 박성관 옮김(소명출판, 2002), 226쪽.

2 정진석, 『한국언론사』(나남, 1990), 238쪽; 최준, 『한국신문사』(일조각, 1965), 110쪽.

활성화하고 자연화하는 본격적인 매체[3]이며, 상상의 공동체를 재현하는 기술적 수단이었던 셈이다.[4]

근대 자체로 인식된 기차와 소설의 유통이라는 물질적 조건이 소설 속에 그대로 들어와 있는 소재는 '여행'이다. 여행의 성립 조건은 일차적으로 시 · 공간의 차이와 문화 · 생활 양식의 차이에서 빚어지는 거리감이다. 이 차이 혹은 거리는 일종의 매력을 창출하는데, 그것은 '희망, 약속 그리고 구원의 세계 혹은 이 세상과 일정한 거리에 있는 다른 세계'[5]에 대한 꿈을 꿀 수 있게 해 준다는 것이다. 그리하여 사람들은 자신들이 살고 있는 곳에서 당연시되는 조건에 의문을 갖고, 그로 인해 자신의 현재를 관찰하고 재구성하게 된다. 따라서 여행은 결국 자아의 내면과 외면을 변화시키는, 의도적으로 감행된 공간 이동이라 볼 수 있다. 거리와 공간 이동이라는 여행의 본원적인 조건은 기차로 인해 더욱 쉽게 충족될 수 있다.

실제 기차를 타고 떠나는 여행의 경험은 근대성의 경험과 닮아 있다. 근대인은 전세계적으로 공통된다고 상상된 일상을 자신의 것으로 하기 위해 끊임없이 세계를 관찰하고 학습해야 하기 때문이다. 이러한 행위는 한 곳에 있지 않고 공간을 이동해 가며 그 공간을 두루 살피는 여행과 동일하다. 여행을 통해 인간은 다른 지역의 다른 삶을 보기도 하지만, 동시에 근대의 균질화된 일상을 보기도 한다. 이로써 여행은 철도를 따라 구체적으로 몸을 이동하며 근대를 학습하는 도구이며, '근대'라는 새로움을 체험하는 계기이며, 나아가 근대 그 자체가 되기도 한다. 따라서 여행이라는 구체적인 소재를 따라 개화기의 '신소설'[6]을 다시 읽는 작업은,

---

3 이경훈, 『오빠의 탄생-한국 근대 문학의 풍속사』(문학과지성사, 2003), 11쪽.

4 베네딕트 앤더슨, 『상상의 공동체-민족주의의 기원과 전파에 대한 성찰』, 윤형숙 옮김(나남출판, 2002), 48쪽.

5 닝왕, 『관광과 근대성-사회학적 분석』, 이진형 · 최석호 옮김(일신사, 2004), 12쪽.

근대성, 더 정확하게는 조선의 근대 경험이 어떠한 것이었는지를 일상의 차원에서 다시 문제삼고자 하는 것이다.

여행은 떠남과 돌아옴이라는 출발지와 목적지 자체가 중시되기도 하지만, 그 과정이 더욱 유의미하다고 할 수 있다. 여행이 서사화될 때에는 행로에서 맞닥뜨리는 풍경, 사물, 인물 등에 대한 묘사와 그것에 대한 필자의 감정, 인식 등이 개입되지 않을 수 없다. 그리하여 소설을 통해 여행을 연구한다는 것은 당시 삶의 구체적인 양상을 추적해 보는 작업을 자연스럽게 동반하게 된다.[7] 따라서 신소설에 나타난 소재로서의 여행[8]이 어떤 양상으로 펼쳐지고, 그 소재가 어떻게 주제화되는지 살펴보는

---

6 신소설은 개화기에 생산된 역사적 장르이다. 그런데 신소설이 창작되는 시기와 역사적으로 구분된 시대로서의 개화기가 그대로 일치하지는 않는다. 개화기의 기점에 대한 논란이 분분함에도 그 마감은 1910년 일제 강점이 시작되는 시기로 보는 것은 대체로 일치한다. 그러나 이 연구는 신소설의 실제 창작 시기와 상관 없이 신소설을 개화기의 산물로 보고자 한다. 역사적 장르의 소멸은 그 장르의 내적 특질이 실제 역사의 단계와의 불일치가 심각하게 문제될 때 이루어지며, 이 불일치는 그 장르의 발전이 멈추었을 때 야기된다. 따라서 신소설은 1910년대 후반까지 창작되었으나 그것은 여전히 그 이전 시대의 내적 논리를 따라가므로, 실제 창작 시기와는 별개로 신소설은 개화기의 장르로 볼 수 있을 것이다. 따라서 이 연구에서는 1910년 이후에 발표된 신소설 역시 개화기의 것으로 간주한다.

7 소설이 아닌 기행문을 대상으로 한 심도 있는 연구가 최근에 이루어지고 있다. 김중철, 「근대기행 담론 속의 기차와 차내 풍경」, 『우리말글』 33호(2005); 김진량, 「근대 일본 유학생의 공간 체험과 표상-유학생 기행문을 중심으로」, 『우리말글』 32호(2004); 서영채, 「최남선과 이광수의 금강산 기행문에 대하여」, 『민족문학사연구』 24호(2004); 우미영, 「시각장의 변화와 근대적 심상 공간-근대 초기 기행문을 중심으로」, 『어문연구』 32권 4호(2004); 차혜영, 「1920년대 해외 기행문을 통해 본 식민지 근대의 내면 형성 경로」, 『국어국문학』 137호(태학사, 2004). 이 연구들은 개화기부터 1920년대까지의 국내외의 기행문을 대상으로 하고 있다. 기행문이 필자의 행로와 감정을 직접적으로 밝히는 것이라면, 소설은 허구화된 장치를 통해 굴절되어 나타난다. 또한 그 행로와 그 와중에서 발현된 감정이 직접 경험일 때만 기행문을 쓸 수 있는 반면, 소설 속 여행은 작가의 직접 경험이 아니더라도 씌어질 수 있다. 따라서 기행문을 통해서는 여행이 일반화되어 있지 않은 시기에 여행을 할 수 있는 특별한 계층의 사람들의 경험만을 볼 수 있지만, 상상적으로도 씌어질 수 있는 소설 속 여행은 당시 여행의 의미가 무엇이었는지 더 폭넓게 살펴볼 수 있다는 이점이 있다.

8 조선 여행의 기록은 조선 말 서구인으로 조선 여행을 기록한 미국인 그리피스의 『은자의 나라 한국』(1882)을 비롯한 신복룡 · 장우영이 번역, 주해하여 집문당에서 발간한 『한말 외국인 기록』 21권이 있다. 그러나 조선인의 기록은 「남유기행(南遊紀行) 유지리산(遊智異山)」(『대한자강회월보』, 1906년 7월), 「박연-명승고적」, 「일월지-명승고적」(『대한자강회월보』, 1906년 8월)이나 「명소고적」(『황성신문』, 1909년 7월 3일~10월 23일) 등이 있으나, 실제 여행의 기록을 찾아보기는 쉽지

작업을 통해 개화기 조선에서 근대가 어떻게 받아들여지고 있는지 구체적으로 재구성해 보고자 하는 것이 이 연구의 목적이다.

Ⅱ. 여행의 계기와 '외부'의 발견

여행을 일차적으로 '집 떠남'이라고 본다면, 개화기 소설에서 여행의 계기는 환란이다. 예를 들어 『혈의 누』(이인직, 1906)에서는 '청일전쟁'이 집 떠남의 계기가 된다. 청일전쟁이 발발하여 평양 시내에서 전투가 벌어지자 어머니 최춘애, 아버지 김관일, 딸 옥련은 뿔뿔이 흩어진다. 김관일은 환란중에 엉겁결에 집을 나오게 되었지만, "쳔하각국을 단이면셔 남의 나라 구경도 ᄒᆞ고 ᄂᆡ 공부 잘 ᄒᆞᆫ 후에 ᄂᆡ 나라 ᄉᆞ업을 ᄒᆞᆯ이라" 결심을 하고 "외국으로 류학"을 떠난다. 반면 최춘애는 옥년을 찾으러 나섰다가 여러 가지 고난을 당한다. "셰상에 만〃ᄒᆞ고 불상ᄒᆞᆫ 거슨 녜편네"라며, 바깥 세상을 위협적인 것들로 가득 차 있는 것으로 간주한다. 이렇게 최춘애와 김관일은 동일한 상황에서 그 처신이 상반된다.[9]

그런데 '신세대'인 옥년의 행적은 어머니의 경우와 다르다. 옥년 역시 집 밖에서 우왕좌왕했지만, 일본 군의관의 양딸이 되어 "살갓치 ᄲᅡ른 ᄇᆡ"를 타고 대판(大阪 : 오사카)으로 가서 양모에게 사랑받으며 공부를

않다. 국내 여행에 관한 기록은 실제로 일본이 관광지와 관광 상품을 개발하고 철도를 부설하기 시작하는 시기이자, '국토'에 대한 인식이 구체화되기 시작하는 1910년대 후반에 이르러서야 대거 등장하고 있다. 따라서 이 연구에서 여행 대상 지역은 외국의 경우로 제한될 수밖에 없다.

9 물론 그 차이는 성별에서 기인하기도 한다. 여성은 수동적 대상이고 남성은 능동적 주체이다. 신소설은 여성 수난의 기록이라고도 할 수 있는데, 이 때 여성은 철저하게 성적으로 대상화되어 있다(권보드래, 「신소설의 여성성과 광기의 수사학」, 『한국문학연구』 4호, 2003, 291쪽). 여성이 신교육을 받은 계몽의 주체인 경우에도 이 점은 크게 달라지지 않는다. 더구나 교육받지 못한 구여성은 어떠한 변화의 기미도 보이지 않으며, 외부의 위협에 무기력하게 자신을 내맡긴다. 이것은 당시 여성을 대상으로 간주하는 일반적인 시선에서 기인한다.

하고 일본인으로 키워진다. 그러다가 양부의 죽음 이후 양모의 핍박으로 집을 나와 목적 없이 기차를 탄다. 기차 안에서 우연히 만난 구완서의 도움으로 미국 '화성돈(워싱턴)'으로 유학을 가게 되고, 조선에서 부인들을 계몽시키려는 꿈을 가지게 된다. 옥년에게 환란을 피해 나온 세계는 이미 막연한 두려움의 대상이 아니다. 이 때 세계의 우호적 태도는 스스로 만들어 낸 것이 아니라 우연히 주어진 것이지만, 옥년의 세계와 최춘애의 세계는 천양지차인 것이다.

이러한 차이는 전통 속에 묻혀 있는 인물과 근대화되고자 하는 인물, 즉 계몽의 대상이 되는 인물과 계몽의 주체가 되는 인물의 차이라고 할 수 있을 것이다. 수동적/능동적, 혹은 주체/대상의 범주를 구획하는 기준은 근대화되고자 하는 의지이다. 이 의지의 발현은 교육, 특히 외국 유학을 통한 교육이다. 교육을 받고자 하는 의지와 실행이 계몽의 주체가 가지는 필요 충분 조건인 것이다. 그 의지를 부여하는 것은 서사 안에서의 개연적 논리가 아니라 작가의 일방적인 선택이다.

여행의 계기로서의 환란은 『혈의 누』에서는 청일전쟁이고, 『은세계』(이인직, 1908)에서는 지방 관리의 부패에 저항하여 일어난 민요(民擾)이다. 개화당의 김옥균에게 감화를 받은 최병도는 감영에 갇혔다가 강릉 집으로 돌아가던 중 죽고, 이 사건의 충격으로 부인은 정신이상이 된다. 최병도의 친구인 김정수가 최병도의 재산을 관리하며 그 자녀인 옥순, 옥남 남매를 미국 '화성돈'으로 유학 보낸다. 옥순과 옥남은 갑자기 닥친 집안의 환란으로 인해 집을 떠나게 된다는 점에서 『혈의 누』의 옥년과 같다. 외유의 계기뿐만 아니라 외유를 지속시키는 힘 또한 우연히 주어진다는 점에서도 같다.

위의 두 소설의 경우 집을 떠나는 계기는 가정 밖의 사회적 계기이다. 그런데 대부분의 신소설에서 집을 떠나는 계기는 가족 안에서 구시대의 습속이 빚어 내는 갈등으로 설정된다. 이러한 갈등 상황 속에서 인물들은 자발적으로 혹은 타의에 의해서 집을 나오게 된다. 『빈상설』(이해조, 1907)은 이씨 부인은 첩의 음모로부터 벗어나기 위해 집 밖으로 나오고, 서정길은 처첩이 없는 집에서 영문도 모른 채 집을 나온다. 『홍도화』(이해조, 1908)에서 태희는 간음했다는 누명을 쓰고 자살을 하려다가 옷을 싸두었던 『뎨국신문』의 재가(再嫁)에 관한 논설을 보고 집을 나온다. 『추월색』(최찬식, 1912)에서 정임은 원치 않는 혼인을 피하려고 가출하고 영창은 집안의 환란을 피해 떠나며, 『안의 성』(최찬식, 1915)에서 상현은 고부 간의 갈등으로 빚어진 집안의 어려움을 피해 나오고, 『목단화』(김교제, 1911)의 정숙은 계모의 계략으로 집을 떠난다.

이렇게 여행의 계기는 인물에게 운명적으로 부여된 곤란한 상황이지만 오히려 그 인물들에게[10] 여행은 근대적 세계로 진입할 수 있는 기회가 된다. 이 때 여행의 계기가 '환란'이라는 것은, 당시 '근대'의 경험 자체가 '난리'처럼 급작스러운 것이었음을 보여 준다. 결국 이들은 외국의 경험을 통해, 혹은 외국 경험을 한 남자들의 도움을 통해 안전한 세계로 진입한다. 외국의 경험은 곧 근대적인 삶의 방식에 노출되는 것이다. 결국 집을 떠나온 인물들에게 조선 내부는 아직 야만의 세계로 경멸의 대상, 혹은 두려움의 대상이지만, 일본이나 서양 등지의 외국은 인물들을 안정감 있게 구원한다. 이는 '내부'와 '외부'의 구획이 가정 대 사회의 구획이 아님을 보여 준다. '내부'는 구시대의 습속을 온존시키고 있는 곳이다. 즉 전통적 가족 제도에 묶여 있는 집안과 아직 계몽되지 못한 조선 사회 전체가 '내부'가 된다. '외부'는 근대화 · 서구화된 외국, 즉 일본 혹은

10 당시 실제 일상에서의 여행은 특수한 신분에서만 가능한 것이었다. 따라서 평범한 일상인을 그리는 소설 속에서 여행이 서사화되기는 힘들었다. 그렇기 때문에 개연성을 취하기 위한 최소한의 서사적 계기를 인물에게 운명적으로 부여된 환란으로 설정한다. 당시 여행에 대한 구체적 실상은 Ⅲ절 2, 3에서 살펴볼 것이다.

미국 등지의 서양이며, '외부'는 동경의 대상이고 긍정적인 공간이다. 집 밖으로 나와 다른 세계로 가지 못한 자는 변화하지 못하고, 집을 떠나 외부로 성공적으로 탈출한 자들만이 긍정적으로 변화한다는 점이 이를 증명한다. 이로써 일방적으로 외부에서 주어진 환란이 결과적으로는 새로운 삶의 출발점이 된다. 이는 '내부'를 타자화하고 '외부'를 주체화하는 당시 근대의 담론을 앞서 받아들인 자들의 시각이 서사화된 결과이다.

Ⅲ. 이국적 · 근대적인 것과의 조우

1. 낯선 체험으로서의 '기차'와 '도시'

경부선, 화륜선, 시베리아 횡단 철도 및 그와 관련된 지리학 등[11]은 외국에 대한 환상과 호기심을 심어 줄 뿐만 아니라 문명 개화에 대한 설득의 기제로서 작용했다. 당시 신문과 잡지가 앞다퉈 소개하는 외국에 대한 기사도 그러하다. 1908년 창간된 『소년』에는 상상적인 것이기는 하지만 소년의 세계 여행기[12]가 연재되기도 했고, 독일 · 미국 · 러시아 등 외국에 대한 정보와 나이애가라 폭포 등 이국의 자연과 풍물에 대한 정보가 자주 소개되었다. 그리고 『황성신문』에 실린 변호사 안병찬의 '안씨의 여행 기사'[13]는 안동, 봉천, 대련, 여순에 대한 정보를 4회에 걸쳐 소개했다. 이 기사는 각 도시의 지리, 교통, 물산, 명승지, 각종 관어(官御)와 단체 등에 대한 정보로 채워져 있다. 또한 신문들은 '외보(外報)',

11 이경훈, 앞의 책, 120쪽.
12 「쾌소년세계주유시보(快少年世界周遊時報)」, 『소년』 1권 1호~2권 3호(1908~1909).
13 『황성신문』, 1910년 2월 1일~4일.

'전보(電報)' 란을 두어 구미 지역 여러 나라의 동정을 실었다. 이 때 외국의 동정은 당시 국제 정세 속에서 조선과 관련된 의미 있는 기사도 있었지만, 단순한 호사적 취미에 영합한 것들도 적지 않았다.[14] 이러한 기사들의 존재는 외국에 대한 관심의 확대를 반영하는 것이다. 이는 외국에 대한 관심의 증폭은 세계에 대한 인식의 확장을 기반으로 하며, '여기 이 곳'이 아닌 다른 곳에 대한 호기심과 떠남의 욕망을 자극한다. 이러한 욕망에 부응하는 것이 여행이다.

급작스러운 변란을 피해 집을 떠나서 경험하게 되는 것은 새로운 세계, 즉 서구적이고 근대적인 세계이다. 근대성은 외부로부터 오는 완결된 형태가 아니라 외부와 내부의 만남을 통해 전개되는 새로운 상황이다.[15] 외부와 내부의 만남에는 당연히 충격이 따르게 마련이고 그 충격의 내용이 무엇이냐에 따라 내부가 외부를 어떻게 받아들일 것인가가 결정된다. 이제 막 근대적 신문물과 근대성이라는 인식론적 사건이 유입되는 개화기에 근대화된 세계에 대한 직접 경험은 '기차'로 표상되며, 이를 접하고 보이는 일차적인 반응은 '놀람'이다.

> 요코하마에서 신바시까지 가는 데는 화륜차를 탔는데 역루에서 조금 쉬었다. 일행의 행장은 배로써 바로 에도 근항까지 가도록 하고 다만 몸에 필요한 의금과 기물만 차에 싣기로 했다. 차가 벌써 역루 앞에 기다린다 하거늘 역루 밖에서도 또 복도를 따라 수십 간을 지나가니 복도는 다 되었는데

---

14 예를 들어 『공립신보』 1907년 11월 29일자 '전보' 란을 보면 다음과 같은 내용의 기사들이 실려 있다. 이혼하는 부부가 많아 파리의 인구 생산이 감퇴했다는 내용의 「싱산 감퇴」; 인도인은 음식이 부족할 경우에도 고기는 먹지 않는다는 내용의 「인도인 특셩」; 멕시코 해저에 화산 폭발의 위험이 있다는 「히뎌 변동」; 시체를 시험하여 다시 회생할 시체를 가려내는 기계를 파리에서 발명했다는 「사후시험긔」; 뉴욕 재산가 '녹페라' 씨가 의학연구회에 260만 원을 기부했다는 「지산가사업」; 런던의 드골 장군의 교통사고 기사 「용쟝무니하」 등이 실려 있다.

15 강내희, 「근대성의 '충격'과 한국 근대성 논의의 문제」, 『문화과학』 25호(2003), 212쪽.

도 차는 보이지 않았다. 장행랑 하나가 사오십 간이나 되는 것이 길가에 있거늘 나는 "차가 어디에 있느냐?" 하고 물으니 이것이 차라고 대답했다. 그것을 보니 조금 전에 장행랑이라고 인정한 것이 차이고 장행랑은 아니었다. …… (중략) ……

차마다 모두 바퀴가 있어 앞차에 화륜이 한 번 구르면 여러 차의 바퀴가 따라서 모두 구르게 되니 우레와 번개처럼 달리고 바람과 비처럼 날뛰었다. 한 시간에 삼사백 리를 달린다고 하는데 차체는 안온해 조금도 요동하지 않으며 다만 좌우에 산천, 초목, 옥택, 인물이 보이기는 하나 앞에 번쩍 뒤에 번쩍 하므로 도저히 걷잡을 수가 없었다. 담배 한 대 피울 동안에 벌써 신바시에 도착하였으니 즉 구십 리나 왔던 것이다. …… (중략) ……

즉시 불을 뿜고 회오리바람처럼 가버려 눈 깜짝할 사이에 보이지 않으니 머리만 긁고 말문이 막히며 서운하게도 놀람뿐이로다.[16]

사ᄅᆞᆷ이 구름갓치 모혀 왁실〃〃ᄒᆞ며 비둘기장 문 갓흔 구멍 압흐로 닷토와 가ᄂᆞᆫ지라 …… (중략) …… 그 사ᄅᆞᆷ들이 제각금 셩양갑 한편 죠각갓튼 발간 조희 하나식을 손에다 들고 나오ᄂᆞᆫ 것을 보고 …… (중략) …… 오륙월 소락비에 쳔동갓치 우루루 소ᄅᆡ가 뎜뎜 갓가이 들니며 지동ᄒᆞᆯ ᄯᅢ처럼 두 발이 ᄯᅥᆯ니더니 연긔가 펄석펄석 나며 귀쳥이 콱 막계 ᄡᅢ익 ᄒᆞᄂᆞᆫ 한 마듸에 사방이 두주 모양으로 ᄉᆡᆼ긴 것이 크나큰 집채 ᄀᆞᆺ흔 륜거 ᄃᆡ여섯을 ᄭᅩᆼ문이에 달고 순식간에 들어와 셔닛가

…… (중략) ……

타작마당 닥듯 반듯ᄒᆞ고 넓은 길에 오고 가ᄂᆞᆫ 사ᄅᆞᆷ이 쎌 틈이 업셔 억기

16 김기수, 『주역 일동기유』, 부산대한일문화연구소 옮김(부산대한일문화연구소, 1962), 62~63쪽; 박천홍, 『매혹의 질주, 근대의 횡단-철도로 돌아본 근대의 풍경』(산처럼, 2003), 32~34쪽에서 재인용.

를 셔로 부딋겟눈딕 물건 파는 집 문 압헤다 등불은 휘황찬란ᄒᆞ고 견ᄎᆞ 인력거눈 빗켜셔라고 소릭를 질으며 달음박질을 ᄒᆞ니[17]

첫 번째 예문은 1876년 수신사로 발령받은 김기수가 일본 여행 체험을 기행문으로 남긴 『일동기유』의 한 부분이다. 그에게 기차는, 이미 타 있으면서도 차가 어디 있느냐고 물을 정도로 낯선 것이다. 그리고 승차의 경험 자체도 경이로운 것이다. 기차의 속도감에 너무나 놀라는 자신을 무안해할 정도인 것이다.

다음은 『고목화』(이해조, 1912)이다. 이 소설은 권진사가 도적떼에게 잡혔다가 집으로 귀환하는 내용이지만, 흥미로운 부분은 소설 속에서 구체적으로 그려지는 당시의 생생한 일상이다. 권진사집 하인 갑동이 집 밖으로 나와서 돌아다니며 새로운 문물들을 경험하는 정경이 구체적으로 그려지고 있다. 갑동은 음력보다 양력이 과학적이라고 주장하고, 서울로 떠날 때는 "근일에 부산 쳘노를 다 노아셔 몃 시간이면 셔울을 들어" 갈 수 있기 때문에 기차를 이용할 것을 주장하는 등 새로운 문물에 대해 많이 안다는 것을 자랑으로 삼고 있다. 그러나 갑동이 기차역에 도착하여 실제로 본 풍경은 풍문으로 익히 들었다고 하더라도 놀라움 그 자체이다. 일찍이 본 적이 없는 엄청난 수의 군중, 비둘기장 문 같은 매표구, 성냥갑의 한쪽 편만한 빨간 색의 차표도 신기하지만, 말로만 듣던 기차를 보고서는 어쩔 줄을 모른다. 땅을 흔들 듯한 엄청난 움직임과 소리, 뒤주 모양으로 생긴 기관차의 집채만큼 큰 바퀴는 대여섯 개나 이어져 있다. 생전 처음 보는 엄청난 형용의 기차에 올라타서 갑동은 심한 멀미를 앓는

17 이해조, 「고목화」, 『신소설 · 번안(역)소설』 6권(아세아문화, 1978), 88~91쪽. 이하 소설의 인용은 이 전집에서 할 것이며, 출처는 권수만을 밝힌다. 전집 외의 소설을 인용할 때는 따로 그 출처를 밝힌다.

다. 무시무시한 소음과 진동, 위압적인 크기는 그를 짓누르기에 충분한 것이다. 기차에서 내려 처음 보는 서울의 풍경도 놀랍기는 마찬가지다. 타작마당을 닦아 놓은 것처럼 반듯하고 넓은 길에 등불은 휘황찬란하고, 바퀴가 달려 기존의 어떤 탈것보다도 빠르리라 생각했던 인력거보다도 훨씬 더 빠른 전차가 달리는 도시의 풍경은 낯선 떨림을 가져다 준다.

서울의 풍경도 그러할진대, 바다 건너 가 본 외국의 풍경은 더 말할 나위가 없다. 『혈의 누』에서 옥년이 처음 본 외국, 즉 일본의 풍경은 "모다 쳐음 보ᄂᆞᆫ 것" 이다. "이칭삼칭집이 구름 쇽에 됴러 ᄀᆞᆫ 듯ᄒᆞ고 진예갓치 긔여가ᄂᆞᆫ 긔ᄎᆞᄂᆞᆫ 입으로 연긔를 확〃 ᄲᅮᆷ으면셔 ᄇᆡ에ᄂᆞᆫ 쳔동지동하듯 구르며 풍우갓치 다라" 나는, 주체를 압도하는 거대하고 낯선 세계이다. 또 옥년이 보는 미국은 "쥬야가 상ᄇᆞᆫ되ᄂᆞᆫ 별쳔지" 이며, "키 크고 코 놉고 노랑머리 흰 살빗" 의 사람들이 "무섭게만 보" 이는 두렵고도 이질적인 세계이다. 『추월색』에서는 영국의 '론돈' 에 도착한다. 런던은 영창에게 "마ᄎᆞ를 타고 막〃ᄒᆞᆫ 광야로도 가고 긔ᄎᆞ를 타고 화려장ᄃᆡᄒᆞᆫ 시가도 지ᄂᆞ가고 화륜션을 타고 망〃ᄒᆞᆫ 바다로도 가셔" 또다시 기차를 타고 한참을 더 가야 있는 머나먼 곳이다. 런던 역시 "ᄯᅡᆼ에ᄂᆞᆫ 쳘로가 빈틈업시 노이고 ᄒᆞᄂᆞᆯ에ᄂᆞᆫ 젼션이 거미줄갓치 얼켯스며 넓고 넓은 길에 마ᄎᆞ 자동ᄎᆞ 자젼거ᄂᆞᆫ 여긔셔도 쓰르를 져긔셔도 ᄯᅳᆯ〃ᄒᆞ고 십여 층 벽돌집은 좌우에 쟁영ᄒᆞ며 각ᄉᆡᆨ 공장의 연긔굴둑은 밀잡 드러셔듯 총〃ᄒᆞ야 그 굉장ᄒᆞᆫ 풍물이" 가득한 낯설고도 새로운, 그래서 위압감이 느껴지는 곳이다. 그러나 소설 속에서 인물은 그 놀라운 광경을 범연하게 받아들인다.

2. 새로움의 '기호(記號)'로서의 유학

유학은 실용적 목적의 여행으로, 이 시기 여행의 대표적인 형태는 유학이다. 당시 유학 대상국은 대개 일본으로 한정된다. 이것은 관비 유학의 경우, 그 유학지가 일본으로 제한되어 있었기 때문이기도 하다. 1876년 수신사 김기수 이후, 유학생의 파견은 1881년 2월 신사유람단을 보내면서부터 시작된다.[18] 당시 신문에서도 일본 유학에 관련된 기사가 상당히 많이 게재된다. 이 때 수록된 유학 관련 기사들을 보면, 유학생들은 감독관의 관리를 받고, 친목회 · 배하식(拜賀式) 등의 친목 활동이나 신문 · 잡지 발간 등의 활동을 했으며, 황제로부터 돈을 하사받기도 했다. 이렇게 구체적인 내용이 꾸준히 실리는 것을 통해 유학생 수가 점차로 늘어나고 있으며, 이에 대한 대중의 관심 역시 꾸준히 증가했다는 사실을 알 수 있다. 실제로 당시 유학생 현황을 보면 1910년의 경우 일본에 유학한 관비생이 45명, 사비생 보조 학생이 700여 명[19]이었으며, 관비생들의 전공 학과는 대략 "법정경제과 16인, 교육문학과 8인, 농상공과 22인, 이학과 2인, 의학과 3인, 사학과 1인, 보통과에 3인"이었다.[20]

대(對)사회적 고민을 해야 하는 지식인에게 유학은 명분과 함께 새로운 곳에 대한 호기심을 충족시켜 주는 역할을 한다. 그래서 신소설에서 유학은 일종의 모티브로 내세울 수 있을 만큼 빈번히 등장한다. 앞에서 본 것처럼 이들의 유학은 피난의 성격을 짙게 가지고 있었으나, 막상 유학을 떠난 이들은 문명 개화, 미개한 조선 민중의 계몽이라는 사명감을 가지게 된다.

그런데 흥미로운 점은 이들이 유학에 필수적인 두 가지 요소, 즉 돈[21]

18 이광린, 「개화 초기 한국인의 일본 유학」, 『한국개화사의 제문제』(일조각, 1986).

19 「관사 유학생 수」, 『황성신문』, 1910년 1월 12일.

20 「유학생 과별(科別)」, 『경남신문』, 1910년 1월 17일.

21 특히 돈은 유학에서 매우 중차대한 문제로 인식되었다. 당시 신문에서 발견되는 유학 관련 기사 중 많은 수가 유학 비용에 관한 것이었다. 『만세보』 1906년 10월 21일자 「유학비 감성(減省)」에 의하면 정부는 유학생들의 생활비를 축소했다고 한다. 그 내용은 대학교 25원, 고등, 전문, 중학 등 각 학교 정도에 의해 지불할 것이라는 것이다. 그런데 이러한 조정이 현실적이지 못함을 지적

과 현지 언어의 습득이라는 조건을 충족하고 있는 경우가 많지 않다는 것이다. 실제 관비 유학생보다 사비 유학생이 많았던 것은 사실이다. 이러한 사비 유학생들의 경우는 대부분 경제적인 뒷받침이 되어 있는 유력한 집안의 자녀였을 것이다. 그러나 소설 속에서는 지인의 일방적인 도움이나 외국인의 도움으로, 혹은 이러저러한 설명 없이 그저 유학을 떠난다.

언어 역시 『혈의 누』에서 옥년[22]이 수양딸로 들어가 그 집에서 일어를 배웠다는 설명을 제외하고는 대개 비현실적이다. 『추월색』에서 정임은 일어를 여관집 주인에게 7개월을 배우고 바로 여자대학에 입학하여 최우등으로 졸업한다. 게다가 이들은 성적도 우수하여 현지 신문에 기사가 실릴 정도이다. 정임의 정인(情人)인 영창 역시 "남의 나라의 문명부강 ᄒᆞᆫ 경황을 보고 ᄂᆡ 나라의 야ᄆᆡ 조잔ᄒᆞᆫ 리유를 ᄉᆡᆼ각ᄒᆞᄆᆡ 다른 근심은 다 어ᄃᆡ로 가고 다만 학업에 힘쓸 ᄉᆡᆼ각"으로 "학교에 립학ᄒᆞ야 열심으로 공부ᄒᆞ니 그 과공이 일취월장ᄒᆞ야 열여섯 살에 즁학교 졸업ᄒᆞ고, 열아홉 살에 문과대학 졸업ᄒᆞ니 그 학문이 훌융ᄒᆞᆫ 쳥년 문학가가 되"어서 "영국 문부셩 관리들이 극구 찬송 아니 ᄒᆞᄂᆞᆫ 자가 업더니, 문부셩 학무국장이"

하는 기사가 나오기도 한다. 원래 학비 26원 50전이라는 액수는 당초에 일본 정부에서 각종 비용을 타산하여 결정한 것이며, 물가가 재작년보다 배나 올랐는데 도리어 감손(減損)하면 학생들은 지보(支保)할 도리가 만무하다는 물의가 있다는 것이다(「유학비 감성 후문」, 『만세보』, 1906년 10월 23일; 1907년 5월 4일). 또한 사비 유학생이 식비 12원 10전을 내지 못해 유학 감독관이 지급해 주었다(「보청(報請) 유학생 식비」, 『만세보』, 1906년 11월 7일)는 등 유학생들의 식비 문제에 관한 내용의 기사(「유학생 학비 상대(相持)」, 『만세보』, 1907년 4월 26일))가 실리기도 했다.

22 여성의 경우 유학은 자신이 원한다고 해도 "남편이 만류"(「소춘월령(小春月令)」, 『만세보』, 1906년 11월 17일)하여 실행할 수 없는 일이었다. 물론 평양 기생이었던 여성이 "화성돈에 가셔 십년만에 고등학교를 졸업ᄒᆞ"였는데 "학식과 언론이 위여ᄒᆞᆫ 장부의 풍치가 잇다 ᄒᆞ니 감탄ᄒᆞᆯ 사(事)"(「여자 졸업」, 『만세보』, 1906년 8월 7일)라는 기사를 접할 수 있기도 하다. 그러나 신문 기사에서 실제 실명이 거론되어 특별히 게재되는 것(「양(兩)부인 유학」, 『만세보』, 1906년 11월 29일; 「여자 유학생의 고송(孤送)」, 『황성신문』, 1907년 5월 3일; 「여학도 유학」, 『황성신문』, 1908년 9월 5일)을 볼 때 흔하지 않은 일이었음을 알 수 있다. 더구나 청나라의 여자사범학당 여학생 25명을 일본에 유학시켰다는 외국의 사례(「청국여자유학」, 『만세보』, 1907년 3월 10일)까지 기사화될 만큼 여성의 유학은 예외적인 일이었다.

자기 딸을 영창과 결혼시키려고 한다.

주목해서 보아야 할 것은 이들이 외국에서 무엇을 공부했는가이다. 이들은 '학문'을 주장하여 정치, 법률 등을 공부하지만 학문과 현실이 어떻게 관련을 맺는지 그 답을 소설 안에서는 찾아보기 힘들다. '문명 강국 건설'이나 '조선 부인 교육' 등과 같은 관념적 선언만 있을 뿐, 왜 그러한 생각을 했으며, 그것이 자신의 공부와 무슨 관계가 있는지 구체화되지 않는다. 오히려 과거의 규범인 충, 효, 특히 절개의 자리에 문명 개화도 함께 오른 것은 아닌가 하는 의구심을 지울 수가 없다. 개화되고 도덕성 있는 인물조차도 효 때문에 어머니에게 부당하게 핍박받는 처를 구하지 못하고 처가로 내쫓기도 한다. 또한 아무리 포악한 성품으로 그려진다고 해도 주인공의 부모와 남편은 결코 징치되지 않는가 하면, 유학을 한 자, 혹은 신교육을 받은 자는 전통적 규범을 더 잘 따라야 한다는 의식[23]이 곳곳에서 발견된다. "히외에 유학도 ᄒᆞ고 신사상도 잇다는 이가 이런 금수의 힝실을 힝코자 ᄒᆞ면 엇지 ᄒᆞ자는 말솜이오"와 같은 생각이 곳곳에 묻어나고 있는 것이다.

그렇기 때문에 이 시기 소설에서는 대개 '얼개화꾼'을 부정적으로 본다. 얼개화꾼은 복장만 양복 일습을 갖추어 입었을 뿐, 어떠한 사상도 갖지 못한 자들이다. 그렇다면 성공적으로 공부를 마친 자들은 이러한 얼개화꾼이 갖지 못한 사상을 제대로 갖추었는가가 문제이다. 그러나 소설 안에서 이들의 차이는 진지하게 천착되지 않는다. 다만 전통적 규범을 잘 따르면서도 동시에 새로움을 추구하는 것, 문명 개화의 이념을 가지

23 물론 예외적인 경우도 있다. 『목단화』에서 정숙은 유학은 하지 않았지만, 결혼 후 진학하여 여자 사범학교 제1회 최우등 졸업생이 되었다. 보통 여타의 소설에서 여성 인물이 자신이 받은 교육과 관계 없이 여전히 구습에 젖어 있는 집안 갈등으로 세월을 보내는 데 비해, 정숙은 변복(變服)을 하고 강산을 유람하다 서흥학교 선생이 되어 의주 지방의 남녀를 계몽하는 적극적 여성으로 그려진다.

고 있는 것으로 그려질 뿐이다. 문명 개화의 이념이 어떻게 실천될 수 있느냐의 문제는 서사의 바깥으로 밀려나 있을 뿐이다. 결국 이 시기 소설에서 읽어 낼 수 있는 문명 개화의 내용은 조선적인 것의 한계를 확인하는, 개화의 '서곡'을 알리는[24] 데에 그칠 수밖에 없다.

이렇게 유학이 빈번하게 등장하면서도 그 실체가 잡히지 않는 것은 외국에 대한 막연한 환상을 바탕으로 했다는 데에서 그 이유를 찾을 수 있다. 문명 개화란 반드시 외국에서 배워 와야 한다는 것이다. 이러한 생각의 바탕에는 정부 차원에서 추진된 유학 정책과 당시 새로운 세력인 개화파의 성격이라는 문제가 동시에 존재하고 있었다. 개화파는 지배 계급 내부의 모순 관계에 의해서 힘의 열세로 인해 외세 의존적 성향이 강할 수밖에 없었다.[25] 당시 개화파는 유교 이념의 무력화로 공허해진 중심을 대신할 내적 근거로 외국으로부터 온 신문명이라는 기호를 내세웠다.[26] 그렇기 때문에 외국은 우리보다 나은 존재로 상정되었다. 『제국신문』, 『대한매일신보』, 『독립신문』 등 당시 문명 개화의 여론을 선도했던 신문들에 논설 혹은 소설이라는 이름으로 실린 단형 서사체에는 외국 사람과의 문답 등 외국인이 조선인을 일방적으로 가르치는 유형이 많다. 이러한 형식이 하나의 양식으로 자리잡을 만큼 외국은 조선을 계몽시키는 선생의 역할을 맡고 있는 것으로 간주되었던 것이다.

따라서 소설 속에서도 "일즉이 문명 각국에 만히 유람" 한 사람은 "셰계 형편을 요연히 아는" 사람이고, 그 사람은 학식이 풍부한데다 정의롭기까지 한 것으로 그려지며, 일본과 서양인은 시혜자로서 등장한다. 이

24 최기숙, 「교육 주체로서의 여성과 서구 유학의 문제」, 『여성문학연구』 12(2004), 127쪽.

25 양문규, 「개화기 문학 담당층의 사회 · 역사적 성격-신소설 작가를 중심으로」, 『국제어문』(2002), 23쪽.

26 나병철, 『근대 서사와 탈식민주의』(문예출판사, 2001), 248쪽.

러한 점이 이미 전제되어 있기 때문에 외국 유학은 큰 망설임 없이 선택할 수 있는 하나의 관습적 장치가 된다. 그래서 외국 유학을 합리화하거나 개연성 있는 것으로 하기 위한 서사적 기교가 필요하지 않게 되는 것이다. 문제는 신교육의 습득이 유학을 통해서 가능하다는 생각 자체가 아니라, 유학이 일종의 유행처럼, 세련된 양복과 서구적 매너나 마찬가지로 인물을 장식하는 하나의 기호에 지나지 않는다는 점이다.

이것은 서사 내에서 다음 두 가지 점에서 증명될 수 있다.

첫째, 신소설에 나타난 유학 대상국은 서양으로 집중되어 있다는 점이다. 『은세계』, 『모란봉』(이인직, 1913), 『모란병』(이해조, 1911), 『원앙도』(이해조, 1909), 『치악산』(이인직, 1908) 등의 인물들은 미국으로, 『금강문』(최찬식, 1914)에서는 영국으로, 『쌍옥루』(조중곤, 1912)에서는 독일로 유학을 떠나며, 『혈의 누』는 일본과 미국, 『추월색』은 일본과 영국이 유학 대상국이다. 신문 기사를 통해 볼 때 실제 유학 대상국이 주로 일본으로 집중되어 있음에도 소설에서는 일본 유학보다 미국 유학이 더 빈번히 등장한다. 이 점은 당시 소설에서 유학이 대중들의 흥미를 자극하는 도구로서의 역할을 했기 때문이라고 판단된다. 일본 유학이 주류화된 현실에서 일본행은 이제 새로운 흥미를 제공해 주지 못한다는 판단이 작용했을 법하다. 유학 모티브가 일종의 신기 취미, 호사 취미라고 한다면, 일본보다는 희소성이 있는 서구가 더 매력적이고 흥미롭기 때문이다.

또한 이 점은 '근대=서구=일본'이라는 공식을 '근대=서구≒일본'으로 수정해야 할 필요성을 제기하기도 한다. 일본은 서구의 것을 조선보다 먼저 받아들였다는 점에만 의의를 둘 뿐, 문명 개화란 곧 서구화라고 생각했음을 유학 대상국에서 발견할 수 있는 것이다. 실제로 일본에 집중적으로 유학한 까닭이 지리적인 이점으로 인한 경제적인 이득과 인종적 유사함에 있었다고 추론할 수 있다. 조선보다 미개했던 일본이 열강으로 자리잡을 수 있는 까닭이 서양의 문물을 먼저 받아들였기 때문이라고 생각했기에, 조선이 일본을 넘어설 수 있는 근본적인 방법은 더욱더 서양과 근사(近似)해지는 것이라고 여겼던 것이다. 따라서 정부에서 미국 등지의 서양에 유학을 보냄으로써 조선이 자강(自强)할 수 있는 길을 마련해야 한다는 주장이 가능해지는 것이다.[27]

이러한 생각이 신소설에 반영되어 있는 것이다. 관비 유학생으로서 일본에 유학했던 이인직이 그가 실제 경험한 현실을 반영하기 위해서라면 일본에서의 유학 생활을 그렸을 터임에도 미국을 대상국으로 설정한 데에는 이러한 이유가 있는 것이다. 『혈의 누』에서 일인은 긍정적으로, 청인은 부정적으로 그려졌다는 점에 문제를 제기하곤 한다. 그러나 옥년을 도와 준 일본인이 끝까지 옥년을 책임지지 못하고 결국 같은 조선인인 구완서의 도움으로 미국으로 유학을 간다는 점을 주목해 볼 필요가 있다. 이인직 역시 미국과 같은 서양의 문물을 조선이 직접 받아들임으로써 일본의 그늘에서 벗어나야 한다는 논리를 가지고 있었다고 추론해 볼 수 있는 것이다.

---

27 다음과 같은 글에서 이와 같은 생각의 일단이 잘 드러난다. "일본은 40년ᄂᆡ 신진ᄒᆞᆫ 나라이라 …… (중략) …… 일본 학문을 슝ᄇᆡᄒᆞ고 모범ᄒᆞ려 ᄒᆞᄂᆞᆫ 것은 그림자의 그림자오 그림의 그림이라 엇디 문명의 실디 진경을 구경ᄒᆞ리오 …… (중략) …… 영국은 졍티의 근원이며 샹업의 듕심이며 ᄒᆡ군의 뎨일이오 법국은 자유의 조샹이며 법률의 근거며 화려의 도회며 덕국은 학슐의 근원이며 륙군의 듕심이며 디방자티의 뎨일이오 미국은 민쥬의 조샹이며 물산 풍부의 뎨일이며 졔조 건츅의 도회라 …… (중략) …… 영법덕에ᄂᆞᆫ ᄒᆞᆫ ᄉᆞᄅᆞᆷ도 잇단 말을 듯지 못ᄒᆞ얏고 미쥬에 겨우 십수 인 인ᄃᆡ 다 하와이 이민으로 건너와 자긔가 학비를 벌어셔 공부ᄒᆞᄂᆞᆫ고로 완젼치 못할 샏더러 그 곤란ᄒᆞᆫ 형샹을 참아 눈으로 볼 슈 업고 본국으로 ᄃᆡ리ᄒᆞ야 자비유학ᄒᆞᄂᆞᆫ 쟈ᄂᆞᆫ 불과 ᄒᆞᆫ 두 ᄉᆞᄅᆞᆷ이라 …… (중략) …… 일본에 유학인들 엇디 다 필요치 아니ᄒᆞ리오만은 보호국의 붓글엄과 속방인의 분함을 닛고 물읍을 쑬고 수업ᄒᆞ다가 도로혀 슝ᄇᆡᄒᆞ며 앙모ᄒᆞᄂᆞᆫ 사샹이 ᄉᆡᆼ겨 젼일 지라 학문에로 예가 되야 쇼듕화되기를 자칭ᄒᆞ든 옛 학쟈와 ᄀᆞᆺ치 쇼일본을 자칭ᄒᆞᆯ가 두려워ᄒᆞ노라 …… (중략) …… 국ᄂᆡ 쳥년학ᄉᆡᆼ은 발분강긔ᄒᆞ야 부급속장ᄒᆞ고 구미렬국에 분ᄇᆡᄒᆞ야 날마다 수십 명 수ᄇᆡᆨ명 수쳔 명식 건너가 유학ᄒᆞ기를 쳔만공츅ᄒᆞ노라." 「아청년가유학구미(我靑年可留學歐美)」, 『공립신보』, 1905년 11월 20일.

둘째는 그들의 귀향 후이다. 집 떠남은 집으로의 귀환을 담보하고 있다. 소설 속 인물들이 거쳐 가는 개화의 길은 조선의 현실에서 벗어나는 것이었다. 인물들은 조선의 현실에서 벗어나, 일상의 삶을 문명 개화를 통해 학습한다. 그렇다면 이 인물들이 돌아와서 만드는 세계는 원래의 조선적인 현실과는 달라야 할 터이다. 그러나 이 인물들은 돌아와서 다시 원래의 현실 속에 파묻히고 만다. 이들이 변화의 움직임을 보였으나 강고한 현실에 패배한 것이 아니라, 대개의 인물들은 개인적이고 구태에 사로잡힌 문제를 지속시키는 것이다.

그런데 이러한 문제들이 지속될 수밖에 없다고 느끼는 순간 모든 문제는 일거에 해결되어 버린다. 문제 해결의 실마리를 현실에서건 서사 안에서건 발견할 수 없는데 일거에 해결된다는 것은 비현실적이다. 이렇게 갑자기 이루어진 해피 엔딩은 변화의 실체가 없다는 것을 증명해 준다. 지극히 추상적이고 낙관적인 유학의 상상력으로 현실과는 다르게 외국으로의 이동을 그토록 쉽게 그렸으나, 그 실체를 작가 스스로도 찾지 못하고 있는 것이다. 그렇기 때문에 외부의 근대적인 것들 혹은 이국적인 것들을 선망하면서 문명 개화를 추상적으로 주장하게 되고, 당연히 서사는 위축될 수밖에 없다.

이러한 낙관적 상상력은 당시 엄청나게 급변하는 정세 속에서 살아가는 일반인들의 정서와 상반되는 측면이 있다. 새로운 세계는 자신이 속해 있던 기존의 세계를 압도하는 여러 요소들이 있고, 실제로 조선 사회는 외부의 힘에 굴복해 가고 있는 시기였다. 죄악이라고 생각했던 과부의 개가가 정부 차원에서 공식화되고, 규중에 갇혀 있을 수밖에 없었던 여성들이 새로이 교육을 받을 수 있는 교육 기관이 설립되고, 세습적인 신분제가 표면적으로는 부정되고, 정혼이 아닌 개인 간의 연애 감정으로 자유롭게 결혼을 하는 등의 새로운 제도와 사회 · 문화 현상들은, 아직 일상에 전폭적으로 스며들지 못했다. 당시 평균적인 사람들은 기존의 살던 방식과 다른 낯선 세계를 거부하려 했다.[28] 이러한 불안 심리가 외부 세계에 대한 공포감을 갖게 한다.[29] 공포스러운 세계는 곧 강한 세계이다. 친숙한 것의 경멸과 이질적인 것의 공포가 상호 작용[30]을 하는 것이다. 이 시기 소설은 이러한 양가 감정 중 '동경'의 측면이 극대화되어 드러난다.

3. 예외적 일상으로서의 여행

당시 여행의 형태를 재구성해 볼 수 있는 자료는 많지 않다. 수학 여행에 관한 기사[31]가 간혹 실리기도 하지만, 대개는 신문에 실리는 관광단이

---

28 전차가 처음 개통되던 시기에 전차에 대한 강한 거부감이 다음과 같이 표현되기도 했다. "우리 조상들의 말씀에 의하면, 우리는 어떠한 이유로도 성문 밖에서 잠자고 있는 돌거북의 잠을 방해해서는 안 된다고 한다. 선조들의 말씀에 의하면, 일단 그가 잠을 깨기라도 하는 날이면 우리 나라에는 큰 난리가 일어난다고 한다. 이제 전차가 달리는 소리로 인해서 그 거북은 잠을 깨게 될 것인데, 우리는 이러한 사태를 보고만 있을 수가 없다. 전차의 운행은 중지되어야 한다." F. A. 매켄지, 『대한제국의 비극』, 신복룡 역주(집문당, 1999), 102~130쪽; 박천홍, 앞의 책, 28쪽에서 재인용. 이 예에서 알 수 있듯이 당시에 서구에서 들어온 것들이 자연스럽게만 수용되지는 않았다. 그런데 같은 시기 소설의 주인물들이 서구의 모든 것에 찬탄을 보내며 당연한 것으로 받아들이고 있다는 점이 흥미롭다. 이 점은 당시 소설 작가들의 계층과 의식에 대한 면밀한 연구의 필요성을 제기한다.

29 당시 서양인들의 조선 기록을 볼 때도 이 점은 잘 드러난다. 조선인들은 이질적인 풍습과 외모를 지닌 서양인들을 호기심의 대상으로, 때로는 공포의 대상으로 보았다. 외국인에 대한 선호는 더 나아가 서양인들을 마력적인 힘의 소유자로, 무엇이든 다 할 수 있는 초능력자로 인식하기도 했다. 반면 외국인에 대한 공포감은 서양인들이 아기를 잡아먹고 산다는 '어린이 유괴 소동' 사건과 같이 외국인에 대한 극단적인 혐오증이나 공포증으로 확산되기도 했다. 최숙인, 「타자의 시각으로 본 여행자 문학-19세기 말 서구 지식인의 한국 여행 체험」, 『비교문학의 새로운 조명』(태학사, 2002), 42~46쪽 참고.

30 나병철, 『탈식민주의와 근대문학』(문예출판사, 2004), 74쪽.

31 보성고등학교 수학 여행을 맞아 논설을 통해 그들에게 당부하는 말(「논설 보성학교 수학 여행」, 『황성신문』, 1909년 5월 9일)을 싣기도 했고, 대구군공립보통학교 직원과 학생들이 일본 공진회를 보기 위해 철도국에 승차료 할인을 받았다는 기사(「학원관광」, 『대한매일신보』, 1910년 3월 20일)를 게재하기도 했다. 이 밖에도 『황성신문』에 다음과 같은 기사들이 실렸다. 「아국동양어학교생의 수학여행」, 1901년 7월 26일; 「수학여행」, 1908년 10월 24일; 「보교 수학여행」, 1910년 5월 19일; 「보상 수학여행」, 1910년 5월 20일.

나 유람단의 동정에 대한 기사로 미루어 짐작해 볼 수 있을 뿐이다. 당시 신문에는 관광단에 대한 기사가 많이 실리는데, 이 때의 주 내용은 독일, 러시아, 미국 등지의 관광단이 도일했다는 등의 외국 관광단에 대한 것이다. 조선에서 조직된 관광단은 유력한 사람들의 모임이었다.[32] 이를테면 1910년 4월에 조직된 관광단은 구성에 관한 기사를 보면 황실 대표 · 정부 대표 · 부민 대표가 있었고, 이들에게 "대황제 폐하게옵셔" "특별히 금화 250원을 하사"[33]하기도 했다. 그런 반면 현재의 패키지 여행의 성격을 띠는 경우도 있었다.[34] 당시 여행객 수는 점차 늘어 1909년 4월 한 달에 "관부연락선 여객 조사를 흔즉 도일자(渡日者)가 2,060인이오 도한자(渡韓者)가 3,978인" 이었다.[35] 외국 여행이 늘어나면서 여권 발급에 관한 규칙이 제정되기도 하고,[36] 여행 때마다 여권을 발급받는 단수 여권이 아니라 복수 여권이 허용되는 지역이 생기기도 했다.[37]

이렇게 실제로 외국 여행이 증가하면서 소설 속 인물들도 외지에 오래 머물면서 여유를 찾게 된다. 이 때의 여행은, 계기는 환란으로부터의 도피였다고 하더라도 이미 낯선 풍물을 관조하거나 그 그림 속에 섞여 들

---

32 이와 관련한 기사 중 "종2품 정만조씨는 총상(總相) 이완용씨이게 운동ᄒᆞ야 충남관찰사로 내정이 되엿는데 차는 관광단의 효력이라더라"(「관광지교」, 『대한매일신보』, 1909년 11월 16일)라는 기사는 관광단이 유력 인사들로 구성되었고, 그 안에서 모종의 정치적인 로비와 결탁이 있었음을 시사한다.

33 「관광단원 구분」, 『황성신문』, 1910년 4월 21일. 이 때 관광 단원의 구성을 보면 황실 대표 김춘희 · 여규형, 정부 대표 조중응, 부민 대표 유길준이었고, 황제는 조중응에게 금화를 하사했다.

34 대구군 대한협회지부에서 일본 공진회 관광단을 조직했고(「관광조직」, 『황성신문』, 1910년 4월 9일), 목포의 일본인 신문 『목포신보』가 일본 관광단을 모집했는데 기간은 2주, 단비는 40원이었다(『황성신문』, 1910년 3월 27일).

35 「여객조사」, 『황성신문』, 1909년 5월 5일.

36 외국에 여행하는 자는 여권을 신청하기 위해서 성명, 본적지, 현거지, 가족, 연령(만세년 혹 모년 모월모일생), 직업, 여행지명, 여행 목적 등을 기재하고, 호적등본이나 성명, 본적지, 여칭(旅稱)을 증명하는 문적을 첨부하여 이사청(理事廳)이나 이사청지청에 출원해야 한다. 『관보』 3757, 1907년 5월 4일.

37 복수 여권이 허용되는 지역은 청나라의 성경성 · 길림성 · 흑룡강성, 러시아의 연해주 · 흑룡주이다. 『관보』 3760, 1907년 5월 8일.

어가는, 이국적인 생활이 일상화되는 지점이라 할 수 있다. 아래의 인용문들은 조선에서 보기 힘든, 새롭고 낯선, 공원에서의 산책 문화를 보여준다.

열요(熱鬧)ᄒᆞ기로 유명ᄒᆞᆫ 샹푸란시쓰고(桑港)에, 야소교당, 쇠북쇼ᄅᆡᄂᆞᆫ 셰간진루(世間塵累)가, 조곰도 업시 말고, 한가ᄒᆞ고, 고요ᄒᆞ고 그윽ᄒᆞᆫᄃᆡ, 여음(餘音)이 바ᄅᆞᆷ을 ᄯᅡ라, ᄒᆞᆺ터져 나가다가, 수천미돌(數千米突) 밧게, 나지막ᄒᆞᆫ 산을, 은〃히 울니며, 스러지고, 산 아ᄅᆡ 공원 속에, 가목무림(佳木茂林) 푸른 빗만 보힌다.

천기청명(天氣淸明)ᄒᆞᆫ한 일요일에, 공원에 산보ᄒᆞ러 모혀드ᄂᆞᆫ 신사와 부인은, 한가ᄒᆞᆫ 겨를을 타서 한가히 놀너온 사ᄅᆞᆷ들이라, 그 사ᄅᆞᆷ 모힌 공원은 다시 열요쟝 되야 복잡ᄒᆞᆫ 사회 현샹(社會現象)이, ᄯᅩᄒᆞᆫ 이 가온ᄃᆡ에 보히ᄂᆞᆫᄃᆡ, 유심ᄒᆞᆫ 샤진가(寫眞家)가, 젼 사ᄅᆞᆷ의 ᄌᆞ최 비밀히 감쵸힌 것(前人踪跡秘密藏)을, 후인에게 젼ᄒᆞ려고, 샤진 긔계를 가지고, ᄃᆞᆫ이면셔, 이리뎌리 둘너보다가, 취미 잇ᄂᆞᆫ 진샹(眞狀)을 가려셔 ᄇᆡᆨ히고 ᄇᆡᆨ히ᄂᆞᆫᄃᆡ, 열요한 사람들은 간단 업시 활동이라

드믓〃〃ᄒᆞᆫ 나모 틈에, 허연 돌란간(石欄干)이 보히ᄂᆞᆫᄃᆡ, 그 돌란간 아ᄅᆡ 돌연못(石池)이 잇있고 돌 연못 가온ᄃᆡ ᄉᆞᄌᆞ형 셤이 잇고 ᄉᆞᄌᆞ 등 우에 금부어(金鮒魚) 러주투 셔셔, 슈정가루 ᄀᆞᆺᄒᆞᆫ 물을 ᄲᅮᆷ아 올녀서, 셔늘ᄒᆞᆫ 긔운을 드리엿ᄂᆞᆫᄃᆡ, 공원에 구경ᄭᅮᆫ은, 못가에 몰녀가셔, 돌란간에 의지ᄒᆞ고, 노ᄂᆞᆫ 고긔를 ᄂᆡ려다본다.[38]

붉고 붉은 그 달빗헤 동경 상야공원이 일폭 월세계를 이루엇스니 ……

38 이인직, 「모란봉」, 『매일신보』, 1913년 2월 5일.

(중략) …… 녀학싱은 나히 열팔구세짐 된 듯ᄒᆞ며 신션ᄒᆞᆫ 조화로 머리를 장식ᄒᆞ고 자지빗 하가마를 잔졍ᄒᆞ게 입엇는ᄃᆡ, …… (중략) …… 엇던 하이칼나젹 소년이 …… (중략) …… 파나마 모자를 폭 숙여쓰고 금테 안경은 코허리에 걸고 양복 압셥 썩 갈라붓친 속으로 츅 느러진 시계줄은 월광에 틔여 반작〃〃ᄒᆞ며 바른손에는 반님 탄 여송연을 손가락에 가마쥐고 왼손으로 단장을 드러 향ᄒᆞ는 길을 지점ᄒᆞ고[39]

『모란봉』과 『추월색』의 서두이다. 이 소설들은 새로운 문물들을 나열하면서 이야기를 시작하고 있다. 우선 시공 자체가 새롭고도 신기하다. 발음하기도 힘든 '상푸란시쓰고(샌프란시스코)' 공원과 동경(東京)의 '상야(上野 : 우에노)' 공원의 '일요일'의 한 풍경을 보여 준다. 음력을 써왔던 조선에서 1896년부터 공식적으로 사용한 양력으로 측정되는 새로운 시간, 전통적인 뜰이나 정원과는 달리 대중들을 위해 인공적으로 대규모로 조성된 공원이라는 새로운 공간은 세련됨으로 다가온다. '미돌(미터)'이라는 서양의 도량형 단위, 수정가루처럼 물을 흩뿌리는 분수, 기억을 넘어서 지금 현재의 순간을 고정화시켜 보존할 수 있는 사진기, 그리고 그 문명의 이기 앞에서 태연하게 여가를 즐기는 사람들은 독자들에게 낯설고 새로워서 매력적이다. 이러한 낯선 문화를 친숙하게 자신들의 것으로 하고 있는 인물들의 복색 또한 새롭다. 정임은 '하카마'라는 치마를 입고 머리에 조화로 장식을 하고 달밤에 우에노 공원을 산책하고 있다. 그리고 한영은 서양식 멋쟁이인 '하이 칼라'적 소년으로, 여름이라고 '파나마 모자'를 쓰고, 긴 담뱃대가 아닌 여송연을 물고, 서양 신사처럼 반짝거리는 시곗줄을 늘어뜨리고서 단장을 짚으며 산책한다. 이 공

39 최찬식, 『추월색』 7권, 3~5쪽.

원을 우연히 지나던 영창 역시 높은 '중산모자'를 쓰고 '후록고투(프록코트)'를 입고 있다.

그런데 서구적인 것이 일상으로 들어올 때 유학의 목적이었던, 야만의 상태에 있는 조선의 문명 개화나 그 어떠한 자의식도 끼어들 여지는 없어진다. 1908년을 전후해 실제로 일본 유학생이었던 김원극이 우에노(上野)·아사쿠사(淺草)·히비야(日比谷) 공원을 유람하며 공원 조성의 목적이 관물지리(觀物知理)에 있음을 생각하며 "아! 우리 나라 동포들은 이러한 공원 놀이도 일찍 해보지 못했으니"[40] 하고 안타까워하는 지식인의 한탄이 끼어들 틈이 없는 것이다. 외국에서 생활하는 인물들은 거기에서 '밀크'와 '가피차(커피)', '부란데(브랜디)'와 '삼판주(샴페인)'를 마시며, '양복'을 입고 '불란셔 졔조 살쥭경'을 쓰고 '흰 썩가릐 만흔 여송연'을 피우면서 박물관과 동물원을 구경하고, '스크링쓰'나 '스미트' 같은 이름의 서양인과 영어로 이야기를 나누며, '호텔'에서 유하면서 '텔불(테이블)'에서 편지를 쓰고 '젼긔쵸인죵'으로 '색이'를 부른다. 이렇게 인물들은 집 안에서의 고난을 피해 외국으로 떠나서 외국의 삶을 일상화한다.

근대적 혹은 서구적인 삶을 일상적으로 살아가던 이들은, 이제 피난으로부터 비롯된 집 떠남이 아닌 여가라는 의미에서의 여행[41]을 떠나기도 한다. 『안의 성』에서 상현은 실의에 빠져 구라파로 여행을 가고, 『금강

40 김원극, 「히비야공원 유람기」, 『식민지 지식인의 개화세상 유학기』(태학사, 2005), 35쪽.

41 19세기 초까지만 해도 여행은 특별한 계층에 국한되는 일이었다. 16, 7세기부터 있었던 그랜드 투어는 귀족과 부유층의 자제들을 대상으로 행해진 것으로, 외교 활동을 위해 다른 나라의 궁정의 풍속을 보고 익히며, 유럽 각국의 문화·예술·지식 등에 대한 견문을 통해 식견을 쌓는 것을 목적으로 했다. 그런데 18세기 후반에는 귀족뿐만 아니라 중간 계급의 자제들도 그랜드 투어에 합류하게 되고, 시간이 지남에 따라 점차 여행의 성격도 바뀐다. 감정적으로 중립적인 관찰과 고급 문화 예술에 대한 기록에 토대를 두었던 여행의 성격이 낭만적으로 바뀌는 것이다. 이와 더불어 관광의 개념도 생겨나기 시작한다. 서영채, 앞의 논문(2004), 250~251쪽.

문』에서 정진은 금강산[42]을 유람한다. 『추월색』에서 정임과 영창은 '외국 공긔'를 마신 사람들답게 신식 결혼을 하고 나란히 서서 정답게 이야기하며 만주로 신혼 여행[43]을 떠난다. 영창은 프록 코트에 고모(高帽)를 쓰고 정임의 분홍 양복 치마가 땅에 끌리지 않도록 들고서 걷고, 정임은 옥색 양산을 받는 세련된, 서구적인 모습이다.

신혼 여행은 다음과 같이 설명된다. "신혼여힝은 셔양 풍속에 서로 혼인훈 신랑신부가 겨로 심지도 흘너 보고 학식도 시험ᄒᆞ며 쳐음으로 졍분도 드리고자 ᄒᆞ야 외국이ᄂᆞ 혹 명승지로 여힝ᄒᆞ는 것인디 만일 셔로 지긔가 상합지 못ᄒᆞ면 그 길에 이혼"을 하기도 하는 여행이다. 이들이 가는 신혼 여행의 여정 또한 길고도 화려하다. 남대문 정거장에서 의주 북행차를 타고서 개성에서는 황량한 만월대, 처창한 선죽교의 고려 고적을 구경한다. 그리고 평양에서는 연관정에 올라 포도주를 서로 권하고 마시며, 부벽루, 모란봉, 영명사, 기린굴을 보고, 안주 백상루, 용천 청유당, 의주 통군정, 풍범사도, 연운죽주를 돌아 압록강 건너 구련성에 들른 후 계관산과 송수산을 오른다. 이들은 이제 단순히 집을 떠나 선택의 여지 없이 타지(他地)로 가는 것이 아니다. 이들은 한 곳의 목적지에 도달하

---

42 한국에서 여행은 개화기를 지나 일제 시대에 이르면서 일상적인 문화로 자리잡아 갔다. 철도가 한반도 곳곳으로 뻗어가면서 여행은 언제든 가능한 것으로 인식되었다. 왜곡된 형태이긴 하지만 소비 문화가 점차 꽃을 피우면서 꽃놀이나 피서 같은 풍속이 유행하게 되었다. 해변, 온천, 산 등이 여행지로 개발되기도 했다. 1920년대에 들어서면서 기차 여행은 자연스러운 것으로 자리잡는다. 일제는 1904년 월미도에 순환도로를 건설하고 1918년에는 월미도를 풍치 지구로 지정한 뒤 녹화 사업을 벌였다. 1920년대에는 온양을 일본인 목욕탕으로 개조하면서 온천을 개발하기 시작하여 부산 동래온천 등 여러 곳에 온천을 관광지로 계획적으로 조성했다. 그리고 본격적으로 금강산을 관광 상품으로 개발해 인근의 원산해수욕장까지 관광객으로 들끓게 되었다고 한다. 1914년 경원선이 완공되고 '금강산 전기철도 주식회사'가 전기철도를 가설하면서부터 관광지로 부상한다. 1926년 두 명의 일본인에 의해 금강산 안내서인 『금강산 탐승 안내』라는 관광 안내서가 간행되기도 했다. 박천홍, 앞의 책, 359~369쪽 참고.

43 신혼 여행은 서구에서도 19세기 말에야 확산되어 사회적으로 낮은 계층으로 전파되었다는 점을 볼 때 이들의 신혼 여행은 그야말로 새롭다. 필립 아리에스 · 조르주 뒤베, 『사생활의 역사』, 전수연 옮김(새물결, 2002), 649쪽.

는 것이 목표가 아니라, 그 돌아다님의 과정을 즐긴다.

『안의 성』의 상현 역시 "전지구 일주유(全地球 一周遊)"를 하기 위해 떠나는데 "다만 울울한 심회를 금치 못해 세상 구경이나 시원히 할 목적"이다.

금수강산을 유람하다.

신의주 시가의 새로 번창함을 보다.

(압록강 철교를 건너 동청철도를 타고)

봉천부에서 시가의 번성함과 물화를 교통하는 상태를 관찰하다.

북경에 들어가서 가옥의 굉걸함과 물산의 풍부함에 경탄하다.

(남청철도를 타고)

상해에서 동서양 인물의 폭주병진하는 성화를 구경하다.

남경 오송의 문물을 사랑하고, 한가한 자취로 동정군산과 소상춘수에서 놀다.

(상해에서 윤선을 타고 인도양을 횡단하여)

인도에서 열대지의 동식물이며 새로 발달되는 공업품을 낱낱이 시찰하다.

파리, 백림, 피득보(페테르스부르크) 등의 장걸한 시가를 열력하다.

瑞西(스위스)의 빙하공원, 화란, 丁抹(덴마크), 서반아, 이태리 등의 풍물을 구경하다.

영국 수부 런던의 장관을 유람하다.

阿弗利加(아프리카)의 사하라 사막, 희망봉 산맥을 바라보다.

연초 산지 애급과 열강의 점령지를 낱낱이 구경하다.

(태평양 너른 바다에 용맹한 돛을 달아 적도선을 통과하여)

호주에서 세계에서 제일 풍부하다는 물산 등의 모든 상황을 목도하다.

남양제도 야만 인종의 기괴한 풍속을 재미있게 구경하다.

동경의 모든 풍물과 교토, 오사카, 시모노세키 등의 화려한 물색과 선미한 풍속을 관광하다.

(연락선을 타고 부산에 도착, 급행차를 타고 경성으로 와서)

수원, 보은 속리산, 부여 백마강 등의 미려한 강산을 열력하다.

대구의 즐비한 시가를 구경하다.

진주의 촉석루를 구경하다.

『신문계』에 금강산[44]과 개성[45] 기행문을 연재한 최찬식답게 그의 소설에는 순수한 '여행'이 등장한다. 이 때 여행은 앞서의 유학과 다르다. 유학은 관념 혹은 장식에 불과하더라도 실용적인 여행이다. 더구나 이 시기 유학은 낡은 조선 사회에 대한 계몽이라는 분명한 목적성을 띤 여행이다. 반면 『추월색』, 『안의 성』, 『금강문』에서의 여행은 여가로서의 여행이다. 그런데 인물들은 무엇인가를 보지만, 자아가 외부를 바라보는 시선이 구체화되지는 않는다. 단순히 풍경의 감상이라도 자아의 시선이 드러나기 마련이다. 그러나 이 소설들에서 여행은 그저 많은 지명들의 나열로 끝나는 경우가 많다.

동시에 작가는 의도적으로 여행에 목적을 부여하기도 한다. 이러한 목적성에는 당시 여행이 아직 순수한 일상 혹은 여가로서의 의미로 자리잡은 것은 아니었다는 현실이 반영되어 있다. 당시 '관광', '유람' 등의 어휘로 표현되는 여행은 시찰의 의미를 강하게 띠고 있었다. 『안의 성』에서 상현의 행위가 놀고, 구경 · 유람 · 관광하는 것으로 한정되고, 그것에

44 해동산인(海東山人) 혹은 해동초인(海東樵人), 「금강(金剛)은 천연적(天然的) 공원(公園)」, 『신문계』 1호~7호(1913); 해동초인, 「금강산의 일폭(一幅)」, 『신문계』 5권 1호~3호(1917). 해동산인, 해동초인은 최찬식의 필명이다.

45 최찬식, 「학술연구세계주유기(學術研究世界周遊記)」, 『신문계』 9호(1913).

대해 재미있어 하고, 그것들을 사랑하며, 그것들로부터 위로받는 데 그쳐도 아무런 문제가 없다. 그런데 굳이 관찰, 시찰, 목도하여 서구의 놀라운 공산품과 정경에 감탄한다. 이러한 서술어들에서 여행을 실용적인 목적, 즉 문명 개화라는 쪽으로 귀결시켜야 한다는 강박이 작용하고 있음을 읽어 낼 수 있다. 그래서 상현이 구라파로 가서 "류명호 정치가, 재산가 등을 찾아드니며 자기의 세계 주유의 취지를 설명호미, 간 곳마다 지극히 환영호며 영준호 지화를 찬양호여 다수호 기부금을 보조" 해 주었다고 굳이 밝힌다. 상현의 세계 일주 목적에 구라파의 유명 정치인들까지 동의하여 찬탄했다는 점을 들어 여행의 의미를 승인받으려고 하는 것이다. 그러나 그가 돌아와서 한 일이란 어머니를 찾으러 나선 다급한 상황에서도 어디가 "장관이라 호니 잠간 구경" 하고 다니는 것뿐이다.

상현의 세계 일주가 어떠한 실용성을 가지고 있는지는 분명하지 않다. 분명한 것은 그가 서구의 거대한 광경, 혼란의 풍경들을 마주 대하고 싶어했으며, 그 결과로 시야를 넓히고 새로운 교양을 취득할 수 있다는 점이다. 외국 여행을 통해 자연이든 진귀한 풍물이든 새로운 문물이든 외부의 장관이 내면에 어떤 자극을 준다면, 그 자체로 학습의 효과가 있다. 자신들과 다른 방식으로 살아가는 사람들이 있다는 것을 여행을 통해 학습했다면, 그 실상과 그것에 대한 자신의 감상과 판단, 해석을 진지하게 전달하는 것만으로도 계몽의 의도는 실현될 수 있다. 외부 세계에 대한 인식은 '나' 혹은 '우리'의 경계와 성격을 분명히 해야 한다는 요구[46]를 담고 있게 마련이다. 그러나 인물도 서술자도 여행을 통한 진정성의 경험을 독자들에게 옮겨 주지 않는다.[47] 외부 세계에 대한 찬탄으로 일관함으로써 '우리'에 대해 인식할 기회를 놓쳤고, 그 결과 돌아와서 사회 맥

46 김현주, 「국토 기행문의 계보학」, 『한국 근대 산문의 계보학』(소명, 2004), 125쪽.

락을 전혀 변화시키지 못하게 되는 것이다.

사람들은 자신들이 살고 있는 '이 세상' 혹은 그들의 존재 조건에 문제를 느끼고, 그 결과 사람들은 자신이 속해 있는 당연시되는 조건을 의문시하고, 일상 생활과 정상 상태로부터 거리를 둠으로써 그들의 삶의 의미를 되새겨 보려 한다.[48] 그러나 이 시기 소설에서는 후자에 대한 자의식이 적극적으로 발견되지 않는다. 그렇기 때문에 이 시기 소설 속에서 발견되는 여행은 완전한 계몽의 의미도 자아 성찰의 의미도, 여가로서의 의미도 갖지 못하게 된다.

소설 속에 그려진 여행의 실상과 의미가 추상적으로 흐를 수밖에 없는 이유는, 여행의 물질적 기반이 극히 취약했고, 근대적 교통 수단을 이용할 수 있는 계층 역시 극히 제한적이었다는 데 있다. 근대의 신호탄으로서 기차가 등장했으나, 그것은 일종의 상징적 사건에 불과했던 것이다. 그래서 「쾌소년주유시보」에서도 "아시아, 유롭파, 아메리카 등 대륙과 지나, 터어키, ᄯᅥ잇튀, ᄲᅮ릿탠 등 방국(邦國)과 곤륜(崑崙), 히말나야, 럭키 등 산악과 에니세이, 유우ᄯᅳ렛, 나일, 미시십피 등 산하"[49]를 다니겠다는 야심찬 기획을 실현하지 못하고, 개성까지만 갈 수 있었다. 이렇듯 외국으로의 유학과 여행의 일반화는 허구적 세계인 소설 내에서만 가능했다는 점을 알 수 있다.

이 시기 여행은 낯설고 새로운 것들을 대중 독자들에게 흥미롭게 보여주는 방법으로, 즉 서사적 장치로 기능한다. 이러한 점은 1920~30년대

---

47 이러한 점은 최남선과 이광수가 금강산 기행을 하며 느꼈던 내면이 최찬식의 기행문에서 읽히지 않았다는 점과도 연결될 수 있다. 그저 관광 안내서처럼 그 곳에 무엇이 있었다는 정도의 정보만을 주고 있는 것이다. 이러한 차이가, 동시대를 살았던 이광수의 『무정』을 다른 신소설들을 제치고 최초의 근대 소설이라고 평가하는 이유이기도 할 것이다.

48 닝왕, 앞의 책, 12쪽.

49 최건일, 앞의 글, 『소년』 1권 1호(1908), 73쪽.

소설, 특히 통속적이라고 불리는 대중 소설에서 흔히 발견되는데,[50] 그 출발이 이 시기부터라고 할 수도 있을 것이다. 소설 속에 그려지는 이국적 일상은 독자들에게 여행, 혹은 이국적인 삶에 대한 낭만적인 환상을 불러일으킨다. 새로운 것에 대한 나열은 실제 내용과 전혀 관계 없이 붙여진 『비행선』, 『요지경』, 『유성기』, 『현미경』 같은 신소설의 표제들처럼 독자의 흥미를 직접적이고도 일차적으로 유발시키고자 하는 목적에 의한 것이다.

그런데 이국적 물건들이나 풍습은 단순히 그것들의 도입으로 끝나는 것이 아니라, 그 물건이나 이미지를 소비하는 제도, 관습, 행위, 감각, 욕망, 언어, 담론도 함께 수입된다[51]는 점에서 문제적이다. 이들에게 근대는 서구적인 것과 동의어가 되고, 그 서구적인 일상을 누리는 것은 일종의 의무가 되며, 기존의 생활 양식은 미개한 것으로 가치 하락되고 서구적 일상을 누리지 못할 때에는 박탈감을 느끼게 된다. 개화기 소설 속에 그려지는 인물과 그 인물이 처해 있는 상황은 모두 평범하지 않고 예외적이다. 이러한 예외성은 그 자체로 호기심의 대상이 된다. 표면적으로 평균적인 삶보다 물질적으로 우위에 있는 이러한 인물들의 일상은 독자들의 일상과 대조되며, 독자들은 그것을 자신의 것으로 해야 한다는 강박으로 근대를 받아들이게 되는 것이다.

50 곽승미, 「〈순애보〉에 나타난 관계의 미학으로서의 통속성」, 『현대소설연구』 22(2004); 「새로움에 대한 선망과 공포의 불균형 – 1930년대 통속소설의 한 양상, 방인근의 〈방랑의 가인〉」, 『대중서사연구』(2003) 참고.

51 이경훈, 앞의 책, 80쪽.

Ⅳ. 맺음말: '근대'에 대한 강박과 위축

이 시기 소설에 나오는 인물들과 동시대에 해외 여행을 했던 이광수는 "새로 지은 양복에 새로 산 구두를 신고 나서니 저도 제법 양식 신사가 된 양ᄒᆞ야" 흐뭇하고 우쭐한 마음으로 거리를 활보하지만 "진자 양인을 만나매 나는 지금ᄭᅥᆺ 가지엇던 푸라이드가 어느덧 슬어지고 등골에 찬 ᄯᆞᆷ이 흐르어 부지불각에 푹 고개"를 숙일 수밖에 없음을 토로한다. 그는 "양인은 부귀의 기상이 잇고 나는 ᄲᅡ들ᄲᅡ들 양인의 흉내를 내려는 불상한 빈한자의 기상"[52]만이 있음을 힘없이 고백한다. 조선 내에서는 선각자로서의 자부심을 가질 수 있었지만, 조선 땅에서 벗어나 실제 자신들이 그토록 지향하는 문물이 가득한 서양 땅에 이르게 되면, 자연히 위축될 수밖에 없었던 것이다. 자신 내부의 것을 폄하하고 외부의 것을 좇는 자의 아이러니는 이렇게 외부 세계로 나아갔을 때 극명하게 발견되곤 했다.

그런데 신소설에 나오는 인물들의 경우는 그렇지 않았다. 전근대적인 세계에 살다가 근대 문명의 장관을 보면 위축될 수밖에 없는데도 소설 속 인물들에게 서구적인 것은 이미 실재하는 것, 당연한 것으로 그려지는 경우가 많다. 물론 그 문물에 충격을 받는 인물들도 등장하지만, 주요 인물들은 새로운 사고와 사상, 새로운 문물에 대해 놀랄 만치 범연하게 받아들이고 있다. 이것은 실제 현실의 경험이라기보다는 기호화된 근대상이 주입되었기 때문이다, 상징적으로 기호화된 차원에서는 어떠한 새로움도 새로움이나 두려움으로 경험되지 않는 것이다.[53] 이러한 태도는 '문명의 대리 전파자의 위치에 스스로를 올려놓은 그는 더 이상 야만인

52 이광수, 「해삼위로서」, 『청춘』 6호(1915), 79쪽.
53 나병철, 앞의 책, 91쪽.

이 아니라는 인식'[54]에서 비롯된다.

이러한 인식은 구체성을 확보하고 있지 못하다. 그것은 낯선 세계에 대한 묘사가 어떻게 이루어지는지를 통해서 증명할 수 있다. 이 시기의 소설은 여행의 계기에서는 실제 당시 평균인들이 경험할 수 있었던 일상을 반영하고, 여행의 과정과 목적에서는 신문이나 기타 풍문으로 접했던, 아직 실재하지는 않지만 있었으면 하는 근대적 일상을 교차시킨다. 그런데 내부의 문제는 매우 현실적으로 그려지지만, 집 밖의 문제는 의외로 간단하게 처리된다. 내부에서 낯선 문물을 본 경외감은 낯선 것들을 설명하기 위해 낯익은 것들을 끌어들이는 등의 수사[55]를 통해 표현됨으로써 현실감을 획득한다. 그러나 행선지인 외국의 풍경을 묘사할 때에는 그렇지 못하다. 외국의 풍경은 여타의 수사 없이 건조하게 기술되는 것이다. 심지어 지나치는 기차역처럼 많은 지명들을 나열하는 데에 그치기도 한다. 인물들은 여행을 떠나 서구적인 삶을 자신의 것으로 한 듯하지만, 그것을 그리는 서술자는 그 풍경에 동화되지 못하고 이질감을 느끼는 것이다.

그런데 이질감에 대해 천착하지 못하고 다만 상상적으로 외부에 동화되려고 한다. 그렇기 때문에 서구의 상(像)을 지고지선(至高至善)으로 받아들이게 된다. 서구적 근대성을 상대화할 수 없는 지식인은 서구 문명의 모방자이자 찬미자가 될 수밖에 없다. 외부의 우월성을 수락하고 문화적 패배를 인정할 때 정신의 식민화는 이루어진다.[56] '낯선 두려움의

54 정선태, 「신소설에 비친 타자상과 자아상」, 단국대학교 동양학연구소 편, 『개화기 한국과 세계의 상호 이해』(국학자료원, 2003), 134쪽.

55 권보드래, 「양가성의 수사학-이해조의 『빈상설』을 중심으로」, 이용남 외, 『한국 개화기소설 연구』(태학사, 2000) 참고.

56 정선태, 앞의 글, 134쪽.

57 호미 바바의 'unhomely'에서 가져온 개념으로, 나병철의 번역어이다. 'unhomely'는 고향과 세계를 재배치해서 초영토적이고 문화 혼혈적인 것을 창시하는 조건을 만드는 이질적인 감각이다.

세계'[57]를 익숙하고 친숙한 체하는 작가와 그것을 동경하는 독자의 관계 속에서 서구적 근대를 모방하고자 하는 욕망이 더 강해진다. 바로 이 지점에서 위축된 자아상이 형성된다. 놀라운 정경 앞에서 당당하게 놀랄 수 없는 심리의 저변에는 외부에 대한 강한 열등감이 자리하고 있는 것이다. 새로운 것과 옛 것이 공존하지만, 이들 서사에서는 새 것의 가치가 절대적인 것으로 부상한다. 그러나 현실적 조건에 의해 충분히 확장되지 못한 작가의 전망은 서사의 결말을 협소화할 수밖에 없다.

외부의 시선으로 내부를 동화하려고 하지만, 즉 자신이 속해 있는 내부를 타자화하고 외부를 주체화하려 하지만, 근본적인 문제는 외부의 시선을 완전히 내면화할 수 없다는 데에 있다. 외부에서 자신이 이질적 존재임을 인지하지 못함으로써 인식의 전환을 꾀하지 못하는 것이다. 여행 후 귀환했을 때 기다리고 있는 여전한 문제들이 그것을 증명한다. 결국 이 시기에 '근대'란 급작스럽게 외부에서 몰아닥친 어떤 힘이며, 동경은 하지만 아직 자신들의 것으로 만들지는 못한 환영 혹은 관념적인 어떤 것이다. 따라서 '근대'란 외부적인 것에 더 많이 노출된 자의 것이 되어 외국으로의 유학, 혹은 여행이 당연한 서사적 관습이 된다. 그것이 바로 문명인, 즉 근대인이 되는 방법이라 여겼기 때문이다. 이러한 시선은 '내부'를 관찰하는 여행의 기록이 시작되는 1910년대 후반부터 변화를 보이기 시작하면서 주체와 대상의 거리를 분석적으로 다루는 산문 정신

집을 넘어선 낯설음은 사적 · 공적 영역 사이에 역설적인 경계선을 그림으로써 시민 국가의 양가적인 구조를 극적으로 드러낸다. 낯선 두려움의 시간은 내부와 외부, 고향과 세계의 경계선을 넘어서는 순간이다. 여기서 두 항목 사이의 경계선은 주체를 내부의 공간에 폐쇄시켜 그 내부 공간을 지배하는 권력에 예속시키는 작용을 한다. 이러한 심리적 태도는 진부한 일상사에서부터 작용한다. 바바의 경우 'unhomely'는 권력에 예속된 상태에서 벗어나는 새로운 정치학의 출발점으로 재해석한다. 호미 바바, 『문화의 위치』, 나병철 옮김(소명출판, 2002), 41~57쪽; 나병철, 앞의 책(2004), 86~92쪽 참고. 그러나 신소설에서의 여행은 또 다른 예속의 상황을 보여 준다. 이것은 우리의 정치 · 사회적 근대화의 과정과 일치한다.

의 개화와 함께 이른바 근대 소설이 본격적으로 생산된다.

〈참고 문헌〉

『신소설 · 번안(역)소설』 1권~10권, 아세아문화, 1978.

서경석 · 김진량 편, 『식민지 지식인의 개화 세상 유학기』, 태학사, 2005.

이인직, 「모란봉」, 『매일신보』, 1913. 2. 5~6. 1.

최찬식, 『안의 성』, 박문서관, 1915.

『경남신문』.

『공립신보』.

『관보』.

『대한매일신보』.

『만세보』.

『소년』.

『황성신문』.

강내희, 「근대성의 '충격'과 한국 근대성 논의의 문제」, 『문화과학』 25호, 2003.

곽승미, 「〈순애보〉에 나타난 관계의 미학으로서의 통속성」, 『현대소설연구』 22집, 2004.

곽승미, 「새로움에 대한 선망과 공포의 불균형—1930년대 통속소설의 한 양상, 방인근의 〈방랑의 가인〉」, 『대중서사연구』, 2003.

권보드래, 「신소설의 여성성과 광기의 수사학」, 『한국문학연구』 4호, 2003.

김중철, 「근대 기행 담론 속의 기차와 차내 풍경」, 『우리말글』 33호, 2005.

김진량, 「근대 일본 유학생의 공간 체험과 표상—유학생 기행문을 중심으로」, 『우리말글』 32호, 2004.
김현주, 『한국 근대 산문의 계보학』, 소명, 2004.
나병철, 『탈식민주의와 근대문학』, 문예출판사, 2004.
닝왕, 『관광과 근대성—사회학적 분석』, 이진행 · 최석호 옮김, 일신사, 2004.
단국대학교 동양학연구소 편, 『개화기 한국과 세계의 상호 이해』, 국학자료원, 2003.
박천홍, 『매혹의 질주, 근대의 횡단—철도로 돌아본 근대의 풍경』, 산처럼, 2003.
베네딕트 앤더슨, 『상상의 공동체—민족주의의 기원과 전파에 대한 성찰』, 윤형숙 옮김, 나남출판, 2002.
서영채, 「최남선과 이광수의 금강산 기행문에 대하여」, 『민족문학사연구』 24호, 2004.
양문규, 「개화기 문학 담당층의 사회 · 역사적 성격—신소설 작가를 중심으로」, 『국제어문』, 2002.
우미영, 「시각장의 변화와 근대적 심상 공간-근대 초기 기행문을 중심으로」, 『어문연구』 32권 4호, 2004.
이경훈, 『오빠의 탄생 : 한국 근대 문학의 풍속사』, 문학과지성사, 2003.
이용남 외, 『한국 개화기 소설 연구』, 태학사, 2000.
이효덕, 『표상공간의 근대』, 박성관 옮김, 소명출판, 2002.
정혜영, 「신소설과 외국 유학의 문제—이인직의 〈혈의 누〉를 중심으로」, 『현대소설연구』 20호, 2003.
차혜영, 「1920년대 해외 기행문을 통해 본 식민지 근대의 내면 형성 경로」, 『국어국문학』 137호, 2004.
최기숙, 「교육 주체로서의 여성과 서구 유학의 문제—1900년대 신문매체와 소설에 나타난 '서구'와 '유학', '여성'의 관련성」, 『여성문학연구』 12, 2004.

최숙인, 「타자의 시각으로 본 여행자 문학—19세기 말 서구 지식인의 한국 여행 체험」, 『비교문학의 새로운 조명』, 태학사, 2002.

필립 아리에스 · 조르주 뒤비, 『사생활의 역사』, 전수연 옮김, 새물결, 2002.

호미 바바, 『문화의 위치』, 나병철 옮김, 소명출판, 2002,.

개화기 고용 서양인들의 취업 실태와 일상생활

김현숙

I. 머리말

현대 한국의 정부 및 비정부 부문에는 수십만 명의 외국 인력들이 고용되어 경제, 교육, 사회 및 문화 발전에 기여하고 있다. 그들의 노동력과 기술은 한국 경제가 발전하는 데 이바지하고 있고, 그들의 문화 또한 한국 문화를 자극하여 우리의 것을 더욱 다양하고 풍부하게 만들어 주고 있다. 이러한 추세는 세계의 경제와 문화가 하나로 통합되는 21세기 글로벌 시대를 맞이하여 가속화되고 있다.

외국인들이 한국 사회 및 역사 발전에 동참하기 시작한 것은 1880년대 이후부터라 하겠다. 서울 및 개항장에 거주하는 외국인들은 민간 교류 대사 역할을 담당하면서 서구 문화의 유입 창구 역할을 했고, 한국의 전통 문화가 근대 문화로 변화 · 발전하는 데 자극제 역할을 했다. 120여 년 전 어떠한 국적의 외국인들이 무엇을 목적으로 조선에 왔으며, 어떠한 활동을 했고, 어떠한 삶을 영위했는가? 그들 중 일부는 침략해 오는 제국주의자의 앞잡이 노릇을 한 자도 있었고, 상업적 이익을 좇아 경제적 침략의 한 축을 담당한 자도 있었지만, 일부는 한국에 기독교라는 새로운 종교를 전파했으며, 근대식 교육과 병원 설립, 독립 운동을 후원하고 한국에서 뼈를 묻은 자들도 상당히 많이 존재한다. 특히 이화학당이나 배재학당 등을 설립한 외국인들은 대를 이어 한국의 발전에 이바지했다. 그러나 아쉽게도 이들에 대한 역사학계의 관심이나 연구가 진행되지 않고 있다. 따라서 이 연구는 한국에 거주하면서 역사 발전에 동참한 수많은 외국인들의 역사를 재구성하고 그들의 일상 생활을 통해 서양인들의 의식 세계를 규명하고자 한다.

개화기 외국인의 삶이나 일상 생활에 대한 기존의 연구가 미비한 상태에서 전체 외국인들의 역사를 재구성하는 것은 어려운 작업이다. 따라서 이를 위한 첫 번째 작업으로서 이 연구는 연구 대상을 조선에 거주했던 외국인 중 조선 정부가 고용한 서양인에 국한시키고자 한다. 그것은 그들이 당시 거주했던 서양인 중에서 큰 집단을 형성했을 뿐만 아니라, 장기간 거주하면서 한국의 근대화에 일정한 영향을 끼쳤기 때문이다. 그러나 자료 부족의 한계를 보완하기 위해 이 연구에서는 정부 고용인들의 자료 이외에 개화기 거류 서양인들이 남긴 저서들과 문서들을 함께 이용했음을 밝혀 두고자 한다.

II. 고용 서양인들의 취업 동기와 업무

1. 취업 동기와 고용 실태

1860년대 이후 강철, 전기, 화학, 석유 산업의 발전에 힘입어 해상 운송 수단인 선박이 목조 범선에서 증기 철선으로 대체되는 교통 혁명과 전신망의 구축이라는 통신 혁명으로 세계는 더욱 가까워졌고 많은 서구인들이 안전하고 신속하게 동양을 방문할 수 있게 되었다. 1882년 미국 및 서양 각국과의 조약 체결을 계기로 제물포항에는 많은 서양 외교관, 상인, 선교사들이 왕래했고, 정동이라는 외교관 동네에서 집단 거주하면서 생소한 이국 생활을 시작했다. 바로 자본주의 사회의 특징인 자본 및 노동력의 자유로운 이동이 시작된 것이다. 재조선 거류 외국인들의 숫자는 그 이후 급증하여, 1896년 12월 『독립신문』 기사에 따르면, 인천항에 거주하고 있는 일본인은 4,503명, 미국인 15명, 불란서인 7명, 영국인 6명, 독일인 18명, 이태리인 2명, 오스트리아인 1명, 포르투갈인 1명, 스페인인 1명, 그리스인 1명으로 서양인은 총 52명에 이른다.[1] 따라서 국제 도시로서 면모를 갖추기 시작한 수도 한성부에는 더 많은 외국인들이 거주했을 것으로 짐작된다.[2]

조선 정부는 국내 유학자들 및 민중들의 반대 여론에도 불구하고 서양과의 외교 및 통상 관계 증진, 그리고 선진 기술을 도입하기 위해 서양인들을 고용하기 시작했다.[3] 개항이 된 지 6년째 되던 해, 1882년 11월부터 서양인들이 조선 정부에서 근무하기 시작했는데 외교고문 겸 총세무

---

1 『독립신문』, 1896년 12월 22일.

2 이 시기 조선 거주 서양인들을 직업별로 다음과 같이 분류해 보았다. 첫째, 미국, 영국, 프랑스, 독일, 러시아 등 외교관들과 그들의 가족이 있다. 1883년 미국 공사 푸트(L. Foote)를 시작으로 영국, 러시아 등 외교관들은 서울과 개항장에 공사관과 영사관을 설치하면서 영사 업무를 보기 시작했다. 둘째, 조선과의 교역 및 사업을 목적으로 내한한 서양인들이 있다. 1883년 세창양행을 필두로 이화양행, 콜브란 등이 무역회사와 은행의 지점을 개설하고 업무를 시작했다. 이 회사에 소속된 직원들은 주로 조선에 서양의 물품 수입, 선박 회사 운영, 조선산 물품의 수출, 광산 경영, 철도 부설 공사 등에 참여했다. 셋째, 조선에는 상당수의 구미계 선교사들이 거주하면서 기독교를 전파하고 있었다. 천주교를 전파하는 프랑스계 신부들, 기독교를 전파하는 미국계 장로교, 감리교 선교사들, 그리고 성공회를 전파하는 영국계 신부들이 조선 민중과 호흡을 같이하면서 서양 문화를 확산시키는 데 크게 기여하고 있었다. 마지막으로 본고의 분석 대상인 조선 정부 고용 외국인들이 있었는데 서양인 거류민 중 비중이 큰 집단이었다.

3 김현숙, 「한말 조선정부의 고문관정책」, 『역사와 현실』(한국역사연구회, 1999), 220~223쪽.

사로 임명된 독일인 묄렌도르프(Paul Georg von Möllendorff)를 필두로 1904년 러일전쟁 발발 이전까지 무려 330여명의 외국인들이 정부 및 산하 기관에서 업무에 종사했다. 이들은 재조선 외국인 집단 중 가장 큰 비율을 점유했을 뿐 아니라 장기간 거주하면서 한국의 근대화에 직·간접적으로 영향을 끼친 집단이었다. 이들 정부 고용인들은 각 행정 부처에 배속되어 의료, 교육, 외교, 근대 기술의 도입 등의 업무를 담당했다.

서양인들이 태평양과 인도양을 건너 극동의 작은 나라인 조선에까지 와 취업을 하게 된 연유는 어디에 있을까? 이들이 들어오게 된 이유는 개인마다 차이가 있겠지만 다음과 같이 일반화시켜 볼 수 있다.

첫째, 극동으로 오는 서양인들은 대체로 정치·사회적으로 몰락 가문의 후예이거나 상속에서 배제된 차남들이 많았다. 따라서 극동에서의 기회를 통해 경험을 쌓고, 사회·정치적으로 출세하고자 한 야심이 있었던 것이다. 실제로 왕의 고문직이나 총세무사직 등 고위 관직에 등용되었던 사람들 중 일부는 귀국 후 작위를 받거나 상원 의원, 외교관, 학자로 활동하기도 했다.[4]

둘째, 서양인들의 가장 근본적인 취업 동기는 물론 돈이다. 19세기 조선을 비롯한 청일 양국은 서구 문물 도입 정책을 추진했으므로, 고액의 연봉과 지위를 보장하는 직업이 많이 창출되고 있었다. 특히 해관, 교육, 정부 기관, 과학 기술, 군사, 선교 분야 등에는 항상 많은 인력이 필요했고 본국에서보다 높은 봉급을 받을 수 있었다. 그뿐만 아니라 정부에 고용되는 외국인들은 국내 정치 세력들과 친분을 쌓으면서 확보한 인맥 및 정보를 이용해 각종 경제 이권들을 알선하여 수수료를 얻을 수도 있었다.

---

4 외교 고문 데니(O. N. Denny)는 귀국 후 1896년 상원 의원으로 당선되었고, 탁지부 고문 겸 총세무사 브라운(McLeavy Brown)은 귀국 후 영국 여왕으로부터 훈작사(勳爵士) 작위를 수여받았으며, 궁내부 고문 샌즈(W. F. Sands)는 외교관으로 활약했다.

즉, 그들에게 동아시아 국가의 정부에 취업하는 것은 재산을 늘릴 수 있는 기회였다.[5] 마지막으로, 각국의 종교계에서 파견한 선교사들은 선교를 목적으로 신분을 숨기고, 조선 정부의 교육이나 의료 분야에 근무하면서 기독교를 전교했다. 이들의 목적은 세속적인 부(富)나 신분 상승보다도 복음을 전파하는 것이었다.

'노랑머리 코쟁이' 외국인들이 조선 관복을 입고 조선 궁궐에서 근무하는 광경을 보는 것은 이제 신기한 일이 아니었다. 1882년부터 1894년 갑오개혁 이전까지 조선 정부에는 무려 121명의 외국인들이 1883년과 1886년도에 고용되었다. 그것은 1883년 조선 해관의 설립 및 1886년 내무부 산하 근대식 기관의 설립에 따라 많은 신규 인력이 필요했으나, 외국과의 교역을 담당하고 문물을 도입할 근대식 기구와 해관을 운영할 전문 경영인을 조선 내에서 자체 조달할 수 없었기 때문에 해외 전문 인력들을 고용하여 기관을 운영하고 경영 기술을 배우고자 한 데에서 기인한다. 이리하여 세계 각국과 본격적인 인적 교류가 시작되었고, 이들과의 교류를 통해 근대 문물이 유입되고, 조선인들의 세계관도 확대되기 시작했다.

어느 국적의 외국인들이, 어느 시기에, 몇 명이나 조선 정부에 고용되었는지 간략하게 살펴보기로 한다.[6] 결과적으로 제국주의라는 시대적 환

---

5 외교 고문 묄렌도르프(P. G. von Möllendorff)는 독일 귀족의 후예로 극동에서 명예와 부를 구하기 위해 중국에 건너와서 조선으로까지 오게 된 자이다. 그는 조선에서 근무할 당시 이권 알선조로 상당한 금전을 수수했던 것으로 보인다. 궁내부 고문 러젠드르(C. R. LeGendre)는 조선에서 이권 수수를 시도했으나 실패로 돌아가 죽었을 당시 큰 유산을 남기지 않은 것으로 보인다. 한편 법부고문 그레이트하우스(C. R. Greathouse)는 한국에서 사채놀이로 재산을 증식하여 사망 후 34만 불을 어머니에게 유산으로 남겨 주었다. 한편 데니와 브라운의 월급은 당시 일본에 근무하던 외국인 고문관 못지않게 고액의 봉급을 받았다. 「법부 고문관 구례의 魂膽」, 『황성신문』, 1898년 9월 6일; 『윤치호일기』, 1897년 4월 19일. Foulk Papers; 1885년 11월 10일; G. A. Lensen, *Balance of Intrigue*(Univ. of Florida Press, 1882), 32쪽.

경 속에서, 특히 청일과 영러, 그리고 러일의 대립 구도가 관철되는 조선에서의 인적 교류는 경제 논리로만 이루어질 수는 없었다는 것을 염두에 두기로 하자. 외국인들의 고용은 일종의 이권처럼 인식되거나 혹은 침략의 도구처럼 활용되기도 했기 때문에 정치성을 배제하기 힘들었던 것이다.[7]

개항 초기 조선의 서구 문물 도입 창구이자 자문역을 하던 청국인들은 1883년 이후 대부분 귀국하고 대신 청국의 영향력하에 있는 서양인들로 대체되었다. 이 때 33명의 미국인들과, 25명의 영국인, 20명의 독일인이 고용되었다. 이 중 미국인이 조선 사회와 정부에 가장 많이 진출하고 고용된 것은 당시 조선 정부의 친미적인 대외 정책과 미국을 이용한 청국의 일본 견제 정책에 기인한 것이다.[8] 이 시기 일본인들도 조선에 진출했는데 이들은 주로 갑신정변 이전과 1890년 이후에 집중 고용되었다. 이 또한 1890년부터 본격화되기 시작한 일본의 대조선 진출 정책과 긴밀하게 연계되어 있다.

---

6 서양인 고빙인에 대한 개략적인 실태 조사는 김의환, 「한말 고빙 외국인에 대한 고찰」, 『국회도서관보』(1970) 7권 2호에 의해 수행되었으나 당시 이름이 확인된 서양인 134명에 대한 통계 처리를 통한 실태 파악이었다. 본고에서는 구한말 고용인들의 연도별 및 국적별 고용 실태를 좀더 정확히 파악하기 위해 이름이 확인된 330명의 외국인 고용인에 국한하여 시기별, 분야별, 연도별 고용 실태를 통계 처리했다. 고용인들의 실명과 근무 부서는 김현숙, 「한국 근대 서양인 고문관 연구」(이화여대 박사논문, 1999) 제2장과 부록에 수록되어 있다.

7 김현숙, 「한말 조선정부의 고문관정책」, 앞의 책, 240쪽.

8 조선 사회와 정부에 미국인들이 가장 많이 진출하고 고용된 것은 당시 조선 정부의 대외 정책과 청국의 대조선 정책과 긴밀하게 연결되어 있다. 즉, 청국은 청국인을 파견하면서 야기될 일본 측의 반발을 무마시키고 일본을 견제하기 위해 공평하고 영토적 야심이 없고, 일본인들이 두려워한다고 판단된 미국인들과 독일인을 추천했다. 물론 이들 중 청의 대조선 정책을 충실히 수행할 자를 선정하여 추천한 것이었다. 한편 고종은 미국과의 수교 직후 미국 정부가 보여 준 호의와 주청 미국 공사와 동일한 위상의 특명전권공사 푸트(L. Foote)의 파견으로 인해 표현된 미국의 조선 독립 인정으로 인해 미국인에 대해 호감을 갖고 있었을 뿐더러 청의 속국화 정책이 노골화된 1886년 이후부터 청국을 견제하기 위해 미국인들을 고용하는 연미책을 추진했다. 이와같이 근대화의 기수이자 서양 기술 도입의 선도자 역할을 할 서양인들의 고용에는 이미 청일 간의 대립, 청국의 속방화 정책 및 조선의 외교 노선이 반영되어 있었던 것이다.

1894년 6월 일본의 경복궁 점령 이후 갑오개혁이 시작되었고, 서울 시내와 조선 궁궐에서 분주히 오가는 일본인들의 모습은 흔하게 볼 수 있는 풍경이 되었다. 1894년과 1895년 약 2년간 무려 40여명에 달하는 일본인 고문관과 보좌관들이 대거 고용된 반면 그 외 서양에서는 겨우 4명만 고용된다. 이러한 현상은 갑오개혁기 일본의 조선보호국화 의도에 기인하며 일본의 독점적인 영향력과 일본으로부터 근대 문물이 수입되는 현상을 반영하는 것이다.

반면 1896년과 1897년 아관파천기에는 러시아의 정치적 우세가 외국인 고용 현황에도 그대로 반영된다. 즉, 전에는 한 명도 없었던 러시아인이 무려 36명이나 고용된 반면, 기타 6개국 총 고용 인원은 16명에 불과하다. 또한 비러시아계 고용인 중에서는 미국인이 10명을 차지하여 1896년경 웨베르(Karl Waeber : 韋貝) 러시아 공사와 미국 공사 간의 정치적 협조 관계를 반영하고 있다. 이 시기 재조선 서양 거류민 중에서 러시아인들이 차지하는 비중 또한 전 시기에 비해 증가하나 1898년 4월 이후에는 러시아의 정치적 후퇴와 함께 현격하게 줄어들고 있다.[9] 이와 같이 정부의 외국인 고용은 외국인들을 통한 근대 문물의 도입이라는 측면 외에 제국주의 국가의 조선 진출이라는 정치적 측면과 밀접하게 연관되어 있음을 알 수 있다.

1898년 이후 조선 정부에는 고용 서양인들의 수가 증가 추세를 보인

9 조선 정부에 근무했던 러시아인의 수는 총 45명으로 조선정부 고용인 중 세 번째로 큰 집단에 속하지만 그 중 31명이 조선의 고급 관리들과 별 소통이 없었던 하급 장교들로 친위대의 정예병들을 모아 훈련시키는 일을 주로 했다. 또한 러시아군의 『내무교범』과 훈련 교육에 필요한 각종 교범들도 번역되어 훈련지침서로 이용되었다. 따라서 군사 분야에서는 러시아의 영향이 크게 나타나며, 한국의 군사 훈련 체계를 수립한 『보병조전』은 러시아의 군법에 의거하고 있다. 한편 고종의 수라상에 커피를 올리는 등 궁궐에 서구의 음식 등을 전파한 손탁 등을 제외하고는 행정, 세무, 법률, 종교 등 핵심 분야에서의 러시아의 영향은 미미하게 나타난다. 즉, 러시아 정교회 소속 조선 신자의 수는 100명도 채 되지 않았고 그들도 대다수 연해주 거주의 친척 등 러시아와 연고가 있는 사람들이었다. 서인한, 『대한제국의 군사제도』(혜안, 2000), 110~121쪽.

다. 그것은 절대 황제권을 확립한 고종이 내장원에 정부의 주요 재원을 이관시키고, 궁내부 산하에 근대 기관들을 설치하고, 본격적으로 개혁 사업을 추진한 데에서 비롯되었다. 이로써 1898년 이후부터 1902년까지 매년 평균 20여명의 외국인들이 들어오는데, 이 중 프랑스인이 29명으로 제일 큰 비중을 차지했고, 그 다음으로 일본인 기술자, 덴마크인, 네덜란드인, 영국인도 있었다. 이는 의식하든 의식하지 않든 세계 각국인들과의 교류의 폭이 다양해지며, 조선인들의 세계관도 외연적으로 확대될 수 있었다는 것을 의미했다.

2. 담당 업무 및 봉급 현황

정부 고용 외국인들은 어떤 직위에 고용되고, 어떤 업무에 종사하며, 어느 정도의 봉급을 받았을까? 정부에서 고용된 330명 외국인들은 대체로 다음의 직종에 소속되어 근무했다.

첫째로, 조선 정부의 정책 자문 분야에 근무하는 자들이 있는데 통상적으로 고문관이라 호칭한다. 이 직종의 외국인들은 조선 정부의 전통적인 품계인 정 · 종 2품이나 정3품을 받고 협판이나 회판, 찬의, 참의나 혹은 공식 고문관이라는 높은 직책을 부여받은 사람들이었다. 고문관들은 내무부, 외부, 법부, 탁지부, 군부, 농상공부, 궁내부에 배속되어 국왕 및 대신들의 자문과 실무를 맡았는데, 이들의 구체적인 업무는 서양 언어와 국제법에 어두운 조선 관리들이 전담하기 어려웠던 조약의 협상 및 체결, 국제적인 분쟁 사건 등이었으며, 또한 각 분야의 전문가로서 근대 정치 · 경제 · 사회 개혁안들을 입안하여 제출하기도 했다.

고문관들도 직급과 부서에 따라 1등 고문과 2등 고문으로 구별되었다. 이 중 종2품 협판직 이상에 봉해진 자들은 주로 1등 고문에 속하는 자들로 정치적 현안에 대해 정책 입안과 자문 활동을 주로 하는 정치 고문의 성격을 띠었고, 대신의 지휘 · 감독하에 업무를 맡아 보았다. 2등 고문에 속하는 정3품 이하 참의 등에 봉해진 자들은 주로 실무를 맡은 실무자로서 대신이나 협판의 지휘 · 감독하에 있었다. 고문관들은 행정관이나 기술관들보다도 고액의 봉급과 후한 대우를 보장받았다. 물론 사람과 시기에 따라 일정한 변화는 있지만 외교 고문 데니(O. N. Denny)의 경우

〈표 1〉 1898년도 정부 외국인 고빙인들의 봉급 현황

성명	직위	국적	월급	家賃	기한
McLeavy Brown	총세무사	영국	월 900元		
C. LeGendre	궁내부 고문	미국	월 500元		
C. Greathouse	외부 고문	미국	월 300元	無	無
A. Stripling	경무청 고문	영국	월 300元		4년
H. J. Mühlensteth	농상공부 전보국	덴마크	월 200元		2년
R. Krumm	양지아문 측량기사	미국	월 300元		
Clemencet	농상공부 우체사 기사	프랑스	월 300元	無	1년
우레무노프	군부 기계국 기사	러시아	월 260元	無	3년
Jolly	황태자 영어교사	영국	월 300元	無	2년
H. B. Hulbert	학부 사범학교 교사	미국	월 220元	30元	5년
Hutchison	영어학교 교사	영국	월 300元	30元	2년
Hallifax	영어학교 교사	영국	월 225元	30元	3년
E. Martel	법어학교 교사	프랑스	월 250元	30元	2년
삐루코프	아어학교 교사	러시아	월 200元	30元	2년
J. Ballgahn	덕어학교 교사	독일	월 200元	30元	5년
長島岩次郎	일어학교 교사	일본	월 125元	無	2년
胡文煒	한어학교 교사	중국	월 70元	無	3년

출전: 규장각 소장 고문관 계약서, 『주한일본공사관 기록』.

1886년도에 12,000元($13,000)을 받았고, 1889년도에 계약서를 쓴 외교 고문 러젠드르(C.R. LeGendre)는 9,300元을 받았으며, 1903년 법부 고문 크레마지(R. Cremazy)는 연봉 6,000元을 지급받았다. 추가로 사택을 제공받거나 월 100元 상당의 사택비를 받기도 했다.[10]

둘째로, 행정 분야에 고용된 외국인들이 있었다. 이들은 정부 각 부서의 행정 업무나 산하 기관인 해관(海關) 등의 경영 업무를 주로 담당하는 고용인이다. 전자의 경우 갑오기 일본인 고문관 밑에서 행정 실무를 담당하던 일본인 보좌관들이 대표적이며, 주로 탁지아문 보좌관, 의정부 보좌관, 내각 보좌관, 군부번역 사무관, 학무교육 사무관 등의 직함을 갖고 있다. 이들의 주요 업무는 대신과 협판의 지휘를 받으며, 고문관의 사무를 보좌하고, 제반 행정 사무들을 처리하는 것이다. 아울러 번역 사무에도 종사했다.

---

10 1888년도 주미 공사 박정양의 연봉은 금화 $ 5,000, 참찬관 이완용은 $ 1,500, 서기관 이하영은 $ 1,000, 조선인 하인은 $ 100, 미국인 하인은 $ 200, 알렌 외무 비서관은 $ 3,000를 받았다 『알렌일기』, 1888년 11월 1일. 한편 알렌은 1885년 일본 공사관 전속 의사로 봉직하면서 연봉 $ 500를 받았고, 당시 교사의 월급은 연 $ 500 정도였다. 1890년대 초반에 이르러 조선인 하인의 한 달 임금은 성인 남자 기준으로 $ 4~6, 일본인 요리사나 하인의 경우 $ 15, 중국인 요리사나 하인의 경우 $ 12~5을 받았다. 1894년도 정 1품 총리대신의 월급은 300元, 대신은 200원, 협판은 150원 정도였다. 1895년 개정된 봉급액은 총리대신의 경우 연봉 5,000元, 각부대신은 4,000元, 협판급은 3,000元 정도였다. 한편 1898년도 해관원 월급을 보면, 총세무사 900元, 세관장 300元, 방판(幇判) 100元, 해관원 130元, 조선인 25元, 청국 30元, 일본 60~35元이었고, 원산해관의 총 월 인건비는 약 1,960元 정도로 계산된다. 구한말 조선의 화폐 가치는 인플레이션이 매우 심하여, 각 연도마다, 심지어는 각 지방마다 교환 비가의 차이가 심했다. 그러나 대강의 윤곽을 알기 위해 간단히 정리해 보자면 1880년대 달러는 주로 멕시코 은화를 뜻하며 1달러는 일본 1엔과 비슷한 가치로 통용되었다($1 = 1円). 그러나 1890년대 중반경 멕시코 은화가 인플레이션되면서 $2 = 1円 정도로 가치가 하락했다. 한편 갑오기 신식 화폐 발행 장정에 의해 조선의 화폐 단위가 일본의 円(圓)과 동일해지면서 1元 = 1円, 5兩 = 1元 = 1円으로 계산되었다. 그러나 백동화 인플레이션이 심화되면서 1원의 가치는 하락되었다. 참고로 화폐 가치를 가늠하기 위해 곡가와 세금을 보면, 갑오기 1결에 30냥을 정해진 결가(結價)는 1900년에는 50냥으로 증가되고 1902년에는 80냥으로 증가되었다. 한편 강화 지방에서의 벼 1석의 시세는 1883년은 10냥, 1894년은 57냥, 1904년은 295냥으로 폭등했다. 「議案」, '品俸月表' 60쪽, 「勅令」 57호, '官等俸給令', 255~262쪽. 「勅令」 102호, '各府職員의 俸給에 관한 件', 『법령자료집』 1; 『고종실록』 31년 7월 16일; 『일성록』 32년 3월 26일.; G. W. 길모어, 『서울풍물지』, 신복룡 역주(집문당, 1999), 206~207쪽.

후자의 경우 조선 해관을 운영하던 서양인 해관원들로 해관장(세무사), 방판(幫辦), 기기사(機器司), 험화(驗貨), 영자수(鈴子手), 이선청(理船廳), 지박소(指泊所) 등이 있으며, 이들의 업무는 대개 관세 및 톤세의 회계, 통계, 기록, 보고 등에 관한 업무와 화물의 검사, 감정 및 선박의 검사와 감시를 담당했다.[11] 이 밖에도 근대적 행정과 경영 능력이 있는 자들이 각 기관의 정책 담당자의 명령을 받아 행정 실무와 기관의 경영 및 운영 업무를 주로 맡았다. 1882년부터 1903년까지 약 133명의 행정관들이 고빙되었는데 이는 전체 고빙인의 약 40%를 차지한다. 이들은 주임관(奏任官) 5품직의 품계를 받았고, 일반적으로 1년에서 3년 사이의 계약을 체결했으며, 연봉 1,000元~1,200元 정도에, 거주비, 귀국 여비 등을 제공받았다.[12]

직업별 외국인 고용 비율을 분석해 보면, 일반적으로 서구 기술 문물

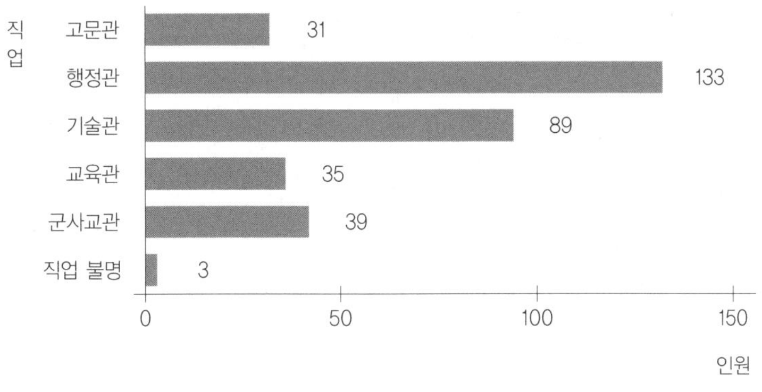

[도표 1] 직업별 외국인 고빙 현황[13]

11 최태호, 『개항 전기의 한국관세제도』(한국연구원, 1976).

12 규장각 소장, 『고문서-보좌관 고용계약서』, 奎4227, 奎 4257, 奎 4251, 奎23078, 奎4258.

13 김현숙, 앞의 논문(1999), 46~47쪽, 재인용.

을 도입하기 시작하는 국가에서는 기술관이나 교육관의 비율이 높게 나타나고 있으나, 흥미롭게도 조선의 경우는 일반 식민지에서처럼 행정관의 비율이 높게 나타났다. 그것은 갑오기 조선의 보호국화를 목적으로 일본인 행정관들(총 43명)이 대규모로 파견된 것과 조선 해관이 외국인들에 의해 운영된 데에서 비롯된 것으로 이미 외국인 고용 분야에서 반(半)식민지적인 현상이 나타난다고 하겠다.

셋째로, 조선 정부 및 산하 기관에서 서양의 선진 기술을 조선 관리들에게 교육, 전수하는 업무나 기술 업무를 담당한 고용인들이 있었다. 이들은 전문적 기술을 지닌 기사들로서 명칭은 내부 토목기사, 농상공부 조각수기사, 양지아문 기사, 화학기사, 직조기사, 광산기사, 전보기사 등으로 불리었다. 근대식 기관을 총지휘하는 상급 기술관의 경우 총판이라는 직책을 부여받았고, 하위 기술관은 기사로 불리며 실질적인 기술 업무를 담당했다. 농상공부의 조각수기사의 업무는 우초(郵鈔) 및 인지(印紙)를 조각하고 기술 견습생을 교습하는 것이었고, 내부 토목기사의 업무는 도로 건설, 교량 건설, 강과 하천의 석축(石築), 준천(濬川) 등 공사의 보조를 담당하는 것이었다. 한편 양지아문 기사의 업무는 측량 사무, 도로 교량 건축 및 포대 등의 수리를 하는 것이었고, 기계국 수석기사는 군부대신의 지휘 명령에 따라 군대의 수용에 적합하도록 기계국을 정리하고 제반 기계 명세서 및 소요 경비 예산표를 제출하는 것이었다.[14] 이렇듯 기사들은 전문적인 기술을 지니고 조폐국, 통신국, 철도원, 광학국, 수륜원, 평식원, 박문원, 병원, 전보국, 농장 등지에서 근무했다.

기술관들은 보유한 기술의 선진성, 업무의 어려움, 직책에 따라 연봉 1,800원~5,000원까지 받았고, 사택을 제공받았으며, 귀국 여비와 출장

14 규장각 소장, 『고문서-기술관 고용계약서』, 奎 4245, 奎4250, 奎3076, 奎3166, 奎3293, 奎3294, 奎3248, 奎3211, 奎3445.

비도 제공받았다. 대체로 2년 동안의 계약을 체결했지만 별 하자가 없을 때에는 재계약되는 것이 보통이었다. 참고로 1882년부터 1903년까지 조선 정부에 약 89명의 기술관이 고용되었는데 이는 전체 고빙인 중 약 27%를 차지하는 비율이다. 기술관들이 중점적으로 고빙되는 시기는 1898년 이후 광무기에 집중된다. 정부가 고용한 기술관들의 국적별 분포도는 미국이 27명, 일본이 23명, 프랑스가 15명을 차지하고 있다. 미국인의 비율이 높은 것은 미국과 유대 관계를 긴밀히 하고자 한 고종의 정책적 배려에 의한 것이었으나, 1900년 이후 그 수가 현저히 감소되는 추세를 나타낸다. 한편 프랑스인들이 비약적으로 증가한 것은 플랑시(Collin de Plancy) 프랑스 공사가 본국의 후원을 받으면서 대한제국정부에 이권 획득과 프랑스인 고빙 등을 위해 노력한 데에서 기인한다. 일본인 기술관들의 진출도 1899년부터 1901년에 본격화되었는데 서양인에 비해 임금이 저렴하고 언어와 문화 등에도 익숙하다는 장점이 부각되었다.

넷째로, 군부대신과 군사고문 밑에서 조선 군인들을 훈련시키는 군사교관들이 있었다. 조선 군대의 근대화는 고종과 조선 정부가 심혈을 기울이고 집중 투자를 한 분야였다. 군함의 도입, 신식 무기의 수입, 신식 군대의 설립과 훈련 등을 위해 정부는 1880년대부터 외국인 군사 교관들을 고빙했다. 정부의 인미책(引美策)으로 미국인 교관 4명이 갑오 이전 육군을 훈련했고, 세계 최강의 해군 기술을 보유한 영국의 해군 3명이 조선의 수군을 훈련했다.

그러나 청일전쟁 이후 조선의 군대는 열강 침투의 주요 대상이 되었다. 갑오기 일본은 조선의 군대를 장악하기 위해 군부에 7명의 고문관과 보좌관을 파견했고, 사관양성소에는 7명, 친위대대에는 10명, 기병중대에는 3명을 파견했다. 일본 세력이 퇴조한 후 1896년 10월 러시아는 푸차

타(Putiata) 대령과 사관 3명, 군인 10명을 파견했고, 1897년 다시 군사 고문단을 파견하여 조선군인 중 정예병을 모아 군사 훈련을 했다. 이들의 업무는 대한제국군의 훈련과 신병 훈련에 필요한 각종 교범 및 러시아의 『내무교범』을 번역하여 보급하는 것이었다.[15] 전체적으로 약 39명의 외국인 군사 교관들이 고빙되었는데 이는 전체 고용 비율로 보아서 약 12%를 차지한다. 군사 교관의 연봉은 계약 체결자에 따라 달라지지만 서양 군사 교관의 경우 3,600원 이하였고, 일본인 군사 교관의 경우 약 1,000원 정도였다. 한편 황제의 신변 보호와 궁궐 내의 경찰 사무를 맡았던 고종의 서양 호위병들은 멕시코 은화로 849원을 받았고, 러시아인 사바틴은 2,760원, 미국인 교관 다이(Dye)의 경우 연봉 7,500원 정도를 받았다.[16]

다섯째로, 정부 산하 육영공원이나 외국어학교에서 가르치는 교육관이 있었다. 조선에 고빙된 교육관들은 35명 정도로 전체 비율의 약 11%를 점유하고 있다. 이들 중 일본인이 9명으로 제일 많고, 프랑스인은 8명, 영국인은 6명으로 나타난다. 이들의 업무는 외국어학교나 한성외국어학교 등지에서 정규 수업을 진행하며 영어, 불어, 독어, 러시아어, 중국어, 일어 등을 가르쳤고, 수학, 국제법, 지리, 세계사 등도 강의했다. 이들은 일반적으로 연봉 2,400원에서 4,000원 정도의 봉급과 30원~50원 정도의 거주비, 귀국 여비 등을 지급받았고 약 1년에서 3년 사이의 계약을 맺었다. 하자가 없을 때에는 계약을 갱신했는데 이럴 경우에는 연봉이 상향 조정되는 경향을 보였다.[17] 참고로 일본의 경우 1872년부터 1898

---

15 서인한, 앞의 책, 110~121쪽.

16 규장각 소장, 『고문서-군사교관 고용계약서』, 奎3070, 奎3071, 奎3068, 奎1898.

17 규장각 소장, 『고문서-교육관 고용계약서』, 奎3212, 奎3169, 奎3256, 奎3110, 奎3125, 奎3018, 奎3215, 奎4246, 奎4235, 奎4229.

년까지 정부 및 민간 학교의 외국인 교원의 수는 약 6,564명에 달했다.

다음은 고용 외국인들의 일상적인 근무가 어떤 형태로 이루어졌는지 살펴보기로 하자. 대부분의 외국인들은 조선어를 구사하지 못하는 상태에서 입국했다. 청국이나 일본에서 근무한 경험이 있는 일부 서양인들은 한문 등에 능통했고, 기본적으로 영어를 구사했지만 이들이 조선 관리들과 소통을 하면서 업무를 유기적으로 추진하기에는 어려움이 많았다. 따라서 대부분의 정부 고용인들은 통역관을 배정받았다. 그러나 정확하고 전문적인 통역관이 많이 배출되지 않은 상태에서 이들은 의사 소통에 많은 어려움을 겪었던 것으로 보인다. 그들의 직장 생활을 엿볼 수 있는 사료가 전무한 상태에서 궁내부 고문관 샌즈(W. F. Sands)의 기록(1900~1903)을 토대로 한 외국인의 근무 현황을 살펴보기로 한다.

샌즈는 궁내부 고문으로 취임하면서 프랑스어와 영어를 구사하는 2명의 통역관, 해서체에 달필인 한학자 1명, 그리고 수명의 조선인 서기들과 궐내의 사무실을 배정받아 궁내부 고문실을 운영했다. 그의 하루 업무 일과는 다음과 같다. 샌즈의 근무 시간은 12시간, 해질 때 출근하여 해뜰 때 퇴근했다. 그것은 고종의 업무 스타일이 '올빼미 형'이라서 밤에 국사를 처리한 까닭에 왕의 고문이었던 고문관들의 근무 시간도 직속 상관인 고종에 맞추어졌기 때문이다. 그의 주된 업무는 각종 외교 · 경제 정책안을 입안하고, 외국과의 국제적 분쟁이 발생했을 때 정부를 대표하여 협상, 해결하는 것이었다. 또한 왕이 호출시 자문에 응하거나 지시 사항을 처리했다. 왕의 자문 이외에도, 왕이 보낸 내시들과 정부 관리들, 심지어는 황태자비의 각종 질문과 자문에도 답해 주어야 했다.[18] 샌즈의 상관인 왕과의 의사 소통 및 업무 보고 등은 다음 7단계의 준비 과정을

18 W. F. 샌즈, 『조선의 마지막 날』, 김훈 옮김(미완, 1986), 175쪽, 180쪽.

통해 이루어졌다.

1. 먼저 샌즈는 자신이 국왕에 건의할 내용을 영문으로 작성한다.
2. 영어 통역관으로 하여금 그것을 조선어로 번역시킨다.
3. 번역된 조선어 문서를 프랑스어 통역관에게 읽히고 프랑스어로 번역시킨다.
4. 또 다른 통역관에게 그가 아는 다른 외국어로 번역하여 읽게 하고 오역 부분을 수정한다. 다단계의 번역을 거치는 것은 샌즈 자신의 의도가 정확히 전달되었는지 확인하기 위해서였다.
5. 여러 차례의 번역과 수정을 거친 문서는 공문서의 서식에 맞게 재서술된다.
6. 이상의 5단계 과정에 참여하지 않은 통역관에게 재서술된 문서를 번역하여 읽게 한다.
7. 내용에 이상이 없으면 마지막으로 수석 서기를 불러 해서체로 멋지게 베껴 쓰게 한다.[19]

이런 과정을 거쳐 작성된 문서를 들고 샌즈는 통역관을 한 명 대동하고 고종을 알현했다. 그는 통역관을 통해 고종에게 문서의 내용을 브리핑하고, 고종이 읽지 않을 것을 뻔히 알면서 한가할 때 차분히 읽으시라고 문서를 놓고 나왔다고 한다. 이러한 언어 소통의 문제와 인력 관리의 비효율성은 고용인들에게 투자한 만큼의 효과를 얻지 못하게 한 주 원인이 되었다.

19 샌즈, 앞의 책, 161~162쪽, 175쪽.

III. 고용 서양인들의 일상 생활

1. 주생활과 식생활

(1) 한옥의 서구화와 근대식 주택의 도래

고용 서양인들은 대체로 서양 공사관들이 있는 정동 부근에 몰려 살았다. 대부분의 고용인들은 정부로부터 한옥 주택을 지정받아 거주하거나 주택비를 받아 집을 임대하거나, 혹은 서양인 집에 하숙했다. 초기에 서울 지역에 서구식 주택이 없었던 관계로 외국인들은 한옥을 구입하여 자신들의 생활 습관과 용도에 맞게 개조하여 거주했다.[20] 그들은 매우 저렴한 가격에 흉가나 몰락 양반의 가옥을 구입했다. 묄렌도르프는 민겸호의 흉가를 하사받았고, 고종의 주치의였던 알렌(H. Allen)은 1884년 정동에 있는 집을 당시 미화로 365불(당시 한화로 약 45만 냥)에 구입했다.[21] 그러나 갑오 이후 서울의 부동산 가격은 해마다 급상승하여 1896년부터 1906년의 부동산 가격은 10배 이상 상승했다고 한다.[22]

구입한 한옥은 여러 개의 방을 터서 침실, 식당, 거실 등 큰 방으로 개조했으며, 벽지를 바르고, 종이 창문을 유리창으로 바꾸고, 수입한 서양식 가구와 카펫을 깔고 난로를 설치하여 겨울을 편안하고 따뜻하게 지냈다고 한다. 외국인들이 구입한 가옥들은 대체로 대지가 넓은 양반가였으

20 이 글의 주제는 정부 고용 서양인들의 일상 생활이지만 그들이 남긴 일상 생활에 대한 기록은 그리 많지 않으므로 당대 서양인들의 기록들을 함께 이용했다. 그것은 정부 고용 서양인들의 일상 생활이나 다른 서양인들이 영위했던 생활이 대동소이하기 때문이다. 물론 국가별로 서양인들의 일상의 모습이 약간 다르게 나타날 수 있지만 이 논문에서 이용하는 외국인 기록들은 대부분이 영미계의 것이므로 정부 고용인들과 큰 차이 없을 것으로 판단된다.

21 알렌, 『알렌일기』, 김원모 옮김(단국대출판부, 1991), 1884년 10월 11일.

22 헐버트, 『대한제국멸망사』, 신복룡 역주(집문당, 1999), 524쪽.

23 G. W. 길모어, 앞의 책, 206쪽; L. H. 언더우드, 『상투의 나라』, 신복룡 · 최수근 역주(집문당, 1999), 29쪽.

므로 잔디밭과 화원, 테니스 코트까지 완비한 쾌적한 주거 환경으로 변화시킬 수 있었다. 혹자의 경우에는 자신의 집에 해외에서 수입한 젖소 및 말을 키우는 사육장과 딸기 등 각종 수입 과일수를 재배하는 미니 과수원을 두기도 했다고 한다.[23]

미국 공사관은 당대의 대표적인 개량 한옥이었다. 공사관은 총 35에이커 대지에 여러 채의 한옥들이 어우러진 아름다운 건물로, 내부 장식과 구조는 동서양 혼용이었다. 실내에 노출된 대들보와 서까래는 흰색 도배지와 잘 어우러져 한옥의 멋스러움을 그대로 살려 냈고, 외부 한옥의 우아하고 아름다운 곡선과 모습도 원형 그대로 보존하여 미적 감각이 있는 방문객의 즐거움과 찬사를 받았다고 한다. 넓은 대지에는 잔디밭과 테니스 코트, 작은 동물 사육장까지 마련되었다.

그러나 사람에 따라서는 개량된 한옥이라도 서구인들이 살기에 매우 불편했다고 토로하는 사람도 적지 않았다. 우선 한옥의 천장 높이가 매우 낮아 키가 큰 외국인들은 서까래와 문지방의 위턱에 머리를 자주 부딪쳤고, 방들을 연결시켜 주는 복도가 없기 때문에 식당에서 응접실로 가기 위해서는 추운 겨울에 넓은 마당을 가로질러 가야만 했다. 또한 하인들의 방은 멀리 떨어져 있어 벨이 없을 경우 하인 없이 지내거나 스스로 그들을 찾아 나서야 하는 단점이 있었다 한다. 우물과 화장실도 문제였다. 어떤 경우에는 두 시설이 가까이 있어 식수가 오염되기도 하고, 길가 도랑에 오물이 쌓여 있어 심한 악취와 병균의 온상이 된다고 지적했다.[24]

이후 서양인들이 많이 도래함에 따라 서양식 건물들도 건축되었다. 당대 유명한 서양식 건축물로 세창양행 사택, 제임스 존스턴(James Jonston)의 별장, 명동성당 등을 꼽을 수 있다. 일반적으로 조선에서 장

---

24 W. R. 칼스, 『조선 풍물지』, 신복룡 역주(집문당, 1999), 83~84쪽.

기간 체류할 것으로 예상되는 선교사들이나 외교관들은 자신들의 사택을 최신식 건축 자재를 수입하여 서양식 벽돌집으로 지었고 내부 인테리어 또한 스팀 난로 등의 수입제로 장식했다.[25]

서양인들의 개량 한옥은 그 후 조선인의 주거 문화에도 영향을 미쳤다. 재력이 있는 고종과 일부 고위 관료층들은 궁궐 안에 서양식 건물을 건축하거나 한옥을 개량했다. 즉, 창호지 창문과 방문을 유리로 바꾼다든지, 대청마루를 응접실로 이용하는 아이디어와 목욕탕을 설치하는 것도 서양인들로부터 직·간접적으로 영향을 받은 것이라 하겠다. 재력가들은 자신의 집을 서양인 집에서 본 외국산 수입 가구들로 장식했다. 당대에는 이것이 일종의 부의 상징, 혹은 개화의 상징처럼 되어 많은 부호들과 고관들의 집에는 수입한 프랑스산 뻐꾸기 시계, 독일제 거울과 카펫, 스프링 달린 침대 및 입식 가구들을 비치하고 샴페인과 수입 담배를 즐겼다고 한다.[26] 개화파의 거두 김옥균의 저택도 서구식 가구로 치장되어 있고, 진기한 서양 물품이 많았다고 하며,[27] 민씨 척족인 민영준 저택의 접견실도 유럽풍의 장식에, 중국에서 수입한 의자와 책상이 함께 있었다고 한다.[28] 물론 이 시기 궁궐의 접견실과 왕의 처소에도 서구에서 수입한 값비싼 가구들과 장식품들로 치장되어 있었다. 궁궐에서 연회를 열 때는

---

25 정부는 프러시아 황태자 하인리히의 방문시 거주할 곳을 물색하다 미 선교사로부터 서양식 벽돌집 한 채를 구입했다. 건축비가 5,000불이 들어간 집이었으나 정부가 구입한 가격은 무려 17,000불이었다 한다. 외국의 귀한 내빈이 이 집을 사용하지 않을 적에는 조선의 고위급 고문관들의 거처로 이용되었다. Sands Papers, Box 3, Folder 7, Doc. 47, 1900. 4. 15.

26 1890년대에 이르러서는 서양식 가구와 생활 풍조가 지방의 고위 관료들에까지 보급된 것으로 보인다. 여행가 비숍(I. B. Bishop)이 경기도 장호원의 한 양반가를 방문한 적이 있었는데, 프랑스 시계가 각 방마다 걸려 있고, 응접실에는 화려한 독일제 거울들과 카펫, 그리고 외제 테이블과 벨벳 의자가 놓여 있었고, 18세의 주인은 화려한 다이아 반지를 끼고 외제 담배를 피우면서 부와 신분을 과시하고 있었다 한다. I. B. 비숍, 『조선과 그 이웃 나라들』, 신복룡 역주(집문당, 2000), 94~95쪽.

27 알렌, 『알렌일기』, 김원모 옮김(단국대출판부, 1991), 1884년 12월 11일.

28 A. H. 새비지-랜도어, 『고요한 아침의 나라 조선』, 신복룡 역주(집문당, 1999), 162~163쪽.

서구에서 직수입한 식탁에 앉아 서구식 디너 세트에 잘 차려진 진귀한 음식들과 함께 샴페인 및 담배 등을 즐겼다고 한다.[29]

(2) 수입 식품과 식생활

수십 년간 길들여진 식습관과 입맛을 바꾼다는 것은 쉬운 일이 아니다. 따라서 고용 서양인들이 조선에 와서 가장 고충을 느꼈던 것 중 하나는 바로 음식이었다. 그들은 자국 요리를 할 수 있는 요리사를 고용하여 모국이나 요코하마, 상하이 등지에서 필요한 식재료들을 모두 구매했다. 물론 현지에서 신선하게 구입할 수 있는 육류나 계란, 야채는 서울 시장에서 조달했다. 그들이 수입했던 품목을 살펴보면 밀가루, 건포도, 과일 통조림, 크래커, 햄, 차, 분유, 설탕, 커피, 각종 향신료, 샴페인, 포도주, 칠면조 등이 있었다. 이런 물품들을 샌프란시스코에 주문하면 3개월, 런던은 6개월 만에 배달되었지만 상하이나 일본에서는 신속하게 배달되었다.[30] 이 중에서 연유와 설탕, 초콜릿 등은 조선인들에게 호평을 받았던 품목으로 일찍이 경험하지 못한 새로운 미각의 세계를 열어 준 것이었다.[31] 이는 문명의 이미지와 겹쳐서 미각적인 차원에서도 문명의 가치를 각인시켜 주는 계기가 되었다.[32] 그 외 외국인들은 외국에서 딸기 등 각종 과일 묘목들과 젖소, 말 등을 수입하여 직접 재배하여 필요한 물품들을 자체 조달하기도 했는데, 이 품종들은 정부의 농업시험장과 농무목축 시험장과 함께 조선에 서양의 신품종을 보급하는 데 일익을 담당했다.

조선에 온 러시아, 영국, 프랑스 정부 고용인들은 조선 음식이 입맛에

---

29 G. W. 길모어, 앞의 책, 188쪽; L. H. 언더우드, 앞의 책, 36쪽.
30 G. W. 길모어, 앞의 책, 206쪽.
31 알렌, 『조선견문기』, 신복룡 역주(집문당, 1999), 113쪽.
32 조한범, 『문명과 야만』(책세상, 2002).

맞지 않으므로 조선인 요리사에게 자기 나라 음식 조리법을 가르치느라 초기에 매우 애를 썼다 한다. 그렇지 않으면 많은 돈을 들여 해외에서 일급 요리사를 초빙해야 했기 때문이었다. 한편 재정적으로 여유가 있는 서양 고용인들은 상하이에서 중국 요리사를 대동하고 들어왔다. 당대 요리사로 각광받은 사람들은 역시 중국 요리사였다. 그들은 하인으로서는 가장 높은 월급인 15불 정도를 받았고, 잡일을 하던 조선인들은 3불을 받으며 접시 닦는 일을 주로 했다. 주인의 빈번한 만찬을 통해 주방장의 요리 솜씨가 평판을 얻게 되면, 요리사를 꿈꾸는 소년들이 그 중국 요리사에게 수업료를 내면서 요리를 배웠다 한다.[33] 이렇게 하여 조선에 빵과 케이크, 쿠키, 커피, 우유, 아이스크림, 샴페인 등 서양 음식이 보급되기 시작했다.

(3) 가사 노동과 조선 하인

서양인에게 조선은 낯설고 불편한 타향이었지만, 가사 노동에서 해방되어 양반 생활을 즐길 수 있게 해 준 곳이기도 했다. 그것은 임금이 낮았기 때문에 필요에 따라 하인을 여러 명 둘 수 있었기 때문이었다. 초대 고문이었던 묄렌도르프는 조선에 입국할 때 가족들과 함께 여섯 명의 하인을 청국에서 데려왔다. 그가 데려온 하인들은 유모와 두 명의 요리사, 심부름꾼, 세탁부, 재단사 등이었고, 조선에 와서는 정원을 가꾸기 위해 일본인 정원사를 고용했으며, 젖소를 키우기 위해 청국인 목동, 조선인 마부, 인력거꾼, 잡일을 하는 하인들까지 고용하여 편히 살았다.[34]

독신 생활을 주로 했던 고용 외국인들은 하인을 고용하여 집안일을 맡겼다. 총각이었던 궁내부 고문 샌즈도 혼자 살던 집안을 위해 집사 격인 한 명의 수석 하인, 차석 하인, 손님이 올 경우를 대비하여 중국인 요리

33 W. F. 샌즈, 앞의 책, 129쪽.

34 묄렌도르프 부부, 『묄렌도르프 문서』, 신복룡 역주(평민사, 1987), 70쪽.

사와 조선인 접시닦이, 출퇴근용 인력거꾼, 정원을 손질할 정원사, 말을 돌보는 마부, 여러 명의 잡일꾼 등 열 명 정도의 하인을 고용했다. 그래서 고용 외국인의 집에서는 마치 할리우드 영화에서 그려지는 아프리카의 백인 농장과 비슷한 풍경이 연출되었다. 허드렛일을 하는 조선 하인의 주요 업무는 주인들의 식사 준비, 의복 세탁은 물론 마루, 벽, 천정의 대들보를 비롯해 집안에서 닦을 만한 것은 모조리 문지르고 닦아서 광을 내는 일이었다. 바쁘지 않을 때면 겨울용 연료를 준비하기 위해 석탄가루에 진흙을 이겨 조그마한 공 크기로 뭉쳐 햇볕에 말리는 일을 여름내 했다고 한다.[35]

하인들은 서양 주인의 명령에 불복하거나, 물건을 훔치거나, 혹은 집안에서 노름을 할 경우 가차없이 회초리나 몽둥이 세례를 받았다. 조선 하인들을 '야만스럽게' 다루는 법은 조선의 양반들로부터 전수받은 것이거나 혹은 다른 식민지에서 식민지인들을 다루는 경험을 전수받은 것이었다고 한다.[36] 바로 여기서 '조선인은 야만인, 서양인은 문명인'이라는 관념이 그들의 의식 세계에 내재되어 있음을 볼 수 있다.

2. 사교 및 여가 활동

(1) 여가 생활과 서양 스포츠

선교사들의 경우 선교 활동을 위해 부부가 입국하는 것이 일반적이었지만, 한시적으로 고용되는 계약직 정부 고용인들은 대부분 혼자 입국하는 경우가 많았다. 특히 자식들의 교육 문제나 의료 및 불편한 생활 환경이 고용인들을 '기러기 아빠'로 만드는 주요인이었다. 따라서 대부분의

35 W. F. 샌즈, 앞의 책, 127쪽.
36 W. F. 샌즈, 앞의 책, 134~135쪽.

총각들과 '기러기 아빠'들은 함께 모여 외로움을 달래고 시간을 보내기 위해 손탁호텔이나 파티장 혹은 선교사 가족 모임을 기웃거릴 수밖에 없었다. 이러한 '기러기 아빠'나 총각들은 현지 처녀와 단기 혹은 장기간 살기도 했다고 한다.[37] 그렇지 못한 총각들은 외부 세계에서 어쩌다 서양 처녀가 "길을 잃어" 조선에 들어오면 "그들은 꼭 한 떼의 카우보이들처럼 날뛰었으며 서로 상대를 꼴 보기 싫어하다가 그녀가 가버린 후에야 정신을 차리곤 했다"[38]라고 전해진다. 의식하든 의식하지 않든지 간에 타향살이의 어려움과 고독함을 엿볼 수 있는 에피소드라 하겠다.

그들은 근무 후 무료한 시간과 타향살이의 고독감을 달래기 위해 스포츠 게임과 파티를 자주 열었다. 저녁 파티는 사람들을 모으기 위한 구실이었고, 긴 저녁 시간을 보내기 위해 독서, 노래, 악기 연주, 장기 자랑, 잡담, 장기, 도미노 게임, 제스처 게임 등을 했고, 특별한 경우 손님 접대를 위해서 일본인 마술사를 불러오기도 했다고 한다.[39] 총각들이 즐겼던 놀이는 카드놀이, 칵테일, 승마, 댄스 등이었다. 날씨가 좋은 가을이면 외국인들은 가족 혹은 친구들과 함께 서울 주변의 아름다운 교외를 산책하거나 말을 타고 주위를 답사하기도 했다.

이들이 체력 단련 겸 취미로 즐겼던 스포츠는 테니스, 스케이트, 철봉, 야구, 필드 하키 등이 있었다. 그들 중 넓은 대지를 소유하고 있는 사람들은 마당의 일부를 테니스장으로 만들었다. 장마철을 빼놓고 3월부터 12월 초까지는 테니스를 칠 수 있는 좋은 날씨였으므로, 복식과 단식의 테니스 내기 시합이 자주 열렸고, 이런 시합은 곧잘 저녁 만찬으로 이어졌다.[40]

---

37 알렌, 『조선견문기』, 166~167쪽.
38 W. F. 샌즈, 앞의 책, 146쪽.
39 G. W. 길모어, 앞의 책, 216-217쪽.

한겨울에 그들은 스케이트를 탔다. 스케이트는 조선인들에게 대단한 인기를 끈 종목이었다. 서양인들이 스케이트를 탄다는 소식이 퍼지면 순식간에 500~2,000명에 이르는 군중이 스케이트를 타고 있는 연못가에 모여들었다고 한다. 하루는 대머리 선교사 겸 고종의 주치의였던 알렌(H. Allen)이 스케이트를 타다가 바람에 모자가 벗겨졌다. 조선인들이 그의 넓은 대머리를 보자 "아, 그가 늙은 사람이었구나!" 하고 놀라면서 그의 민활한 스케이트 솜씨에 더욱 경탄했다고 한다.[41] 뾰쪽한 칼을 신고 춤을 춘다는 소식이 궁궐에까지 전해지자, 민비는 외국인들을 초대하여 왕궁의 넓은 연못에서 스케이트를 타게 했다. 이 때 고종과 민비를 비롯한 왕족과 고위 관료들은 정자에 앉아 구경을 했는데, 다양한 동작의 스케이트 묘기와 한 여성 피겨 스케이터의 의자 넘기 묘기에 모두 감탄했다.[42]

서양 거류민 집단에는 특히 싱글 남성이 많았던 관계로 축구와 사냥이 인기를 끌었다. 총각들은 축구팀을 구성하여 허치슨(Hutchson)이 교장으로 있는 영어학교 학생 축구팀과 친선 시합을 벌이기도 하고, 최신식 총을 휴대하고 사냥을 떠나기도 했다. 그들이 자주 찾은 곳은 성문 밖의 왕릉들로, 그 곳에는 호랑이, 표범, 곰, 늑대 등이 있었고, 사슴은 얼마든지 잡을 수 있었다고 한다. 주로 잡았던 동물은 야생 비둘기, 오리, 백조, 거위, 꿩, 산돼지 등이 있었다.[43] 이렇듯 서양의 스포츠는 서양 거류민들을 통해 조선 학생들에게 전파되었다.[44]

---

40 G. W. 길모어, 앞의 책, 216~217쪽.
41 G. W. 길모어, 앞의 책, 86쪽.
42 G. W. 길모어, 앞의 책, 127쪽.
43 W. F. 샌즈, 앞의 책, 186~187쪽.
44 서양의 음악도 거류 서양인들을 통해 전파되기도 했다. 1883년 외교 고문 묄렌도르프가 자신의 집에서 조독조약 체결을 위한 만찬을 베풀었다. 그때, 독일 라이프치히 호의 군악대가 정원에서 축하 음악을 연주했는데, 주변에 살고 있는 수많은 조선인들은 이 신기하고 경이롭고 색다른 음

(2) 지방 출장과 조선 여행

조선에 들어온 고용 외국인들과 서양인들은 국내 여행을 많이 했다. 정부의 지시로 국내 출장을 떠나는 경우도 있었지만, 개인적인 목적으로 지리 및 자원 탐사를 하기 위한 경우도 있었다. 초기 조선에서의 여행은 세 가지 방법이 있었다고 한다. 가마를 타는 것, 말이나 당나귀를 타는 것과 걸어가는 것이었다. 일반적으로 외국인들은 말이나 가마를 이용했고, 여행 기간은 보통 보름에서 한 달 가량 걸렸다. 참고로 여행을 떠나는 외국인들의 짐은 다음과 같았다. 그들은 보통 말안장 한 개, 침구와 모기장이 달린 야전 침대, 모슬린 커튼, 접는 의자, 두 벌의 옷, 짚신, 방수 군용 외투 한 벌, 녹차와 카레 가루, 밀가루 20파운드, 플라스크, 컵, 손거울, 찻주전자, 샌드위치 깡통, 램프, 통조림 수프, 고기, 과일, 냄비, 프라이팬, 주전자, 식판, 포크, 스푼, 식탁, 식탁보, 시트, 카메라 등의 일상 용품을 싣고 여러 명의 하인과 통역관을 데리고 길을 떠나곤 했다.[45]

그러나 조선에서의 여행은 쉽지 않았다. 외국인들이 가장 힘들게 느꼈던 점은 그 당시 조선에는 아직 청결한 여관이 없었던 관계로 주로 주막이나 민가에서 하룻밤을 신세져야 했는데, 신기한 서양인을 구경하려고 몰려든 구경꾼들 때문에 홍역을 치르곤 했던 일이었다.[46] "씻지 않은 사람들이 모여 역겨운 숨을 쉬고, 쓸데없는 질문을 하고, 팔씨름하자는 제의를 하거나, 신기한 듯 모자를 써보거나, 신발을 신어 보자고 요청한

악을 듣고 보기 위해 지붕 위에 올라가 구경을 했다 한다. 묄렌도르프, 앞의 책, 73~74쪽.

45 I. B. 비숍, 앞의 책, 76쪽.

46 서양인 여행객에 얽힌 흥미로운 에피소드는 많이 전해진다. 그 중 하나가 바로 틀니와 관계된 것이 있다. 붉은 수염이 기다란 어느 이방인이 이상하게 생긴 음식을 주막에 앉아 먹는 것을 구경하러 몰려든 동네 사람들은 그가 손을 들어 틀니를 빼서 닦는 모습을 보고 기겁을 하여 도망간 일이 벌어졌다. 인간이 자기 몸의 일부분을 이와같이 조립할 수 있다는 것을 이제까지 들어본 적이 없고 상상할 수 없는 일이었기 때문에 조선인들은 이방인이 자신들에게 끔찍스러운 저주를 내리기 전에 황급히 자리를 떴다 한다. 알렌, 『조선견문기』, 23~24쪽.

다." 또한 뜨거운 온돌방에 쪼그리고 앉아 발목은 끊어질 듯 아프고, 과일, 오트밀, 베이컨, 달걀, 한 잔의 커피를 그리워하는 그들에게 김치, 고추장, 밥, 생선 냄새는 고역이었다. 그들이 인내해야 했던 또 다른 고통은 방에 있는 진드기, 벼룩, 모기, 파리 등 해충과의 싸움이었고, 밤에는 "갈수록 오븐처럼 달구어지고 환기가 되지 않는 온돌방에서 밤새 뜨거움과 악몽으로 뒤척"여야 한다는 사실이었다.[47] 이런 풍경들은 척화비를 세우면서 척양(斥洋)을 맹세하던 10여년 전의 조선인들의 세계관이 변화되고 있음을 보여 주는 것이었다. 특히 서양인들이 가지고 다니던 시계, 카메라, 설탕, 커피, 양복, 신식 권총 등은 생활 영역에서 근대화의 모습을 표상하는 상징 코드들이었다. 우리 민중들은 이런 물품을 통해 근대 과학 문명의 신기함과 편리함을 간접 경험할 수 있는 소중한 기회를 가질 수 있었다.

한편 서양인들의 여행기에서 그려지는 조선인들의 무례함, 무분별한 호기심의 표현, 더럽고 냄새나고 불결한 모습들은 서양 문명의 상징인 청결, 예의 범절과 미묘한 대비를 이루고 있다. 스스로를 '진화된 문명인'이라고 인식했던 영국인들은 특히 여행 습관에서도 야만적인 조선인들과 결코 섞일 수 없는 민족임을 강조하고 있었다. 영국인들은 필요한 모든 물품을 휴대하고, 요리사와 하인을 데리고 여행을 다녔는데, 그들은 조선인 민가에서 잠을 자지 않고 경치가 좋은 곳에 캠프를 쳤다. "그의 하인은 장막을 치고 고무로 된 목욕통을 내놓았으며 요리사는 거기에 뜨거운 물을 채웠다. 그의 주인이 면도와 목욕을 하고 옷을 갈아입는 동안 하인은 탁자에 흰 보를 씌우고 그 위에 유리잔과 은으로 된 식기를 가지런히 놓았다. 이내 우리는 훌륭한 음식상 앞에 마주 앉았는데……"[48]라

---

47 J. S. 게일, 『전환기의 조선』, 신복룡 역주(집문당, 1999), 129~130쪽.

고 한 문명 영국인은 조선에서의 여행 중의 자기 인식을 표현하고 있다.

(3) 이방인의 희로애락

고용 서양인들은 임명권자인 고종과 민비로부터 많은 관심과 사랑을 받았다. 초기에는 신기한 외모에 대한 호기심과 서양 문명 및 국제 정세에 대한 지식을 탐문하고 자문을 얻기 위해, 후기에는 정부의 이이제이 정책(以夷制夷政策)의 일환으로 서양인들을 이용하여 고종 자신의 신변을 보호하고 독립을 유지하기 위해 깊은 관계를 유지했다. 서양 고용인들 또한 어린 세자를 위해 자신이 아끼던 아코디언을 아낌없이 주고, 왕이 원하면 자신의 머릿기름까지 바치는 등[49] 조선의 최고 권력자인 왕과 왕비의 신임을 얻고자 선물 공세와 아부성 발언을 아끼지 않았다. 그 결과 서양인들은 유·무형의 선물 보따리를 얻을 수 있었다.

정부에 고용된 서양인들은 특별한 공을 세웠거나 왕 혹은 왕비 등의 탄신일에 궁궐로부터 선물 보따리를 받았다. 선물의 품목은 절기에 따라 다소 달랐다. 왕의 탄신일에는 약 22kg의 쇠고기와 4.5kg에서 10kg에 달하는 6마리의 큰 생선, 400여개의 계란, 6마리의 닭, 밤, 영국 호두 등을 받았다. 여름에는 40~60개의 다양한 형태의 부채들과 꿀 항아리를 받았고, 가을철에는 감, 꿩 등을 받기도 했다.[50] 민비를 알현한 서양 공사 부인들과 여선교사들이 받았던 것은 화려한 수를 놓은 병풍, 수 베개, 침대 베개, 토속 비단, 면직물, 부채, 지갑 등 여러 종류의 물품들이었다고 한다. 민비의 물질적 관대함은 그녀의 여의사 엘러스(A. Ellers)가 1889년 언더우드(L. Underwood) 목사와 결혼할 때 유감없이 발휘되었다.

---

48 W. F. 샌즈, 앞의 책, 201쪽.

49 알렌, 『알렌일기』, 1885년 2월 11일.

50 G. W. 길모어, 앞의 책, 220쪽; L. H. 언더우드, 앞의 책, 53~54쪽.

민비는 신부와 신랑에게 금팔찌, 진주반지, 돗자리, 각종 옷감 등을 하사했고, 결혼식 축의금으로 100만 냥을 내놓아 화제가 되었다.[51] 한편 고종은 갑신정변 당시 총상을 입은 민영익을 서양의 의술로 살려낸 알렌에게 고려자기와 최상급 병풍을 하사했고, 민영익은 그에게 사례금으로 10만 냥을 주기도 했다.[52]

고용 외국인들은 임명권자인 고종의 최측근으로 활약하기도 했다. 이들은 치외법권을 향유하는 서양인이라는 신분을 이용해 주로 대외적인 위기에 맞서 고종을 지원하고 정권을 보호하는 역할을 담당했다. 또한 그들은 명성황후 시해 사건 이후 신변에 위협을 느낀 고종 옆에서 불침번을 서는 임무를 담당하기도 했고, 고종의 측근들과 함께 춘생문 사건과 아관파천을 주도하기도 했다. 이들은 임명권자인 고종과 공생 관계였던 것이다.

이와같이 고용 서양인들은 고위 관료들과 친분을 나누고 많은 하인들을 거느리며 상류 생활을 영위했다. 그래도 그들은 낯선 타국에서 근무하면서 타향살이의 고달픔과 고독감에 시달려야 했다. 조선 생활에서 가장 힘들었던 점이 무엇이었을까? 그들은 부모, 형제, 친구들을 떠나 생소한 문화와 근대 문명의 이기도 갖추어지지 않은 조선 땅에 근무하면서 향수병에 시달려야 했다. 또한 근대적 의료 시설과 위생 관념이 전무한 상태에서 각종 풍토병과 전염병에 걸리기도 했고, 많은 수의 서양인들, 특히 의료 혜택을 받을 수 없는 오지에서 활동했던 선교사들은 전염병에 걸려 병사하기도 했다.

아울러 개화기에 발생한 수많은 정치적 격변들, 즉 임오군란, 갑신정변, 갑오농민전쟁, 청일전쟁, 명성황후 시해 사건, 아관파천, 러일전쟁

51 L. H. 언더우드, 앞의 책, 61쪽, 119쪽, 149쪽; 묄렌도르프, 앞의 책, 57쪽.
52 알렌, 『알렌견문기』, 189쪽; 알렌, 『알렌일기』, 1884년 12월 27일, 1885년 9월 4일.

등의 정치적 사건으로 인한 민중들의 반외세 의식은 서양인들의 신변을 위협했다. 그 대표적인 예가 1886년경 서울에서 일어난 '외국인이 어린 이를 잡아먹는다'는 소동이었다. 이 때 민중들의 반(反)서양 의식에 위협을 느낀 서울 거주 서양인들은 바깥 출입을 삼가고 최신식 리벌버 권총으로 무장한 자위대를 구성하기도 했다.[53]

이러한 신변의 위협 외에도 서울에서 살고 있는 고용 외국인들은 상당히 피곤해 했다. 그것은 조선 사람들의 독특한 호기심 때문이었다. 묄렌도르프와 그의 부인이 아들을 데리고 서울에 처음 도착했을 때, 그들을 보기 위해 수천 명의 서울 주민이 한강가로 나왔다고 한다. "도시의 주민은 약 40만 명인데 정말이지 40만 명 모두가 나와 있는 것 같았다."[54] 그 후 외국인의 존재가 일상화되었을 무렵에도 시내 산책이나 쇼핑하는 외국인들을 쫓아다니는 조선인의 무리를 쉽게 볼 수 있었다.[55]

외국인 구경 외에도 조선인들은 외국인들의 생활과 생각에 관심이 많았다. 언더우드가 궁궐을 방문했을 때, 관리들과 상궁들은 "우리의 옷과 장식품들을 어린아이와 같은 호기심으로 유심히 살펴보고, 나이가 몇 살이냐, 왜 아직 결혼을 하지 않았는가, 자식이 있느냐, 왜 자식이 없느냐 등의 질문들을 퍼부었다. 다른 질문들도 무례하고 대답하기 어려운 것들이었다"라는 회고에서 서양인들이 느꼈던 곤혹감을 읽을 수 있다.[56]

---

53 L. H. 언더우드, 앞의 책, 40쪽.
54 묄렌도르프, 앞의 책, 71쪽.
55 G. W. 길모어, 앞의 책, 69쪽.
56 L. H. 언더우드, 앞의 책, 34쪽.

Ⅳ. 맺음말: 고용 서양인들의 조선 생활의 특징과 영향

이상 간략하게 조선 정부에 고용된 서양인들의 조선 생활을 재구성해 보았다. 근대 서구 문물 도입기 서양인들의 조선 생활은 호기심이 많았던 당대 조선인들에게 서구 문물을 엿볼 수 있는 좋은 기회였다. 그들의 일거수 일투족, 입는 옷, 먹는 음식, 사는 집, 이 모든 것들은 조선인들에게 구경의 대상이었고 서양을 간접 경험할 수 있는 소중한 기회였다. 이렇게 개화기 서양인들은 민간 교류 대사 역을 담당하면서 조선에 서구의 생활 문화를 전파했고, 자극했다.

한 집단의 일상 생활은 그 집단의 문화 본질과 의식 세계 등을 엿볼 수 있게 해 준다. 이는 우리의 일상 생활이 동시대의 정치, 문화, 사회, 경제, 사상, 가치관 등을 그 바탕에 깔고 이루어지며, 그것에 규정당하기 때문이다. 이에 정부 고용인들의 조선 생활에서 나타난 세계관의 특징을 다음과 같이 정리해 보았다.

첫째로, 이들은 조선에 입국하면서 조선의 평민들과 섞여 생활하지 않고 조선의 지배층인 양반층과 동급으로서 지배자적인 생활을 영위하고 있었다. 서양인들은 입국 후 주로 왕실 및 고관들과 교류하면서 자연스럽게 상류층 위치를 확보했고, 그들의 신분적 지위는 수십 명의 하인들을 부릴 수 있는 경제력 이외에도 서구의 치외법권이나 최혜국 조관(條款), 포함 외교 등에 의해 법제적 · 정치적으로 뒷받침되었다. 즉, 인종 · 신분 · 계급적으로도 자신들을 우월한 위치로 격상시켜 일반 조선인들과 스스로를 구분하고 있었다. 이들의 의식 세계는 자신들이 '열등한 인종'인 조선인보다 '진보된 인종'이기 때문에 조선의 지배자들처럼 자신들도 아무 거리낌이 없이 조선인들을 지배하고 부릴 수 있다고 생각하고 있었다. 그렇기 때문에 그들은 하인들을 다룰 때 서슴지 않고 매질이라는 처방을 사용했던 것이다.

둘째로, 이들은 근대적 인프라가 갖추어지지 못한 '비문명화' 되고 '야만적' 인 조선에 거주하면서, '문명인' 이 살 수 있도록 여러 가지 편의 시설을 비치해 놓고 서구식 중산층 생활 양식을 고수했다. 서구식 주택을 건설하고 테니스장 및 잔디밭을 만들고, 서양 음악과 파티, 아이스크림, 샴페인 등을 즐기기도 했다. 즉, 이들은 조선의 문화에 동화되지 않고 오히려 조선인들에게 서구 문화의 우월성과 아름다움을 강조 · 전파하는 생활 태도를 견지했던 것이다.

일반적으로 다른 나라에 이주하는 이민자들은 고국의 생활 방식을 고수하면서도 일정 부분 자신들이 속한 나라의 문화나 풍습을 수용하는 태도를 보여 준다. 그러나 우리 나라에 3대에 걸쳐 거주하는 서양인들도 한국 사회에 동화되는 부분보다 의식적으로 한국 문화와 차별성 · 독자성을 견지하는 것처럼 보인다. 그들이 한국 문화에 동화되지 않는 것은 여러 측면에서 분석이 가능하겠지만, 그들이 의도적으로 그렇게 하는 이유 중 하나는 바로 서구가 이룩한 '위대한 근대 과학 문물' 을 생활을 통해 보여 줌으로써 서구 문화와 사회 및 사람이 조선의 문화나 사람보다 우수하고 진보해 있다는 것을 암묵적으로 과시하는 것이 아닌가 싶다. 이것은 결과적으로 서구의 문화 및 상품을 선전, 수출하는 데 유리한 환경을 조성하게 만들었다. 특히 기독교를 믿으면 서구 사회처럼 발전될 수 있다고 암시함으로써 기독교 전파에 이용하는 경우도 많았다.

> 우리는 우리의 집 내부를 공개한다. 이것은 확실히 현명한 조치이다. 조선 사람의 집에는 우리가 편의 시설로 생각하는 것들이 많이 부족하다. 아마도 서구 문명이 우리의 생활을 얼마나 편리하게 만들었는지 그들에게 보여 줌으로써 서구 문명의 우월성을 그들이 절감하게 할 수 있을 것이다. 확

실히 유교나 불교보다 "우리의 종교가 좀더 훌륭한 편의 시설을 발전시켰고 좀더 높은 생활의 즐거움을 가능하게 했다는 점에서 당신들의 종교보다 우월하다"고 말하는 것이 더 효과적인 주장처럼 보인다. 외국인들과의 단순한 접촉도 사물을 보는 방식에 놀라운 변화를 야기하는 경우는 흔히 있는 일이다.[57]

이러한 우월감은 조선의 전통 문명을 야만의 상징으로 이해하면서 '미개화된 조선인'들에게 세련되고, 청결하고, 진보된 서양 문명의 우수성을 보급하고 서구식으로 문명화시켜야 한다는 사명감으로 나타났다. 그래서 이들은 종종 서구 근대 문물 전파의 협조자 및 안내자 역할을 담당하곤 했다.

셋째로, 정부 고용 서양인들은 정부의 명에 따라 혹은 개인적인 목적을 가지고 내지로의 여행을 떠났다. 당대 이국적인 생활을 직접 경험하고 저술한 여행기가 19세기 서구에 풍미하고 있었는데, 조선에 거주했던 많은 서양인들도 조선 오지를 탐험하고 조선의 생활, 관습, 문화, 경제, 경험담을 본국 정부에 보고하거나 혹은 저서로 출판했다. 이 시기 서양인의 눈과 가치관을 통해 묘사된 조선은 대체로 일정한 형태의 이미지로 그려져 제공되어 있다. 즉, 자원과 민족성의 측면에서 볼 때 성장 가능성이 있는 나라이지만 정치적 부패와 유학의 노동 경시 풍조, 개화 정책의 부재로 인해 성장 역동성이 상실되었다고 파악하고 있다. 따라서 서양 혹은 타국이 대신 개혁 · 개화를 시켜 주어야 한다는 식으로 결론을 맺고 있다. 오리엔탈리즘에 비춰진 조선의 피동적이고 정체된 이미지는 고용 서양인들의 근무 태도에서 문명을 전파하는 스승과 이를 배우는 학생의

57 G. W. 길모어, 앞의 책, 70쪽.

관계, 혹은 어른과 철부지 아이의 관계로 재현된다.

> 여기에 있는 착한 이들은 사소한 일조차도 (나를) 항상 걱정시킨다. 마치 그들은 방 하나를 치워 놓으면 딴 방을 어지른 후 다시 그 방을 어지르는 것 같다.[58]

이들 정부 고용인들은 서구 문명에 대한 인종적인 우월감과 조선을 문명화시켜야 한다는 사명감을 복합적으로 느끼면서 부임 초기 미개한 조선을 하루 아침에 개혁하고 서양화시키려는 열정을 표현하기도 했다. 그들은 관리들이나 조선인들에게 항상 무엇인가를 가르치고 있었다. 이들은 세계의 정세 및 각종 과학 기술, 문화, 사회 전반에 걸친 정보를 제공하면서 일종의 스승의 역할을 담당했는데 이러한 스승과 제자의 관계는 현재에까지 계속 이어지는 것으로 보인다.

마지막으로 개화기 조선에 거주했던 서양인들의 생활 양식, 가치관, 조선에 대한 인식 등은 당대 조선인들에게 영향을 끼쳤다. 이들이 조선에 거주하면서 목격하고, 느끼고, 이해했던 조선과 서구 문명의 우월성 등은 개화파 인사 및 기독교 신자들에게 유포·정착되고 재생산되어 가는 모습을 볼 수 있다. 즉, 이들의 생활 양식이 마치 문명화된 조선인이 추구해야 하는 하나의 모델로 되어 개화파 및 부르주아지들에게 지대한 영향을 미쳤던 것이다. 바로 여기서 19세기 말 서양인이라는 타자의 주관적 시선이 마치 조선의 자화상이자, 추구해야 할 목표이자, 객관적 사

---

58 Sands Papers, Box. 3, Folder 7. Doc. 46. 1900. 2. 26. "조선에서는 대학 졸업자가 굉장한 학식을 지닌 사람처럼 보인다. 미국 사회에서 중간 위치의 사람은 조선 사회에서 높은 위치를 차지한다. 그리고 거의 모든 외국인들은 조선인에 비해 우월하다는 찬사를 듣는다." G. W. 길모어, 앞의 책, 204쪽.

실로 고착화되어 가는 모습을 볼 수 있다. 현재도 우리가 의식하든 의식하지 않든 간에 우리의 모습을 되돌아볼 때 무의식적으로 서구 가치와 시각에 민감하게 반응하고 있을 때가 종종 있다.

〈참고 문헌〉

『독립신문』.

『황성신문』.

『윤치호일기』.

『규장각 소장 고문서—각종 외국인 고용계약서』.

Sands Papers.

Foulk Papers.

김현숙, 「한국근대 서양인 고문관 연구」, 이화여대 박사논문, 1999.

김현숙, 「한말 조선정부의 고문관정책」, 『역사와 현실』, 한국역사연구회, 1999.

서인한, 『대한제국의 군사제도』, 혜안, 2000.

조한범, 『문명과 야만』, 책세상, 2002.

최태호, 『개항 전기의 한국 관세제도』, 한국연구원, 1976.

묄렌도르프 부부, 『묄렌도르프 문서』, 신복룡 역주, 평민사, 1987.

새비지, 『고요한 아침의 나라 조선』, 신복룡 역주, 집문당, 1999.

알렌, 『알렌일기』, 김원모 옮김, 단국대출판부, 1991.

알렌, 『조선견문기』, 신복룡 역주, 집문당, 1999.

헐버트, 『대한제국멸망사』, 신복룡 역주, 집문당, 1999.

A. H. 새비지-랜도어, 『고요한 아침의 나라 조선』, 신복룡 역주, 집문당, 1999.

G. W. 길모어, 『서울풍물지』, 신복룡 역주, 집문당, 1999.

I. B. 비숍, 『조선과 그 이웃나라들』, 신복룡 역주, 집문당, 2000.

J. S. 게일, 『전환기의 조선』, 신복룡 역주, 집문당, 1999.

L. H. 언더우드, 『상투의 나라』, 신복룡 · 최수근 역주, 집문당, 1999.

W. F. 샌즈, 『조선의 마지막 날』, 김훈 옮김, 미완, 1986.

W. R. 칼스, 『조선풍물지』, 신복룡 역주, 집문당, 1999.

Cales, W. R., *Life in Corea*, Macmillan Co., London, 1888.

찾아보기